公共管理视角下
社会基层治理实践研究

匡敏　著

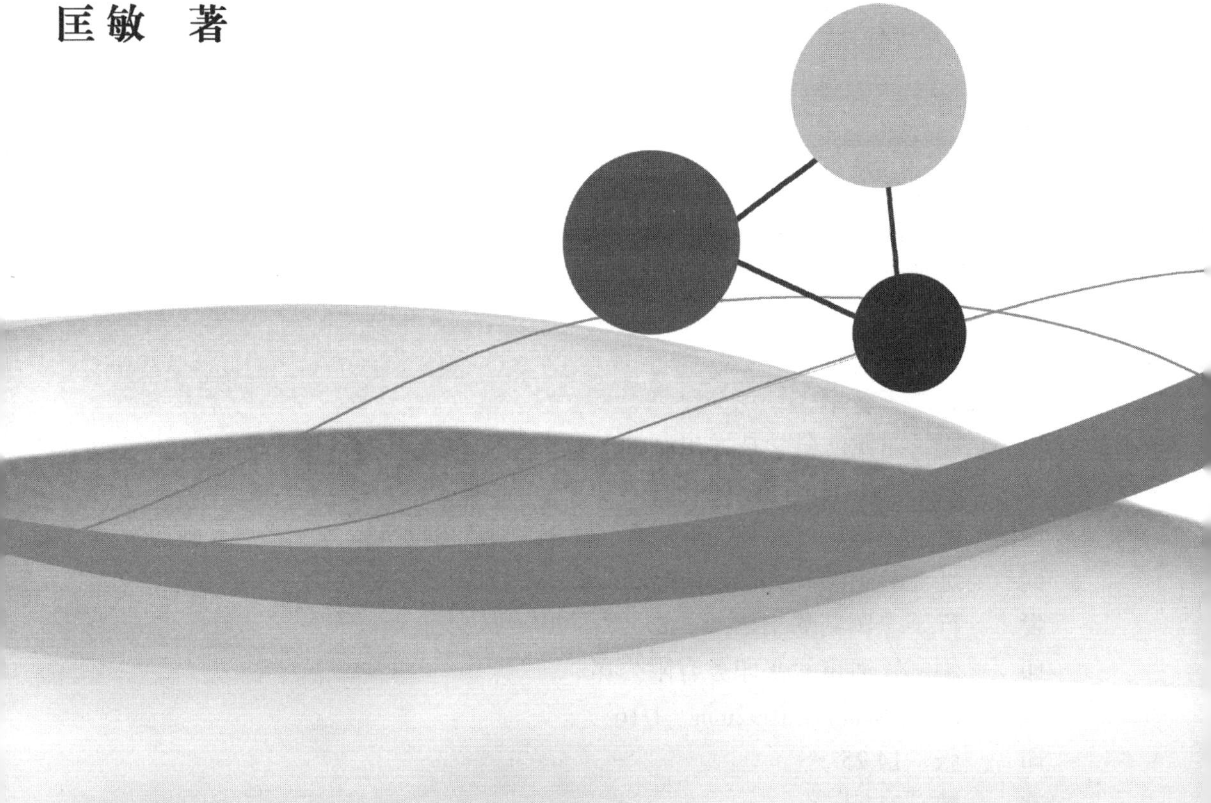

黑龙江科学技术出版社

图书在版编目（CIP）数据

公共管理视角下社会基层治理实践研究 / 匡敏著
. -- 哈尔滨 : 黑龙江科学技术出版社, 2022.4（2023.1 重印）
ISBN 978-7-5719-1311-3

Ⅰ. ①公… Ⅱ. ①匡… Ⅲ. ①公共管理－研究－中国
Ⅳ. ①D63

中国版本图书馆CIP数据核字(2022)第040286号

公共管理视角下社会基层治理实践研究
GONGGONG GUANLI SHIJIAO XIA SHEHUI JICENG ZHILI SHIJIAN YANJIU

作　　者　匡　敏
责任编辑　陈元长
封面设计　王誉钢
出　　版　黑龙江科学技术出版社
地　　址　哈尔滨市南岗区公安街70-2号　邮编：150001
电　　话　（0451）53642106　传真：（0451）53642143
网　　址　www.lkcbs.cn　www.lkpub.cn
发　　行　全国新华书店
印　　刷　三河市元兴印务有限公司
开　　本　787mm × 1092mm　1/16
印　　张　14.25
字　　数　211千字
版　　次　2022年4月第1版
印　　次　2023年1月第2次印刷
书　　号　ISBN 978-7-5719-1311-3
定　　价　50.00元

前言

一个国家要想长治久安，必须注重社会建设，政治建设只是社会建设的组成部分，而不是全部。社会建设涉及社会治理的方方面面，是以人民群众的幸福生活为旨归的；政治建设则主要强调制度架构、行政执法、执政者的先进性，最终目的是政权稳定。改革开放以来，我国对社会建设进行了长期的探索，历尽艰辛，积累了丰富的经验，尤其在基层社会治理方面，理论和实践都有所创新。

基层治理制度是国家治理体系的重要方面，也是现代化国家建设和社会长治久安的基石。在我国，社会管理是政府的基本职能，在不断探索过程中逐渐形成了党委领导、政府负责、社会协同、公众参与、法治保障的社会管理工作格局。社会治理工程和民生保障工程是社会建设的两大内容。十九大在此基础上，对社会治理提出了新愿景和新要求，即打造共建共治共享的社会治理格局。科学的进步，信息技术的发展，让社会治理逐渐走向专业化和智能化。基层社会治理对于一个现代国家来说，具有非凡的意义，基础不牢，地动山摇。基层社会主要分为城市基层社区街道和农村基层村镇，是社会治理工作的重点所在。公共管理理论对于基层社会治理具有重要的指导作用，将现代公共管理技术和理论引入我国的基层社会治理实践，是社会治理发展的趋势，也是目前社会治理创新的重要表现。

本书从公共管理视角入手对社会基层治理进行了系统的研究。首先，介绍了公共管理的内涵和基础理论，以及社会基层治理的含义和特征；其次，对我国社会治理体制的历史变迁和当前我国社会基层治理现状进行分析；再次，探讨了公共管理视域下社会基层治理工作的总体思路；最后，从公共管理角度对我国农村基层治理和城市基层治理实践创新进行研究。

全书深入浅出、通俗易懂，具有较强的理论性、针对性和可操作性，是广大党员干部和基层管理人员提升自身素养的重要读物。

目　录

第一章　公共管理概述

公共管理学作为一门学科，诞生于 20 世纪 70 年代的美国，它经历了从公共行政学到新公共管理学的演化历程。本章就公共管理的理论内涵和理论发展历程进行详细的论述。

第一节　公共管理的内涵

公共管理（public management）是指社会公共组织及社会其他组织为推进社会整体协调发展和增进公共利益对社会公共事务进行调节和控制的过程。在管理主体方面，传统意义上政府更多地成为公共管理的主体，但在当前治理理念已成为公共管理指导思想的背景下，公共管理的主体更为多元化，除政府外，还包括以社会组织和公民团体为代表的社会力量。在公共管理的对象方面，公共管理的对象是存在于社会之中的各类社会公共事务，内容涵盖了公共资源、公共项目和社会问题等。公共管理的最终目的在于通过提供公共服务与公共物品等形式，满足民生诉求，实现公共利益，维护社会的稳定与发展。

一、公共管理与工商管理的区别

公共管理与工商管理虽属不同类型的管理活动，但都需要遵循科学的管理规律，以实现管理目的。两者从管理的本质规律上说具有共性，即都需要通过制定一定的管理目标作为管理的开端，需要依靠执行一套严谨的管理计划来实现管理行为，需要对管理过程进行实时的监督，并不断发现和纠正管理过程中出现的问题，需要对管理的最终结果或效果进行评估，以提升管理水平。但与此同时，公共管理与工商管理也具有明显的本质性差别。两者的差别具体表现在以下几个方面。

（一）管理对象不同

公共管理的管理主体是国家、政府和社会组织等具有社会性和公共性的行为体，其管理过程中面临的管理对象也多是涉及这些组织的社会公共事务；而工商管理所关注的是企业的经营和运作行为，管理对象在性质上与公共管理有着明显的本质区别。

（二）管理目标不同

公共管理关注社会公共事务，这也就反映出其管理目标为维护社会公共利益，突出公益性和公共性；而工商管理关注企业组织的管理，其目的当然离不开企业的本质属性即追求利润，工商管理是为如何更好、更大地实现企业利润而存在的。

（三）管理性质不同

公共管理由于以社会公共事务作为管理对象，而社会在某种程度上具有整体性，社会公共事务具有公共性，且参与管理的行为体如政府、社会组织等皆有其自身属性，因而公共管理呈现出公共性与垄断性；工商管理是存在于市场中的一种行为，针对企业组织，市场的灵活性、企业的多元性让工商管理呈现出一种竞争性。

（四）管理手段不同

公共管理在管理主体上的政府化色彩，以及在管理对象上的公共化特征使其管理多依靠法律手段和行政手段，以经济手段作为辅助；而工商管理存在于市场环境之中，因而多依靠经济手段，辅之以行政手段和法律手段。

二、公共管理与公共行政的区别

公共管理与公共行政具有一些相同的属性，比如均具有公共性，都关注公共事务，旨在维护公共利益。两者之间还存在着一定的联系，公共管理是在公共行政的基础上，结合时代、社会变化需要而发展起来的一种新的公共领域管理模式。尽管如此，但就像不同时代有着本质的标记与区别一样，诞生于不同年代的公共领域管理模式也有着一些明显的区别。与更为传统的公共行政相比，公共管理与其不同主要表现在以下几个方面。

（一）管理主体更加多元

传统的公共行政中，政府是唯一的管理主体，而在公共管理中，大量具有非政府性的社会组织也能够参与社会公共事务的管理，丰富了公共管理的主体框架。

（二）管理客体更为丰富

有了更多元化的管理主体，管理的客体也不再仅限于政府管理范围内的社会公共事务，许多之前政府部门没有涉及的公共领域，如公共伦理、绩效评估、项目执行等也被纳入公共管理的客体中，以便对日益多元化的社会公共需求做出反应。

（三）管理目标更有效率和更具针对性

与传统公共行政具有“内部取向性”的管理目标不同，公共管理更加追求对专门化的项目，以及结果和绩效的管理，对管理效果更为重视，体现出更强的“外部取向性”和“针对性”，而不像传统的公共行政那样过多关注管理的过程，这一变化也迎合了社会公共需求特点的变化。

（四）管理手段更加实用化

由于公共管理更加注重结果，具有结果导向性，因而其管理手段也更加追求如何将思想和政策贯彻到行动当中，讲求对具有实用性的知识、技巧、方法和技术的研究，关注点不再拘泥于传统公共行政中计划、组织、指导报告等基本方法和技能。

（五）管理思想更为开放灵活

传统的公共行政往往注重行政本身，关注规范化的行政过程和科学化的政策制定，而公共管理的结果导向和效率至上使得公共管理拥有了相对明显的市场属性，开放的行为主体体系也使得更多包括市场在内的不同领域的方法和思想可以被吸收到公共管理中来，使公共管理的思想更具有开放性和灵活性。

第二节　公共管理理论发展沿革

公共管理学作为一个相对独立的研究领域或学科，其理论演进的历史分期，根据时间的发展及研究方法的不同可分为以下几个阶段，古典管理理论时期、行为科学兴起后时期、公共管理多元化时期、公共管理价值取向改变后时期及公共管理思路创新时期，在这个过程中涌现出了各种各样的学术流派。

一、古典管理理论时期

古典管理理论将政治与行政分开，提出了政治与行政二分法。该理论的代表人物有托马斯·伍德罗·威尔逊（Thomas Woodrow Wilson，以下简称“威尔逊”）和弗兰克·约翰逊·古德诺（Frank Johnson Goodnow，以下简称“古德诺”）。威尔逊否定了关于国家权力的三权分立的观点，认为议会和行政部门是国家权力的掌控者，一个良好的政府应该由优秀的政务官团队和文官团队共同组成，这是构成政府的支柱。古德诺的观点认为，行政与政治是有明显区分的，政治问题不应该成为行政学的关注点，政府的行政效率、方法和技术才是行政学应该研究的对象。由此，公共行政学真正成为一门独立学科为人们所研究。在此之后的一段时间，出现了科学管理学派、行政管理学派和官僚制度学派等，推动着公共行政学的发展。

（一）科学管理学派

科学管理学派出现在工业革命大发展时期，主要关注如何在公共行政领域找到一系列行之有效的方法和技术来提升行政效率。这一学派的代表人物包括弗雷德里克·温斯洛·泰勒（Frederick Winslow Taylor，以下简称“泰勒”）、弗兰克·邦克·吉尔布雷斯（Frank Bunker Gilbreth）和莉莲·吉尔布雷斯（Lillian Moller Gilbreth，以下简称“莉莲”）等人。泰勒于1911年在《科学管理原理》中指出“科学管理原则普遍适用于各种人类活动”，提出了以共同利益为基础的科学管理原则，被誉为“科学管理之父”。吉尔布雷斯夫妇提出了效率管理思想，其核心是对人的研究，强调人在组织发展中的关键作用，他们还对特定生产任务的合理时间和具有最高效率的动作标准进行了研究。莉莲在对管理进行研究的过程中还发现人的心理对其工作产生的重要影响，强调将人际关系纳入管理因素。这一学派的重要观点对公共行政学的影响不可忽视。其提出的科学管理原则具有普适性，为公共行政发展提供了重要借鉴；其提倡的技术化和专业化可以提高管理效率，这在行政管理中也有相当大的应用空间；该学派注重效率的提升，也使得公共行政的发展必须将效率问题始终作为核心问题之一，并加以关注。

（二）行政管理学派

行政管理学派关注将科学管理的原则和方法应用于实践，以较高的管理层级作为研究视角，力求建立一套具有普适性的管理准则。该学派的代表人物包括亨利·法约尔（Henri Fayol，以下简称“法约尔”）、卢瑟·哈尔西·古立克（Luther Halsey Gulick，以下简称“古立克”）、林德尔·福恩斯·厄威克（Lyndall Fownes Urwick，以下简称“厄威克”）等人。法约尔认为管理应当形成一套理论供人们遵循和学习，因为管理行为本身非常重要，而且管理也是可以教授的。基于此，他提出了 14 项一般管理原则和管理的五大职能，并认为从管理职能的角度上说，行政管理同企业管理一样，也应当具备这五大职能，才能保证管理的有效性。古立克认为政府与企业有明显的不同，“适者生存”在政府行政管理中并不存在，因而政府具有垄断性，行政和政治不可能完全分开，明确了组织分工与协调在行政管理中的重要性，提出了具有普适性的 7 项管理职能。厄威克提出了具有普适性的 8 条组织原则，以科学调查为基础进行组织设计，对已有管理理论进行了整合。该学派在吸取前人研究成果的基础上，提出了普适性的管理原则和理论，并开始将公共行政作为一个明确的研究方向，增强了理论研究的实践性和应用性。

（三）官僚制度学派

官僚制度学派从组织结构的角度研究管理问题，提出了以官僚模型为代表的组织理论，以求为行政管理提供可以遵循的科学规律和准则。该学派的代表人物包括马克斯·韦伯（Max Weber，以下简称“韦伯”）、路德维希·冯·米塞斯（Ludwig von Mises，以下简称“米塞斯”）、罗伯特·金·默顿（Robert King Merton，以下简称“默顿”）等。韦伯系统地构建了官僚制度模型，被称为“组织理论之父”。该模型以“理性-合法型”权威为建立基础，以专业化、层级化、规则化、非人格化、技术化和明确的方向为特征，包含七大要素，以此来保证组织行政的稳定、有效、可靠和准确。米塞斯对官僚制度模型的理解更为理性和辩证，他认为该模型与民主精神并不相违背，是一种适用于各种类型组织的工具。但对其也不应抱有过多期望，官僚制度模型的应用范围一旦过大，则会产生负面结果。默顿也认为官僚制度可以提升效率，但也具有明显的反功能。该学派的观点具有辩证性，不同学者对于官僚制度的认知有着不同的理解，但从总体上看，官僚制度模型仍是这一学派的主体观点。

该观点对于公共行政实践产生了深远的影响，有助于提升公共行政效率，但其使用的局限性也是很明显的，比如针对不具有正式组织结构的组织管理，这一模型就很难适用，而且这一模型对个体需求的回应性不强，在实践中也会影响其效果。

二、行为科学兴起后时期

1929—1933 年，出现了有史以来最为严重的经济危机，传统的公共行政学派理论受到强烈冲击，动摇了人们对自由市场经济的信心，凯恩斯主义开始被人们认识，行为科学产生。从行为科学兴起到公共管理多元化的这一时期，产生了以下三个学派，即行为科学学派、社会系统学派和决策理论学派。

（一）行为科学学派

该学派关注人的行为及其产生原因，是在人际关系学说的基础上发展起来的。主要的代表人物有亚伯拉罕•哈罗德•马斯洛（Abraham Harold Maslow）、弗雷德里克•赫茨伯格（Frederick Herzberg）和道格拉斯•M. 麦格雷戈（Douglas M. McGregor）。他们关注人的行为产生的动因，从心理学和社会学的角度审视个人和组织的需求、行为及管理方式。人在管理中的地位得到了凸显，他们不仅仅是“经济人”，同时也是参与社会生活、产生社会需求、寻求社会回报、具有能动性的“社会人”，人的因素成为管理中最为重要的因素。因此，该学派所坚持和主张的管理观点也与之前的学派有着明显的不同，这主要体现在两个方面：一是在管理方法上更为强调人性化，充分尊重人的因素，注重人的需求、情感和行为的内在动因，而不再像传统的管理理论中所坚持的那样只是将人看作简单的机器，通过施加外在压力而忽视人的关系、情感、能动性和创造力，将压力作为人的行为的唯一动力；二是在管理对象上显著提升了人的地位，过去的管理理论由于较少将人作为主要的因素来考虑，因而会较多地关注对事务的管理，以此为基础，更多标准化、规范化、工具化的思想就会体现在管理行为当中，在这一过程中人的能动性被严重忽视，管理行为不利于激发和利用人的积极性，而在该学派的观点中，人的行为及其内在动因由于人这一因素地位的上升，而成为管理的主要关注点，这就为通过管理来激发人的能动性和创造力提供了外在条件。

（二）社会系统学派

社会系统学派从社会学的角度研究管理，将个人与组织联系起来，通过强调组织中人际关系的作用，以及个人与组织多层面、立体式的协调关系来建立有效的组织运转体系。该学派的代表人物是切斯特•巴纳德（Chester Barnard，以下简称“巴纳德”）。他从组织理论的视角阐述对管理的看法，认为组织变革对社会发展具有十分重要的意义。与此同时，组织的运作不仅需要正式组织的存在，还需要非正式组织的存在，两者在实践中只有相辅相成才能够保证组织的正常运转。管理必须兼顾人际关系和个人与组织的关系，这一过程中的效率和效能至关重要。巴纳德通过提出这两个概念，成功地把个人动机与组织效果联系在一起，认为个人对组织目标的认同度越大，同时在实现目标过程中获得的满足感越强，越有助于好的组织绩效的出现。在其所倡导的组织协作系统中，要想成功地将组织与个人联系起来，形成有机统一的整体，权威这一要素成了必需，巴纳德通过提出权威接受理论，阐述了如何形成有效的权威来引导组织作为一个整体运转。此外，与其他学派显著不同的是，巴纳德还从组织要素的视角提出了管理的职能，有别于传统意义上通过对管理过程的分析提出管理职能的做法。

（三）决策理论学派

该学派以社会系统理论作为基础，以组织决策作为研究的中心，将管理内容划分为决策制定和决策执行两大部分，并以决策制定作为关注重点进行研究。该学派的代表人物是赫伯特·亚历山大·西蒙（Herbert Alexander Simon，以下简称“西蒙”）。在他看来，在组织管理中，决策的出现有一个最为核心的基础叫作“有限理性”，他以“行政人”作为研究的基本假设，即人们在做行政决策时不同于“经济人”追求最优选择，而是力求做出满意而不一定是最优的选择。围绕组织决策是管理核心的立场和出发点，西蒙将决策任务分为三个方面，其一为寻求备选策略，其二为对这些策略可能产生的结果进行估计，其三为比较对不同策略估计出的结果。在此基础上，将决策划分为情报、设计、选择和评审四个阶段进行最终策略的制定。西蒙也从决策的角度进行组织设计，围绕“组织如何影响决策”这一问题，提出了五个组织发挥影响力的渠道与机制，在提出组织均衡的概念基础上，他认为组织设计应遵循“可以处理决策分解问题”和“为更好地完成决策而服务”这两大要求。该学派将管理过程作为研究和分析的对象，对管理学的发展是一种丰富，但其缺点也相对较为明显。一是关注面相对较小，只关注管理决策的制定并不能解决管理中存在的所有问题，因为管理是一项综合性的复杂行为，而不仅仅是管理决策的制定；二是该学派观点中决策概念较为模糊，并没有对组织决策与个人决策做出区分。在实践中，个人决策是实实在在存在的，这些决策并不与管理相联系，或者说并不直接与管理相联系，对这些决策的研究显然与管理并没有太大关系。

三、公共管理多元化时期

哈罗德•孔茨（Harold Koontz）在其1961年发表的《管理学会杂志》中提出的管理理论丛林理论认为，管理理论呈现出一种杂乱无章的状态，在价值追求和价值标准方面整体上并没有相对清晰的方向。这种混乱状态给管理领域的学术研究和实务操作带来了负面影响，不利于研究的展开和管理工作实践的进行。自此，人们开始寻求一个新的基点，对已存在的管理理论加以整合，以求明确管理价值标准和方向，在这样的背景下，系统管理学派和行政生态学派应运而生。

（一）系统管理学派

该学派发展于一般系统论的基础之上，一般系统论在1968年路德维希•冯•贝塔朗菲（Ludwig Von Bertalanffy，以下简称“贝塔朗菲”）的《一般系统论：基础、发展和应用》一书中得到了较为全面和清晰的阐释。该理论认为由若干要素有机地组成了具有特定功能的系统，这些要素相互联系、相互作用、相互影响。系统在建立之后并不是一个封闭的整体，而是通过不断与外界进行物质和能量的交换来维持一种稳定的状态。西方学者在工商管理领域对这一理论加以运用，因而形成了系统管理学派。该学派的主要观点是从系统的角度分析构成系统的各种要素，并以这些要素作为管理的关注点，进而实现对整个组织的管理。该学派的代表人物有贝塔朗菲、塔尔科特•帕森斯（Talcott Parsons，以下简称“帕森斯”）、弗莱蒙特•E. 卡斯特（Fremont E. Kast，以下简称“卡斯特”）和詹姆斯•E. 罗森茨韦克（James E. Rosenzweig，以下简称“罗森茨韦克”）等。贝塔朗菲对系统的含义及其特征进行了明晰的阐述，帕森斯将社会行动看成一个系统，将其分解为多个子系统，在此基础上提出了“结构功能理论”并应用到社会管理之中。卡斯特和罗森茨韦克更为明确地将系统论运用到管理实践中，提出了组织的系统分析模型。在该模型中，他们认为企业就是一个由各种要素构成的有机系统，企业管理可以视作对这个有机系统的管理，这些要素都会对企业的发展产生不可忽视的影响。其中，人这一要素具有能动性，占据主要位置，其他要素则都具有被动性。企业自身既是一个系统，也是一个子系统。从企业的角度来看，它是一个由多个子系统构成的系统。这些子系统包括目标和准则子系统、技术子系统、社会心理子系统、组织结构子系统和外界因素子系统等，而这些子系统还可以进一步细分，其中任何一个子系统的变化都会对企业这个大系统产生影响；从社会的角度来说，企业又是社会的子系统，它与社会之间相互影响。他们认为，将管理对象整合为一个有机系统并从系统的角度对管理对象进行管理有利于提升管理效率，具有更强的目标导向性，不会让管理者在大大小小的管理事务中迷失组织的整体方向，也有利于管理者明确自身定位。

该学派给管理理论的发展提供了一种新的思路和角度，将管理对象视为一个有机系统，强调管理的整体性，在明确组织目标、提升管理效率方面具有明显的优势。与此同时，他们所倡导的系统开放性，以及对子系统的划分和强调系统要素之间的关联性，也对管理实践的有效开展具有重要意义；但该学派试图用一般的系统论观点来解决管理中所面临的所有问题，显然对管理行为的复杂性还缺乏准确的判断，这种寻求普适性做法来解决复杂性问题的尝试也有可能会使该学派的研究成果在实践中难以奏效。

（二）行政生态学派

行政生态学派在某种程度上是对系统管理学派的延伸和应用。该学派将行政看作一个系统，研究其与外部环境之间的相互关系与相互作用，在这一过程中，该学派借鉴了生态学中研究生命个体与其生存环境之间相互作用与相互关系的方法，运用模拟来研究行政生态系统。该学派的代表人物包括约翰·高斯（John Goss，以下简称“高斯”）、弗雷德·W. 里格斯（Fred W. Riggs，以下简称“里格斯”）等。他们关注政府与其生存的社会环境之间的相互关系与相互作用，研究各个国家和地区的社会文化和历史对当地行政系统产生的影响，以及当地政府管理如何通过引导和管理社会发展来实现对社会的反作用。在这一过程中，他们认为在生态学中，任何有生命的个体都不能离开其生活环境，也不能不与其生存环境进行物质交流而完全孤立地生存，这一规律对于行政生态系统依然适用。高斯以政府与社会的关系作为着力点，提出了政府生态学的 7 条定理。里格斯则关注提炼出行政生态环境中的相关要素，并研究这些要素与行政主体之间的相互关系。在分析行政经济环境的基础上，他提出了三种行政模式。与此同时，里格斯以一般系统理论为基础发展了比较行政学，它可以说是行政生态学发展的一个必然方向，强调行政管理必须存在于特定的文化和历史环境中，因而普适性的行政原则并不存在。

行政生态学派在推动行政管理发展中最突出的特点和贡献在于在行政管理领域引入了生态学的思维和研究方法，更加注重管理的整体性，摆脱了以往管理理论过多关注管理的抽象原则、细节技术和微观视野的局限性，从更加宏观的角度探讨管理的重要性和方法。

四、公共管理价值取向改变后时期

20 世纪 60 年代末 70 年代初，西方社会中出现了一系列问题，在政治、经济和社会生活等领域爆发了危机，政府的社会管理面临着严峻的挑战。危机催生变革，在混乱而不稳定的社会环境下，政府改革的声音开始出现，而行政学界对这一问题的回应比较积极，他们开始摆脱传统公共行政理论的思维束缚，不断检视和挑战传统公共行政理论的各种观点，力求找到全新的视角和追求更为理性科学的价值标尺来推动和革新公共行政实践，探究公共行政当时及未来的发展。在这一过程中，新的公共行政学派形成了。

（一）新公共行政学派

新公共行政学派认为，20 世纪 60 年代末 70 年代初以前形成的公共行政理论属于传统的公共行政理论，而新公共行政理论以现象学解释学、本土方法论、符号互动论及批判理论等为工具，以“公共”的概念作为研究重点，产生于 20 世纪 60 年代末 70 年代初。该学派与传统的公共行政学派的一个显著的不同点在于该学派将特定的价值观融入行政管理之中，或者说他们认为行政管理不应当是价值中立的，公共行政的公共属性需要其将正义、自由、民主等价值理念贯彻到公共行政的实践之中，使公共行政摆脱刻板抽象的科学实证主义属性，回归其本应具有的人文价值属性。与此同时，由于该学派诞生于西方社会公共行政问题严峻、政府变革的背景之中，因而其问题导向性的属性较为明显，其研究焦点往往集中在现实问题之上，谋求通过行政改革来建立更为灵活创新而具有实用价值的行政体制和政府组织形态。该学派的代表人物包括德怀特·沃尔多（Dwight Waldo）、H. 乔治·弗雷德里克森（H. George Frederickson）等。他们对传统的政治与行政二分法和以追求效率为核心价值的传统公共行政理论进行了批判，认为公共管理应当因地制宜，随着环境的变化不断做出调整，在秉持公平价值观的前提下，要用开放性的思维强化组织形态的创新，以服务对象为中心展开管理。

该学派对于推动公共行政管理迈向新的阶段做出了显著贡献。他们以更具人文精神的公平、民主等价值观取代了传统理论中效率至上的公共行政，使其本质属性得到彰显。与此同时，对原有的公共行政理论研究基础进行了全面的革新，因此该学派为未来公共管理开辟了更为广阔的研究空间和更符合公共管理本质的研究思路和研究方法。但也应看到，由于其与传统公共行政理论处于相对割裂的状态之中，是对原有理论全盘性的革新，因而其发展的连贯性不强，没有支撑起发展的牢固根基，虽然迎合了公共行政先进的发展趋势，但还没有取代传统公共行政理论的主导地位。

（二）黑堡学派

黑堡学派产生于20世纪80年代，当时美国社会政党相继给既有的行政体制带来了很大的冲击，非理性的反政府、反权威、反官僚的社会氛围已经对公共行政的发展带来了严重威胁。在这样的背景下，黑堡学派在坚持公共行政的正当地位这一立场的前提下，提出了政府再造的观点，并且认为这一再造过程需要行政人员和官僚体系集体价值、态度、认知等的转变和共同努力才能实现。该学派的代表人物是加里·L. 万斯莱（Gary L. Wamsley）。以他为代表的一批学者于公共行政相关的诸多方面提出了自己的观点。他们对公共行政的特质提出了自己的看法，认为公共行政是一种制度，官僚体制只是其中的一种，并非唯一的形式，公共行政在社会中是唯一可以以社会之名通过强制力实现资源分配和奖惩赏罚的制度。此外，它的存在与人员个体之间的关系是相互的，制度可以约束人，人也可以通过对话来影响制度，制度并非不可变化的。同时，它对资本主义社会中公共性的缺失也是一种有效的补充和保障。公共行政可以维护公共利益，这种公共利益也不是一成不变的，它可以通过对话不断做出调整，因此公共利益具有暂时性。该学派还对与行政相关的重要概念与公共行政的关系做了说明。他们认为政治和行政在不同层次上具有不同的区分度，层次越高，区分度越不明显。公共行政是宪法的守护者，能够充分体现宪法的精神和意志。他们还提出了公务人员应承担的五项角色，以体现公务人员存在的正当性和必要性。黑堡学派在很大程度上与新公共行政学派具有相同的观点，但其对社会制度层面的关注和对公共利益的强调体现出其鲜明特点。

五、公共管理思路创新时期

公共行政学的发展历来具有“采众家之长”的特点，借助其他学科的思维和方法来发展公共行政使得公共行政学科的发展更具有多样性。20 世纪 70 年代以来，经济学、政策分析、工商管理等相近学科与公共行政学的碰撞总可以为公共行政学带来创新性的理论、思路和方法，也奠定了公共行政学不断向前发展的理论基础。正是在这样的背景下，公共选择学派、新公共管理学派、新公共服务学派、治理学派等对现今公共管理影响颇深的学派不断涌现，丰富了公共行政理论研究的内容和方法，也逐渐使其进入倡导公共行政“百花齐放、百家争鸣”的公共管理新时代。

（一）公共选择学派

公共选择学派最显著的特征在于用经济学的思维和原理解决公共行政问题。该学派由于是由经济学家所创立的，因而其观点的每个角落都可以看到经济学的影子。该学派的代表人物有詹姆斯•麦基尔•布坎南（James McGill Buchanan）和文森特•奥斯特罗姆（Vincent A. Ostrom）、埃莉诺•

奥斯特罗姆（Elinor Ostrom）夫妇等。该学派在提供经济学的研究方法的同时，在公共产品的供给效率、官僚主义的克服，以及民主政府方面提出了自己的观点。在研究方法方面，他们以个人作为行政行为的主体，并且进行了“经济人”假设，提出个人行政也是从自利的角度出发，通过对个人行为进行解释来说明组织和集体行为的产生，将政治活动视同为交易过程，即通过利益各方不断沟通、交换与协调，最终实现互利的政治过程。在公共产品供给方面，他们认为公共物品具有非排他性和非竞争性，因而不能运用市场原理来进行公共产品的供给，为了科学地衡量供求关系以尽量削弱“搭便车”效应，只能通过集体支付的形式来表示公共物品的需求，在这一过程中，投票将是实现集体共同行为的必要手段。在面对官僚主义问题时，该学派在分析了政府扩张五大原因的基础上，提出了在承认官僚个人利益存在的前提下，协调其与公共利益的关系，在满足个人利益的同时，也能够最大限度地实现社会公共利益。在行政过程中引入竞争机制，运用市场原理实现对个人的激励及公共物品的供给。该学派在民主政府问题上提出了三种不同性质的政府模式，其中民主政府模式被认为是一种最优模式，通过代议制民主的具体形式，实现公共选择对政府行为的约束，以使其符合公共利益。该学派对公共行政发展的贡献在于第一次提出了公众参与行政的理念，政府不再是唯一的行政者；通过分权与层级节制实现利益制衡，以确保公共利益的实现；以经济原理衡量公共行政，并对政府的扩张目的进行严格把关。

（二）新公共管理学派

随着西方社会的不断发展，又出现了一些新的公共问题，使政府面临严峻的挑战。这些问题被经济学归纳为一个概念——“滞胀”，即低经济增长、高通胀、高失业率、高财政赤字。在这样的环境中，政府通过行政手段干预和市场机制的自我运转以达到最终目的的方式，已经完全不能应用到这种局面之中，“政府失灵”被广泛提及，新公共管理学派在这样的背景下出现了。相比公共选择学派，新公共管理学派同样也将经济学的观点、精神和思维引入公共行政之中。这一学派的代表人物包括克里斯托弗·胡德（Christopher Hood）、戴维·奥斯本（David Osborne）和麦克尔·巴泽雷（Michael Bazelle）等。他们以“经济人”为假设，以公共选择理论、委托代理理论、交易成本理论和企业管理理论等为理论基础，强调公共管理过程中的分权、效率、去官僚化与市场化，倡导以管理私人部门的方式实现对公共部门的管理。该学派提出了小政府理论、政府再造理论和重塑政府理论等观点。其中，小政府理论呼吁政府应当果断抛弃那些市场可以承担的任务，只在市场无法发挥作用或者做不好的领域内活动，保持政府的能力与竞争力。奥斯本在其提出的政府再造理论中强调政府应当具有企业家精神，并提出了建立现代政府的十大原则和五大战略，指导政府的行为。他们提出依靠绩效评估改进政府的管理，这一绩效评估的重点在于吸收公民参与，体现出“以顾客为中心”的政府管理理念。这一理念在其提出的基于回应性的政府全面质量管理理论中也有体现，该理论主张将公民看作顾客，在政府内部建立一套以顾客为中心，以改进、授权与协作为要点的全面质量管理体系，以避免政府内部固有问题带来的对民众的回应障碍，使政府的回应能力更强，为公民服务的导向更为鲜明。

该学派特点鲜明，从经济学的视角研究公共管理问题，定性分析与定量分析兼顾，以经济学理论和私人部门管理为支点，构建出一套新的公共管理理论框架。相比于传统的公共行政理论，该学派的观点回应性更强，对公民需求的关注程度更深，在很大程度上满足了社会发展对于公共行政的要求，也迎合了公共管理的发展趋势。

（三）新公共服务学派

新公共服务理论与新公共管理理论一样，突出一个“新”字，即与传统的公共行政理论相比，新公共服务理论同样打破了传统理论的束缚，抛弃了机械抽象的科学实证主义属性，更多地从人文精神出发，探求公共管理的真谛。该学派的代表人物包括保罗·C. 赖特（Paul C. Wright）和罗伯特·B. 登哈特（Robert B. Denhardt）、珍妮特·V. 登哈特（Janet V. Denhardt）夫妇等。

与新公共管理理论不同的是，新公共服务理论更关注人的价值，倡导建立更有人文精神的政府。该学派对居于新公共管理理论核心地位的企业家、政府思想进行了批判，认为公共管理与企业管理有着本质区别，不能简单拿来做类比和借鉴。该学派以民主公民权理论、社区与公民社会理论、组织人文主义理论和后现代对话理论为理论基础，提出了区别于新公共管理的鲜明主张。他们认为，政府的职责不应当是凡事都亲力亲为，也不应当是只把握方向的“掌舵者”，而是为公民服务的“服务者”。公共利益应当是政府公共管理的价值方向，公民不同于顾客，公民普遍有权享受公共产品和服务，而顾客却只有在支付得起的情况下才可以享受，而且将公民视为顾客也不利于社会公平的实现。公共资源是全体公民所有的，而非政府所有的，因此政府的企业家精神不能与公共资源的属性相匹配，资源的利用应当合理，不能如企业家那样自由支配。效率不应成为唯一的追求目标，因而政策的制定和执行过程应当是全社会共同努力的结果，政府的责任也应当是多元化的。

与传统的公共行政理论和新公共管理理论相比，新公共服务理论可谓走出了公共行政理论发展的“第三条路”，相比而言，新公共行政理论批判地吸收了新公共管理的部分理念，但其更强调对人的重视和对公共利益的追求。与此同时，公民参与的地位有了空前的提升，在该学派的观点中，公民与政府在行政管理活动中有着平等的地位。当然，这一学派的观点也并不尽善尽美，其倡导的观点中包含的社区美德属性假设并没有找到事实支撑。

（四）治理学派

治理学派所倡导的治理理论诞生于20世纪90年代，随着社会的不断发展和人民生活水平的不断提升，社会对于公共管理需求的多元化趋势日益明显。如果说政府和市场双重失灵是促使新的公共管理理论出现的重要动因的话，那么在20世纪末至21世纪，治理理论在世界范围内的普遍应用则是社会需求多元化使得双重失灵区域扩大带来的直接结果。该学派的代表人物有治理理论创始人詹姆斯·N. 罗西瑙（James N. Rosenau）、罗德·罗兹（Rod

Rhodes）和 B. 盖伊・彼得斯（B. Guy Peters）等。治理理论的核心要素有以下几点。

（1）治理主体的多元化，即公共管理的主体不再只是政府，管理的手段也不再只是二元的“行政—市场”方式，以社会组织为代表的第三部门力量的壮大丰富了社会管理的主体结构。

（2）政府角色更明显地呈现出“有所为有所不为”的特点，包括市场在内的社会力量在部分领域完全可以承担公共产品与服务的供给。

（3）治理主体之间的关系趋于平等，通过相互依赖、相互协调和相互配合形成的治理网络，取代单一政府成为管理社会的系统。

（4）管理对象的范围扩大，更为多元化的社会需求导致了治理主体的多元化发展，而这一多元化发展必然带来功能更为多样的治理网络，通过扩大服务范围，有效地回应多元社会需求。

（5）注重效率与公共性。一方面，多元治理网络的存在可以保证社会需求能够得到最大限度的回应，体现效率；另一方面，由于多元主体间是平等关系，因此社会各个群体的声音在治理过程中就会得到有效获取，从而通过协商、监督与制衡以保证治理的公平，最大限度维护公共利益。

（6）治理语境下的公共管理具有自发性和自主性，多元主体根据社会实际需求统一目标、协调配合、共同行动，以解决面临的各种公共问题。治理理论中需要关注两个问题。一是管理主体多元化和主体间职能的再分配导致管理边界存在着模糊性。二是治理主体间存在着平等合作而又相互独立的关系，存在一套符合当地社会文化和历史发展的关系维持与控制机制和行动的正式制度程序，这将对治理的成效具有至关重要的影响。

治理理论中对效率的关注和对人的重视体现出其与新公共管理理论相似的一面。与此同时，治理理论摆脱了新公共管理理论将管理主体局限于政府的传统束缚，倡导更为广泛、多元和正式的共同参与，在治理主体结构上完成了突破。新公共管理以经济学作为发展的路径，而治理则以公民参与、构建共同网络作为发展路径，更符合公共管理的公共属性。纵观公共管理理论的发展历程，可以看出其每一步发展都是以原有的公共行政理论指导下的实践不再适应社会发展需求作为引导，而新的公共管理理论和学派也是本着解决这些公共管理问题而出现和发展的。历史的发展证明，公共管理理论是一个开放、多元且兼容并蓄的体系，将会随着时代的变化、社会的变迁、文明的进步而不断演变，与此同时，新生的公共管理理论也会引导着公共管理下的社会在历史的轨道上不断向前。

第二章　社会基层治理的含义与特征

社会治理概念正式出现在中国的行政管理系统中的时间是2013年。这一年中共十八届三中全会召开并通过《中共中央关于全面深化改革若干重大问题的决定》（以下简称《决定》）。《决定》指出："全面深化改革的总目标是完善和发展中国特色社会主义制度，推进国家治理体系和治理能力现代化。"并且在后续的正文中多次提到"社会治理"，用一章的篇幅来介绍社会治理体制的创新。社会治理的正式提出，标志着中国政治话语进入一个新的阶段。往日的社会管理，正在退出历史舞台，成为一种陈旧的政治话语。但是，由此也带来很多问题，如社会治理含义的界定，它与社会管理的根本区别是什么？本章将阐述社会治理的基本含义和特征，并且辨析社会治理和社会管理之间的联系、区别。

第一节　社会基层治理的含义

一、从社会管理到社会治理

从社会管理到社会治理，党和政府对社会工作的认识有一个漫长的发展变化过程，这种变化可以从历史上的不同会议文件中看出来。笔者将历数重要会议及其文件，展示这种变化。

1998年，《关于国务院机构改革方案的决定》发布，第一次提到"社会管理"。这里的社会管理是从政府的职能来说的。它强调政府基本职能有三种，社会管理是其中的一种，其他两种是宏观调控、公共服务。

2002年，中共十六大召开，报告中将社会管理确定为政府四项职能之一。报告第五部分说到政治体制改革和政治建设时，明确指出要落实社会治安、综合治理的各项措施，改进社会管理，保持良好的社会秩序。这里的社会管理主要是针对社会稳定来说的，是一种维护社会和谐稳定的途径。

2003年，十六届三中全会召开，通过了《中共中央关于完善社会主义市场经济体制若干问题的决定》，从完善社会主义市场经济体制的视角入手，提出要完善政府的社会管理职能，通过完善政府社会管理职能和公共服务功能，为全面建设小康社会提供制度保障。由此，社会管理与小康社会建设就联系了起来。

2004年，十六届四中全会召开，全会通过了《中共中央关于加强党的执政能力建设的决定》，强调了社会管理的重要性，并对加强社会管理的具体措施进行了全面部署。报告提出要建立健全党委领导、政府负责、社会协同、公众参与的社会管理格局，以加强党的执政能力、构建社会主义和谐社会。这一说法和以前的提法大为不同，第一次提出社会管理不只是政府的事情，应该强调公民、社会的参与。

2005年，十六届五中全会召开，通过了《中共中央关于制定国民经济和社会发展第十一个五年规划的建议》，从行政管理体制改革入手强调社会管理的必要性。该文件指出要着力推动行政管理体制改革，加强政府的社会管理和公共服务职能，不得直接干预企业活动。社会管理体系的完善是社会主义和谐社会建设的基础条件。行政管理成为社会管理的重中之重，关系到社会稳定和社会和谐。

2006年，十六届六中全会召开，通过了《中共中央关于构建社会主义和谐社会若干重大问题的决定》，进一步明确了加强社会管理的途径。这充分说明中国共产党对社会管理的认识从原来的宏观表层，达到了微观层面。会议还将“社会管理体系完善”作为2020年构建社会主义和谐社会的主要任务和核心目标。文件强调，不仅要将加强管理，维护社会稳定视为和谐社会的要求，也要体现服务与管理的融合。

2007年，十七大报告提出要建设更加完善的社会管理体系，以适应全面建设小康社会的目标。报告内容不仅强调要健全党委领导、政府负责、社会协同、公众参与的社会管理格局，还要最大限度激发社会创造力和活力，减少不稳定因素。这与构建和谐社会的总要求是相配合的，表明党的社会管理思想已经十分成熟。

2008年，十七届三中全会聚焦于农村社会管理，将农村社会管理体系完善列为2020年农村改革发展的基本目标。会议强调了农村社会管理在社会和谐、社会主义新农村建设方面的重要意义。农村社会管理内容的加入，让社会管理体系更为丰富和完善。

2009年，十七届四中全会聚焦于社会管理能力的提升，认为社会管理能力是党的执政能力的重要方面，要保持党的先进性，必须在社会管理能力上下功夫。社会管理过程中，党起着非常重要的作用，提高党员干部队伍的社会管理素质和能力就显得异常重要。

2010年，十七届五中全会召开，通过了《中共中央关于制定国民经济和社会发展第十二个五年规划的建议》，提出要加强和创新社会管理，以健全公共服务体系。会议将社会管理体系趋于完善作为“十二五”时期的社会发展基本目标，同时从体制和法律等方面进行具体部署，以加强社会管理。

2011年，十七届六中全会召开，通过了《中共中央关于深化文化体制改革、推动社会主义文化大发展大繁荣若干重大问题的决定》，聚焦于文化体制改革，强调要创新文化管理体制，深化文化行政管理体制改革，明确政府与文化企业之间的关系和界限。

2012年，十八大报告将社会管理和民生问题列入社会建设的范围。从此，社会管理格局正式成为社会管理体制，体制化的过程也是管理不断法治化的过程。报告将法治保障列入社会管理体制建设，突出社会管理和依法治国的深入融合。在社会管理措施上，不仅强调法律和人才队伍的信息化建设，也要着重改进政府服务公共生活的方式，同时将社会管理的重点放在基层社会管理和服务体系建设上，进一步强化公众的社会管理参与制度建设。

2013年，十八届三中全会召开，通过了《中共中央关于全面深化改革若干重大问题的决定》，将推进国家治理体系的现代化建设列入全面深化改革的总目标。报告专门运用一章的内容来部署社会治理体系的创新，着重阐述了社会治理体制创新的几个重要方面，如改进社会治理方式、激发社会组织活力、创新社会矛盾化解机制、健全公共安全防御机制。该文件第一次提出了“社会治理”的概念，体现了中国共产党执政理念的转变。

2017年，中共十九大召开，着重对社会治理问题进行了全方位部署和阐述，明确未来的目标即构建共建共治共享的社会治理格局。十九大报告提出一系列令人耳目一新的新措施，明确了社会治理体系创新的基本方向。报告强调要进一步完善党委领导、政府负责、社会协同、公众参与、法治保障的社会治理体制，同时要加强社会治理的法治化、专业化和智能化水平。这是党在新的时代和技术条件下对社会治理的新认识。

二、基层社会治理的内涵

（一）治理

治理是一个常见的概念，但是具体界定却并不容易。越是简单的概念，越是需要大量复杂的术语来系统地阐释，这几乎是学术界的通例，治理也不例外。20世纪90年代，联合国全球治理委员会对“治理”的概念进行了界定，认为治理是指个人、公共和私人机构对其事务进行管理的各种方式的总和。同时，对治理的特征进行了总结：①治理是一个过程，不是一些规章条例，也不是简单的活动；②治理活动的展开是以调和为基础的，而不是建立在支配之上；③治理涉及的范围十分广泛，同时涵盖公共部门和私人机构；④治理并不是一种正式确定的制度，却具有长期性和持续性。

明确联合国对治理的基本概念界定之后，我们可以详细追溯一下“治理”一词的发展源流。首先，治理是作为一种理念出现的，20世纪后半期，新公共管理理论风行学界，治理也被大家奉为最有阐释潜力和最符合现代管理精神的概念术语。1989年，世界银行发布研究报告《撒哈拉以南非洲：从危机到可持续增长》。该报告第一次运用了“治理危机”的说法。1992年，世界银行在以治理与发展为主题的年度报告中提出了治理的基本概念。这一报告也被学界认为是治理理论的发端。后来一段时间内，西方学术界对治理的概念进行了一大批研究，以适应西方行政改革实践。他们认为，治理的概念更为广泛，相对于统治来说更是如此，能够适应不同的政府体制，治理主体并不都是政府，而是多个主体通过协商达成一致目标，实现社会的有效治理。

治理理论引入中国之后，立即受到我国学术界的重视，学者纷纷对其展开理论研究，尝试将其应用到中国治理实践中来。北京大学政治学研究中心主任、讲席教授俞可平认为，治理是指在既定范围内运用权威来维持秩序、满足公众需要。当然，治理的最终目的是满足公共利益。这非常符合中国的体制。北京大学中国政治学研究中心教授何增科对善治和治理理论进行比较，系统研究了中国政治发展史及其主要成就。北京航空航天大学公共管理学院副院长胡象明、新华出版社财经图书出版中心副主任唐波勇则从公共管理角度入手，研究了整体性治理和治理理论的最新发展，阐明了整体性治理模式的协调和信任机制。清华大学社会科学学院政治学系长聘教授杨雪冬认为，治理理论能够将社会有效组织起来，减少国家和社会之间的冲突。众多国内学者对治理理论的研究，为治理理念运用到中国具体的基层社会治理实践中奠定了学术基础。

（二）基层社会治理

我们可以从治理的概念来理解“社会治理”。社会治理是这样一个过程，个人、公共机构、私人机构等多种主体对切近己身的社会事务，运用沟通和协调的方式采取行动，以便维持社会各领域的正常运转和满足个人基本社会需要。社会治理理论是西方治理理论非常重要的组成部分，西方国家多奉行公民个人本位，所以理性经济人的社会自组织就成为西方国家治理理论的基础内容。我们也可以将西方治理理论看成以理性经济人为基础的社会自治理论。在我国基本国情之下，社会治理是在执政党的领导之下，由政府组织，社会各方面参与，对社会公共事务进行治理的实践活动。社会治理要以群众生活和基本权利为中心，聚焦国家治理中的核心社会问题，发挥多元治理主体作用，化解社会矛盾，改善人民生活，促进社会公平，从而推动社会有序稳定发展。十八大报告提出了中国特色社会治理机制的二十字方针，即党委领导、政府负责、社会协同、公众参与、法治保障。十九大在此基础上进一步深化，明确了社会治理的根本目标，即构建共建共治共享的社会治理格局。基层社会治理是社会治理的重中之重，是指我国区县行政单位及以下的社会治理活动。这也是本书研究的重点。

第二节　社会基层治理的主体和内容

一、基层社会治理的主体

基层社会治理是由多元的主体组成的公共行动体系，从其主体的来源看，大体可分为政府部门与非政府部门两大类别。

（一）政府部门

这里的政府部门是广义概念，即党依法履行公职、纳入国家行政编制的部门。主要包括：党委、政府、人大、政协、检察、司法、人民团体和群众团体、民主党派及其部门和机构。

（二）非政府部门

这里的非政府部门也是泛指，即除政府部门外的部门，主要包括以下五大类。

1. 营利组织

营利组织是指在工商行政管理机构登记注册，并且以营利为目的，自负盈亏，自主经营，法人资格独立的组织。这方面的例子有很多，如常见的企业和公司等经营性单位。

2. 非营利组织

非营利组织与营利组织正好相反，不以营利为目的，旨在处理公众和个人关注的问题和事件。非营利组织十分常见，覆盖的范围也非常广泛，几乎涉及教育、学术、环保等所有的社会领域。

3. 舆论媒体

舆论媒体包括各种传播媒介，尤其是报纸、广播、电视等新闻媒介。

媒体具有强烈的社会公共色彩，使它承担着社会舆论导向和稳定社会的重要责任。

4. 基层群众自治组织

基层群众自治组织主要包括城市居民委员会和农村村民委员会。

5. 社会公众与志愿者

社会公众与志愿者如青年志愿者等。

二、基层社会治理的内容

中共十八届三中全会《决定》提出，要创新社会治理，必须着眼于维护最广大人民根本利益，最大限度增加和谐因素，增强社会发展活力，提高社会治理水平，全面推进平安中国建设，维护国家安全，确保人民安居乐业、社会安定有序。基于我国基层的特殊情况，基层社会治理的内容至少应包括以下四个方面。

（一）实施社会控制，维护社会秩序

人类社会发展是一个辩证的过程，变革和安定是相统一的。只有变革没有稳定，社会就会崩溃，只有稳定，没有变革，社会则会一潭死水，毫无活力。社会形态可以多种多样，但是只要是谋求发展，谋求正常的物质生产和精神生产，就必须以安定有序的社会环境为条件。社会是否安定有序，则与社会控制密切相关。没有控制，就没有稳定，没有稳定，就没有秩序，秩序的丧失则会让社会陷入动荡。基层社会治理的基本功能就是要对社会进行全面控制，控制到社会的微观领域，将控制之手伸入社区、街道、乡村，甚至是每个人的家中。社会控制是治理主体运用既定的社会规范对社会成员进行约束的过程，基本方式和手段有四种：一是法律手段，即社会成员的一切活动都要在法律的要求下进行，否则就会受到法律的制裁，法律控制手段具有强制性，是一种根本性的社会控制方式。二是道德手段，即将道德规范内化在个人的思想情感之中，形成个人的价值观，从而实现对个人行为的控制，违背道德的行为就会受到社会舆论的压力，道德控制是一种软性控制。三是行政

控制，即制定严格的行政规范，通过行政命令的方式让社会成员遵守，如果违反行政规范，就会受到相应的惩罚。四是舆论控制，即是言论和思想控制，现代传媒技术的发展，让言论传播越来越容易，如果没有统一的意识形态控制，舆论就会分裂，思想和言论的分裂导致社会行为的分裂，其后果十分严重。需要注意的是舆论控制和言论自由的界限。

（二）实施社会政策，维护社会公正

社会政策主要是指那些为社会公众谋福利的政策条款。它主要以社会公正为基本的理念原则，以解决社会问题和保障社会成员权益为根本目标，经过反复磋商，形成一系列法令、准则和条款。社会政策的实现途径是国家的行政干预和立法活动。一个成熟的国家和社会，必须具备完善的社会政策体系，否则会让民众无所适从。科学有效的社会管理，也是以社会政策为前提的。社会政策对于克服市场的反面效应，化解突发社会矛盾，协调社群利益关系具有重要作用。完善的社会政策体系，让社会治理活动变得有法可依，按部就班，不慌不忙，进而才能保障社会健康发展。但是，社会政策的背后是社会公正在支撑。一般来说，社会政策应该是社会公正的体现，是社会公正理念在社会领域的普及和执行。一个社会治理是否公正，我们可以从政府制定的社会政策上看出来。社会公正的实现并不是一件容易的事情，需要政府和社会各方面的配合。要真正实现社会公正，就必须将这种公正的理念融入国家制度和社会政策。

（三）提供公共服务，促进社会进步

社会公共服务是社会治理的基本内容之一，更进一步还可以分为三部分：一是建设公共设施，方便民众生活和出行；二是促进社会公共事业的发展，如慈善和教育；三是大力扶持第三产业发展，即促进服务业的开展。政府无疑是基层社会治理的主动性力量，对教育、交通、卫生等基础性的社会事业发展肩负主要责任。在全民健身、公共卫生等公共服务方面，基层政府必须做好发展规划，以提升当地社会的公共服务水平。为了建设文明、高雅的社会生活环境，必须将提升区域科技发展水平、提高居民科技文化素质。此外，

第三产业的发展可以满足人们的日常生活和日益增长的物质文化需求，与政府所提供的服务结合起来，便可以构建起完善的基层社会服务体系。

（四）培育多元主体，参与社会治理

社会发展历史证明，独立于政治国家的公民社会的形成是一种历史潮流，不仅可以强化民主化的生活方式，还能够培育公民的公共精神，在很多政府权力难以触及的地方发挥作用。这样的结果就是减轻了政府的负担，促进社会自组织模式的形成。所以说，社会治理工作的最终目标就是要培育多元化的治理主体，从而形成成熟理性的公民社会。政府作为单一的社会管理主体，不仅在经济上难以支撑，也无法将全社会的资源调动起来，以满足公共需求。从另外的角度来看，政府也不必将全社会的管理责任全部扛到自己的肩上，应该适当简政放权，引导社会组织和公民个人参与社会治理，从而实现高效治理。

第三节　社会基层治理的特征

基层社会治理是一项非常重要的工作，在漫长的社会治理实践中，形成了自身的基本特征。我们可以将这些特征整理归纳如下。具体表现在六个方面，即服务性、多元性、动态性、开放性、预见性、民主性。

一、服务性

实现社会有效治理的前提是提高公共物品和公共服务的内在质量。为展现社会管理的真正内涵，为社会提供更多优质的产品和服务，我们应该把握好五点原则，或者从以下五个方面展开服务工作。一是服务理念上，要遵守以人为本；二是服务准则上，要体现依法服务；三是服务模式上，要以群众为根本导向；四是服务考核上，要运用多种绩效考核指标，不仅要细化工作标准，还要运用量化的考核指标进行考核；五是服务责任上，要勇于追究过错，不能养成得过且过的坏作风。

二、多元性

不同社会群体和社会阶层，共同构成了社会的总体。这些社会团体具有不同的社会地位、政治诉求和经济利益。所以，社会治理上也要重视治理主体的多元化，即不论强势群体还是弱势群体，不论少数群体还是多数群体，都要参与社会治理，共享改革发展成果。同时，要使全社会达成一种利益上的共识，对于长期目标要达成共识，建立完善的多元主体参与的社会治理架构。务必让每个主体都可以满足自身的利益诉求，在交流、妥协和协商的基础上，进一步达成更广泛的社会共识。

三、动态性

我国进入社会主义发展新时代之后，社会治理方面的影响因素越来越多，且复杂多变，致使社会治理呈现出难以预料的动态性。为了让社会结构根据环境条件变化不断调整，以实现治理机制的持续优化发展，治理人员必须准确把握社会系统的发展变化规律，掌握社会矛盾向前演化的根本趋势，才能及时调整社会治理工作的重心。

四、开放性

开放性是针对系统来说的。系统的开放性（开放性系统）表现为不断与外部环境进行交流，输入和输出交替进行，系统内部也会不断更新，打破原来的格局，重新组建新模式。向外开放和内部更新是互为条件的关系。基层社会治理也具有开放性的特征。一方面，可以从功能的意义上来看，社会治理要促进本地的社会经济系统与相邻和周围的社会经济系统相互沟通，不断有物质、信息和能量的输入和输出，从而进行内部社会经济系统的更新和重建。另一方面，可以从结构意义上来看，社会治理的开放性是要建立一种公民可以广泛参与的民主制度，使多元主体能够实现协调、互补、分工协作。漫长的历史实践证明，一个国家和社会要想生存，要想永远保持活力，都不能将自己封闭起来，闭关自守，最终会走向政治管理的高度集权，管理体制日趋僵化，管理效率严重下降，官僚主义滋生蔓延，直至国家系统崩溃。

五、预见性

社会基层治理也有预见性的特征。我国正处于现代化国家建设的关键时期，所面临的国际环境复杂多变，社会矛盾凸显引起的失业、治安等方面的问题，让社会治理变得复杂。因此，社会治理要有一定的预见性，能够做出长期预案，尤其是面对突发事件，要能够及时化解。公共危机的应对能力体现出政府的治理能力。科学预见能力和超前的眼光是政府必须要具备的，否则难以应对复杂多变的社会局面。这种预见性还表现在鼓励社会组织的成长，充分调动各种社会力量来应对公共危机。

六、民主性

社会治理最大的特征就是民主性。民主体现为一种自我管理和自由发表意见的权利。在传统社会的管理模式中，政府和社会是一体的，政府所采取的是集中管理，而不是民主管理。传统社会管理导致自我发展成为一种空谈，公民无法自由表达个人的关于国家和社会发展的意见，当政府无法及时发现管理偏差时，就会严重影响社会的协调发展。社会治理不同于传统的社会管理，而是体现出充分的民主性，政府制定某项政策之前必须考虑到人民群众的意见和利益诉求，尤其要允许不同意见的表达，或者在媒体上进行公开辩论。民主化的社会治理模式是时代发展的潮流，也是我国基层社会治理的必然选择。

第四节　社会管理和社会治理

从根本上来说，社会管理与社会治理是同一活动的不同描述。它们都是为了让社会系统运作维持在一个良好的水平上。社会管理是传统社会关于社会规制的说法，社会治理则是20世纪末期最新出现的社会规制理论。它们之间的区别主要有六个方面。

一、内涵不同

社会治理的说法起源于20世纪末期，它具有非常丰富的内涵。社会治理强调多元化的单个分散主体经过互动协调达成一个整体的合作网络。全球治理委员会认为，社会治理是个人、私人机构、公共机构参与共同事务管理的方式的总和，是让不同利益群体之间的冲突得以化解而采取所有联合行动的过程。

社会管理的内涵非常丰富，可以从广义和狭义的角度来分别定义。从广义的角度来看，社会管理是将社会作为一个有机整体，管理者通过运用计划、协调、沟通、指导等手段，保证社会系统始终处于有序可控的良性运行状态。从狭义的角度来看，社会管理就是指民间组织和政府机构对社会生活事务和问题进行规范、协调的过程，最终目的是提高社会成员的生活质量，满足他们的基本需求。翻检有关社会管理的文献可以明白，社会管理主要是指狭义的定义，即与政治管理、经济管理、文化管理并列的社会管理。

二、主体不同

社会管理和社会治理的主体是不同的。社会管理尽管也强调政府和公民组织都是社会管理的参与力量，但是在重点上会突出政府管理的主导性地位。由此可见，社会管理的主体相对来说较为单一，一般是指政府各级行政部门。然而，社会治理则将治理主体彻底多元化，治理权力的来源是多样化的，既可以是政府机构，也可以是社会组织、企事业单位等。因此，社会治理的主体呈现出多元化的特征，社会治理的过程也注重多元性和民主性。

三、主体承担的职责不同

社会管理的主体主要是政府，因此政府承担主要责任，政府的作用是难以替代的，对社会治理的过程和结果负全权责任。社会治理的主体是多元化的，其职责主要由多元化主体来承担。各个主体之间是一种平等的合作关系。在社会治理过程中，国家和政府承担的责任日益减少，企业部门、社会组织等团体承担的责任越来越大，原因在于它们在社会治理中发挥着不可替代的重大作用。

四、实现形式不同

从社会规制的实现形式上来看，社会管理和社会治理也不相同。社会管理是作为管理主体的政府从自身主观愿望出发对社会进行控制和规范，其实现形式就是典型的自上而下模式。然而，社会治理注重治理主体之间的合作，旨在通过不同主体之间的协商对话，达成治理共识，形成符合最广大人民利益的公共决策，充分体现出民主化的社会趋势，其实现形式是自下而上的，立体化的，多元互动式的。

五、实践路径不同

社会管理是政府运用权力对社会事务进行分配和控制，具有强烈的行政命令特征，甚至有一定的强制性，是管理者权力意志的下达和实现。社会治理则不同，除了运用政府权力，还会运用多种实践路径，如法律机制、市场机制和风俗文化机制等。同样，政府在社会治理中的主要作用是引导，而不是强力型的管制，社会组织和公民个人可以充分发挥自身的能动性和创造性，从而形成良性互动的社会治理局面。当然，有效的社会治理离不开企业、社会组织等积极配合。

六、与社会服务的关系不同

社会管理和社会服务是一体化的，政府在进行社会管理的同时也会提供一定的社会服务。但是这种社会服务是单向的，社会成员只能接受这种服务，无法表达自身的意见，不能拒绝。社会治理正好相反，接受与提供社会服务的双方之间是一种平等选择的关系。社会治理中的成员可以主动表达自身需求，形成各种服务项目。政府对各种服务项目进行资金支持或者组织实施；社会组织对社会服务项目的实施有一定的自主性，只是要接受政府的监督和评估；社会成员不是被动接受服务，而是主动表达诉求，或者对项目进行选择。

通过对社会管理和社会治理的比较，我们可以明白二者的区别。社会治理更加强调公民的参与性和主动性，鼓励公民参与治理活动，形成公民之间的自由组织和自由联合。社会治理体现出人类文明的进步，能够将社会矛盾化解于无形，形成社会正能量，实现社会成员之间的和谐相处。由此可见，从传统的社会管理走向社会治理，是经济社会发展的需求，也是时代的潮流。

第三章　社会治理体制的历史变迁

中华人民共和国成立以来，我国的社会治理体制经历了漫长的变迁过程。我国在社会治理体制探索的道路上可谓备尝艰辛，有经验教训，也有成功的范例。现在系统梳理我国社会治理体制的发展演变，有利于掌握我国在特殊国情之下的社会治理变迁规律，为当前社会治理体制改革创新提供参照。同时，明确社会治理体制发展史，也是未来很长一段时间内全面推进国家治理体系和能力现代化的基础环节。

第一节　单位体制及其社会治理

改革开放之前，中国城市社会主要以单位作为基本的社会组织单元。在城市中生活的每一个人都与“单位”有着密切关系。单位成为城市人的身份归属和身份象征。改革开放之后，中国城乡二元的社会结构有所松动，尽管社会整体状况有了变化，但是对于生活在城镇中的人来说，单位体制对他们的影响依然无处不在。

一、我国单位制度的形成

单位社会体制是与计划经济体制相配套的。中华人民共和国成立之后，随着计划经济体制在全国范围内的建立，单位组织开始成为当时中国城市社会结构的基本单元，单位制度也成为中国城市社会的基本管理模式。单位体制作为中国社会制度的重要结构性特征之一，成为中国社会主义体制与其他国家社会体制的基本区别。从这一点来看，研究单位制度是认识中国城市社会发展的重要方式。宏观来看，研究单位制度可以让人们了解当时中国的社会主义社会是如何运作的，以及单位体制对当时社会制度结构的形成有怎样的促进作用。

当前，很多学者对单位制度进行了不同的界定，他们大多基于自身的研究需求。本书所探讨的单位制度是以单位组织为基础的一整套社会制度结构。中华人民共和国成立之后，出于资源分配、行政控制和劳动组织的需要，单位组织逐渐发展成为社会和国家连接的纽带。国家和政府只需要通过单位体制就可以实现对社会成员的整合与控制。国家的宏大规划和目标也可以通过单位系统来传达。然而，单位体制在落实国家意志的过程中，不可避免地让单位成员对单位产生依附。我国早期的单位制度正是在这种控制和依附中成长起来的。国家战略制度和管理体制对单位体制的形成具有决定性作用。

单位制度的形成不是一蹴而就的，而是经过了建立、巩固和强化的过程。中华人民共和国成立之后，中国社会制度发生了深刻变化。再加上多年战争导致的社会经济衰退，及其引起的失业等社会问题。党和政府为快速恢复经济，展开有计划的大规模经济建设。1949 年到 1957 年，我国的单位体制也逐渐得到巩固和强化。单位体制的形成正是社会主义国家对中国传统社会进行重新组织的过程。当时社会的商品经济、市场关系、私人资本、社会结构都严重丧失了合法性，社会组织结构濒临崩溃的边缘，单位体制则负担起了推动整个社会运转的重任。

人们通常将单位看作计划经济战略的产物。同时，单位体制也从根本上保障了计划经济体制的稳定。政府的政策和战略在向社会推行的过程中，遇到了复杂的现实，单位则代表政府向社会传达政策，管理着城市生活，在社会主义建设时期发挥着巨大作用。首先，单位体制确保国家将社会资源集中到社会主义经济建设上，使濒临崩溃的经济迅速恢复，同时建立自己的工业体系，为改革开放打下了坚实基础。其次，单位体制安置了大批人员，解决了当时非常严重的失业问题，为经济建设与发展创建了良好的环境。最后，单位也向社会成员提供生活物资和基本的福利保障，同时对他们进行宣传教育，强化了成员对单位的依附习惯。总而言之，单位体制在中华人民共和国成立初期充分调动了人民的生产劳动积极性，使人民空前团结，确保了国家初期建设任务的完成。

但是，单位体制并非完美无缺，具有很多政治、经济等方面的弊端。尤其随着时代的变化和改革开放的深入，曾经发挥巨大作用的单位体制成为阻碍经济发展的重要因素。深化改革的结果就是社会内部矛盾凸显。当触及社会深层矛盾时，单位体制就成为改革的瓶颈。政府逐渐认识到，如果不全面改革单位体制，将可能导致原来的一系列改革措施失效。随后几年，医疗、养老、就业、户籍制度等方面的改革，让原来的单位体制走向完结。改革开放初期的下岗潮和下海潮也让人们走出单位体制，从被束缚的单位人变为自由的社会人。时代的发展已经深深改变了单位体制存在的基础。

二、我国单位制度的社会治理功能

单位是社会主义制度结构的重要特征。国家通过单位来进行社会控制和社会整合，以及分配社会资源；反过来单位又给予社会成员一定的权利和身份合法性，使其能够代表自身利益，满足自身需求。从这一层面来说，单位不只是一种社会组织，更是国家对社会进行有效统治的工具和方式。中华人民共和国成立初期，单位制度不仅具有组织和政治功能，还具备加强经济建设的社会功能。单位制在改革开放初期中国经济从计划体制向市场体制转型过程中发挥了重要的社会功能。这应该被历史铭记。

（一）社会控制和资源分配

社会控制是实现国家意志的一种方式。国家政权为建构一种社会秩序而进行的社会支配和协调过程，就是社会控制。单位制建构在中国社会建构方面主要有两个目的：一是巩固新建政权的社会基础，加强对社会的控制与建构；二是在社会资源有限的情况下，合理调配资源，加快经济发展，尽早实现社会主义现代化。从国家对社会控制的需要来看，国家和单位之间是领导和被领导的关系、支配和被支配的关系，国家占有一切社会资源和利益。单位和单位成员之间也是一种支配和被支配的关系，因为单位拥有利益和资源。正是由于这种关系，单位成为国家和个人连接的中介，个人对国家日益依赖，国家对个人的控制也逐步加强。单位组织是政权和经济的结合，行政控制权和经济控制权通过单位组织统一了起来，国家通过对单位组织的控制，实现了对个人的全面控制。如果从资源调配的角度来看，这种方式是十分高效的。中华人民共和国成立早期，制度架构不足，社会资源相对匮乏，要想在短时间内迅速发展经济，就必须在国家行政的统一调配之下进行有计划的经济建设。通过单位组织制度，国家可以对资源进行强制性的提取和分配。

（二）提供福利保障

社会福利在计划经济体制之下拥有自身的特点，是一种通过单位体制来实现的福利分配制度，其特点是低工资、高福利。单位有责任向成员提供全方位的福利，提供福利保障是单位体制的重要功能之一。这种福利分为广义福利和狭义福利。从狭义角度看，单位提供的具体物质福利是落实到单位成员个人身上。从广义的角度来看，国家通过单位向个人提供医疗、教育等福利，对困难群体的救助和对公共事业的投资也是如此。

在早期的单位体制下，单位职工享受的福利主要包括水电费、交通费、卫生费、理发洗澡费、苦难补助费、独生子女费等，这些福利都是可以兑换成货币的。20 世纪 80 年代后期有了变化，物价上涨之后，单位福利中增加了物价补贴和副食补贴两项。单位的其他福利主要有以下几项：一是住房，单位向职工提供无偿住房，并且承担对住房的维修责任，没有分到住房的职工也会领到住房补贴；二是养老，当时主要实行工龄退休制度，1978 年，拥有 20 年工龄的人员在退休后可以拿到工资的 75 %；三是医疗，医疗在单位制时代全部是国家承担费用；四是生育，女性职工会有生育补贴和假期，一般是带薪假期 90 天，流产会有 15 天假期。这些众多的福利项目共同构成单位体制时代的中国国家福利体系，这些福利是国家统一制定的，由单位和国家统一筹资垫付。

福利的资金在来源上也有细微的差异。机关和事业单位的福利统一来自国家财政，企业单位则由自身产值和盈利来支付。通过单位的渠道来向职工和社会成员提供福利，最主要的原因在于早期的社会资源匮乏，单位一方面要解决就业问题，吸纳劳动力，却又无法通过正常的工资渠道支付数额庞大的工资，于是采用低工资、高福利的制度，对资源进行统一分配，这样既可以保证社会成员的基本生活，又能够确保国家经济建设计划的顺利完成。

这种福利制度并不是没有缺点，但是在总体上适应了当时的社会生产力发展水平。单位福利制度至少带来以下几种结果：一是单位对职工的控制加强，职工对单位的依赖加强；二是单位福利不仅要向职工发放各种补贴，还要对员工进行动员教育，激发他们的生产积极性，从而增强单位的凝聚力。这种做法在计划经济体制下收到了良好的效果，确保了国家各项任务的顺利完成。三是单位福利基金的很大一部分用来支付伤残、退休等费用，同时也为妇女生育和工人殡葬提供资金。这种最早的单位福利制度，使城市单位很快发展成自给自足的社区。

（三）解决城市就业

随着中华人民共和国的成立，社会制度发生了翻天覆地的变化。当时一切都百废待兴，政府面临的最重要的问题就是连年战争导致的经济衰退，以及由此带来的失业问题。两种完全不同的制度的交替，既让人兴奋，也让人产生了巨大的不适应，社会矛盾让失业问题更加严重。对于失业的国民党人员，新政府为他们提供了一定的工作岗位，以保障其基本生活。这种包分配的失业解决策略被运用在了后来的单位体制之中，慢慢就形成了后来众所周知的统包统配的就业体制。

就是在统包统配的就业制度之下，劳动局这个部门开始在各个城市建立，不论招工企业还是失业人员都必须遵守劳动局的调配，国家通过劳动局这一部门加强了对劳动力的控制。国家为了更多地控制城乡劳动力流动，推出了户籍制度，并且将单位预算和中央财政计划联系起来，这样一来，单位的劳动力配置就牢牢把握在中央手中，户籍制度的推行将单位和个人合二为一，使个人成为原地从事生产劳动的劳动力，没有任何流动性可言，也使个人对单位的依赖进一步加强。总而言之，中华人民共和国成立初期，单位体制有效解决了劳动力流动和城市劳动的就业问题，并且创造出数量庞大的工人阶级，进一步夯实了社会主义政权的根基。这种有计划的就业制度尽管存在很多弊病，但是有效缓解了就业压力。

（四）塑造了城市社区的基本结构特征

社区是德国社会学家斐迪南·滕尼斯（Ferdinand Tnnies，以下简称“滕尼斯”）提出的概念。在他看来，社区是指价值取向一致、关系密切、可以相互照顾、富有人情味的社会利益共同体。城市一般是由社区体制组成的。城市社区主要包括以下要素：地域经济、人口规模、社群关系、文化制度、公共设施、居民情感与风俗习惯。

单位制时代，国家并不是通过直接管制个体来进行社会规制和整合的，而是通过具体的单位实体来达成对社会的治理。因而，改革开放之前的中国社会的基本组织单元是单位。单位体制也影响和制约着城市社会的基本结构。当时，个人对单位具有绝对的依赖性，单位对个人也具有绝对的权力。不仅医疗和养老保险要靠单位解决，而且个人生前、子女入学也都必须服从单位的决定。这种体制形成了一种特殊局面，即住房成为一种福利，要单位统一分配和调度。个人生活在社区之中，社区管理权也属于单位。大家一起生活在属于单位的社区之中，一起工作和娱乐，形成十分融洽的关系。

单位体制作为一种社会组织和管理体制，是传统计划经济条件下国家进行社会资源分配和实现社会控制的主要工具。在计划经济时代，单位制度下的城市社区在以下几个方面实现了滕尼斯所提出的社区功能。第一，单位体制下的社区居民有强烈的社区归属感。一方面，单位成员从单位组织获取各种生活资料和物质资源；另一方面，单位组织通过组织单位成员参加各种政治学习和社会活动，增强了个人对单位的依附感，从而使社区居民对社区产生强烈的归属感。第二，社区居民由同质人口组成，关系密切。单位社区中的居民在同一单位工作和生活，其社会阶层、生活内容的相似让他们关系密切，并且形成利益共同体。第三，社区公共生活空间的建立。在单位体制下，单位不仅向单位成员提供各种物质生活资料，而且还提供各种形式的社会保障和福利，单位有自己的医院、幼儿园、学校，还有自己的公共生活空间和福利基础设施。单位组织的这些特点促成了计划经济下的中国城市社区单位化。

第二节 户籍体制及其社会治理

户籍制度在中国有着悠久的历史，作为一种社会形态，其经历了从“二元制”到“一元制”演变的漫长过程。我国的户籍制度变迁是与我国的工业化和城市化发展相联系的：计划经济时期，户籍制度为支持优先发展重工业的发展战略，实施城乡分治；改革开放后，原有的户籍制度不能适应人口流动和资源配置市场化的经济模式，开始有所调整。

一、我国的两种户籍制度

（一）户籍制度二元制模式

户籍制度二元制模式是指公民的身份从法律意义上分为“农业人口”和“非农户口”。

其一，它赋予了个人一定的身份，即户籍身份，成为个人诸多权利合法性的依据。二元户籍制度把个人的家庭、出生、父母的身份、所在地都通过户口符号有机地结合起来，为社会分配的差异提供了合法性的依据。

其二，它履行产权制度配置的功能，规定不同的户籍身份与不同的资源产权相结合，成为公民能否得到某种资源的操作依据，并与不同责任和义务相联系。

（二）户籍制度一元制模式

户籍制度一元制模式是指取消“农业户口”和“非农业户口”两种户口的区别，实行全国城乡统一的中华人民共和国居民户口，逐渐断开社会待遇与户籍之间的联系，恢复户籍制度登记人口的功能。

其一，统一公民的居民身份，在此基础上，实行居住地登记户口的原则，建立以常住户口、暂住户口、寄住户口为基础的户口登记制度，建立户口簿、身份证、出生证为主要证件的户口管理办法。

其二，剥离户籍制度背负的附加功能，逐步淡化福利保障偏向城市的问题，逐步取消城乡之间利益分配的差距，促进城乡一体化的发展，实现社会的真正平等。

二、我国现代户籍制度的变迁历程

（一）第一阶段（1949—1957）：自由迁移时期

1949 年之前，我国没有形成严格的户籍管理制度，公民基本上处于自由迁徙的状态。中华人民共和国成立之后，国家为应对国际国内环境，稳定社会秩序，巩固新生政权，迫切需要建立一套管理控制整个社会的制度体系，采取“先城市，后农村”的发展顺序，建立户口登记制度。随着新中国实行重工业优先的发展战略，全面效仿苏联模式，城乡关系发生了质的变化，这一变化主要反映在城乡二元利益结构的矛盾上。在计划经济时代，国家需要掌握人口的准确信息，户籍制度承担统计人口数据的功能。1953 年 10 月，在全国范围内实行粮食的统购统销，在农村向全部农户实行粮食计划收购的政策，由国家严格控制粮食市场，户籍制度由开始承担分配居民食品的功能。由于城乡福利待遇差距逐渐拉大，越来越多的人盲目流向城市，农村大片良田荒芜。在这样的情况下，户籍管理制度成为国家控制农村人口流入城市最便捷有效的措施，二元户籍制度也由此形成。逐渐地，户籍制度逐渐成为城镇政府用来控制外来人口进入城镇的工具。

（二）第二阶段（1958—1980）：严格限制户口迁移时期

这二十多年是二元户籍制度的发展阶段，也是户籍制度管理控制最为严格的时期。1958—1980 年，我国户籍制的功能更多地表现为行政控制、利益分配和身份固化方面。户籍管理一方面严格控制农村人口盲目流入城市，从而减轻工业化的成本，另一方面压缩城市人口，具体措施包括精减职工，倡导知识青年上山下乡，将干部下放农村，大量城市人口迁往农村，等等。户籍制度发挥了控制人口迁移，特别是向大中城市迁移的特殊功能，逐步演化为一种强有力的控制性行政制度。把人口划分为“农业人口”和“非农业人口”，在社会地位、权利享受方面存在着很大的差距，《宪法》中规定的“公民的居住和迁徙自由”在现实生活中并未得到落实，该条款在1975年被取消。城乡差距逐渐拉大，二元社会结构逐步形成并逐渐固定化、长期化和绝对化。

（三）第三阶段（1981—2012）：小城镇户籍制度改革时期

这一时期，我国开始改革开放，发展社会主义市场经济，解放和发展社会生产力，解放人民思想，建设有中国特色的社会主义。随着改革开放的进程，社会上出现越来越多要求放宽户口迁移控制的呼声，中央政府先后对户口政策进行了一些调整和改革，集中出台了多项有关户口迁移的政策。总体来看，这一阶段户籍制度改革起步迟缓，被动性明显。但进入90年代中后期，改革进程明显加快，尤其是中央政府大胆尝试，主动作为，社会反响良好，在一定程度上满足了居民居住和迁徙自由的需要，推进了人口城市化进程，促进了社会经济的快速发展。

（四）第四阶段（2013年至今）：户籍改革进入一元化的新阶段

2013年1月全国政法工作会议上将户籍制度改革列为当年的四项重点工作之一，户籍制度改革正式提上国家日程。2013年11月，中国共产党第十八届中央委员会第三次全体会议通过了《中共中央关于全面深化改革若干重大问题的决定》，总结改革开放35年的历史性成就和宝贵经验，首次提出各类城市进行城镇化的具体选择，即全面放开城镇和小城市的落户限制，逐渐有序地放开中等城市的落户限制，合理地确定大城市的落户条件，严格控制特大城市人口规模。经过近一年酝酿，2014年7月，国务院正式提出了深化户籍制度改革的三个方面、十几条具体政策措施，标志着我国户籍制度改革进入全面实施阶段。

三、我国二元制户籍制度的社会治理作用分析

二元户籍制度是新中国在特殊年代适应特殊的工业化道路而逐步建立起

来的一种人口管理和社会控制的政策体系。它是在国家总体资源有限的情况下，为解决资源的合理配置做出的选择。在特定历史时期有一定积极作用。

第一，调控人力服务经济建设，保证工业化战略初期目标的实现。中华人民共和国成立初期，农村人口大规模流向城市，对城市的承载力、住房、就业和教育带来了极大的挑战。国家为缓解工业建设与农业生产之间的矛盾，采取严格限制人口流动的政策来控制城市人口数量，这样的二元户籍制度对城市和工业的有序发展起了积极作用，同时保证了农村有足够的劳动力，减轻了对农业和农民利益的损害。二元户籍制度服务于计划经济的发展，通过控制劳动力均衡分布在工业和农业，保证工业建设的顺利进行，在保证我国工业化战略初步目标的实现方面起了积极的作用。

第二，维护社会秩序的稳定，巩固中国共产党新生政权。社会主义建设初期，我国生产力水平相对很落后，面临着国内外错综复杂的环境。我国从1953年开始实施粮食统销统购政策，要求农民只能把粮食卖给国家，这个政策一直延续到1992年。国家通过统销统购政策区别对待农村人口和城镇人口，保证粮食的基本供给。这种情况下，二元户籍制度一方面配合政府维持社会秩序，在打击各种犯罪活动中发挥了重要作用，另一方面通过对公民的控制和管理，保证了农村人口和城镇人口粮食的供给。总体来说，二元户籍制度巩固了中国共产党的执政地位，维护了社会秩序，为社会主义建设创造了稳定、良好的社会环境。

四、我国一元化户籍制度改革路径

我国一元化户籍制度改革在不同地区、不同经济发展水平下采取的改革路径截然不同。

（一）“先三后一型”改革路径

改革开放之后，1984年中共中央颁布《关于1984年我国农村工作的通知》，我国户籍制度得到完善，在市场经济的发展中逐步确立，小城镇户口福利待遇承载量与农村户口之间的差异逐渐缩小，已经无法对农村户口持有者产生吸引力。因此，绝大部分的小城镇已经初步具备了实施一元化户籍制度改革的条件。在实施“先三后一型”改革路径时，首先需要明确小城镇自身社会经济发展水平，继而采取符合当地户籍制度的改革要求，遵循循序渐进的改革策略来实现一元化户籍管理。

（二）“以一化二型”改革路径

“以一化二型”改革路径在我国大中型城市户籍制度改革中起到了重要的促进作用，使得大中型城市能够在较短的时间内实现户籍制度的统筹管理。但是，在实践中石家庄市、湖州市取得了比较理想的改革效果，而郑州市则因大量外来人口的涌入，当地社会保障体系无法应对超额需求并且城市公共设施不堪重负，最终被迫叫停。“以一化二型”改革路径比较适用于与石家庄市、湖州市相类似的大中型城市户籍制度改革工作。

（三）“合二为一型”改革路径

“合二为一型”改革路径在我国大中型城市户籍制度改革中有效促进了辖区内农村户籍人口向城市人口转变的进程，并且实现了福利待遇均等化。重庆市作为我国内陆实施“合二为一型”改革路径并取得成功的典型代表性城市，其改革经验具有较强的理论指导及实践参照价值。外来人口相对较少，不同户口之间的福利待遇承载量差异并不明显的大中型城市可以借鉴重庆市户籍制度改革举措，以实现户籍管理工作的平稳过渡。

（四）“三元过渡型”改革路径

“三元过渡型”改革路径的实施能够在一定程度上解决部分外来人口因户口问题产生的工作、生活问题，对于提高外来人员工作积极性具有重要促进作用。同时其所实施的居住证制度使得特大型城市人口规模及增长幅度得到有效控制，避免了大量新增城市人口对原有福利待遇水平和社会保障体系造成的冲击。例如，我国的北京、上海等城市在户籍制度改革工作中均是采取了“三元过渡型”改革路径，以此来保证户籍改革工作平稳发展。

第三节　当代社会治理体制的重建

自从社会治理的概念在十八届三中全会上被提出来，人们对社会治理的内涵和实施路径进行了广泛探索。然而，社会治理体制创新并不是一蹴而就的，我们必须明白不同时期社会规范体制的特点，才能在此基础上推陈出新，形成多元主体共治的协同治理模式。改革开放以来，社会治理在不同发展阶段具有不同的特征。早期的社会治理主要服务于经济建设，全面深化改革时期的社会治理则具有更多的内涵。当代社会治理体制的重建，关键在于共治机制的建设、主体权责的划定、公共服务机制的完善。

一、社会治理制度变迁过程

社会治理制度有一个变化过程。社会治理模式与当时的社会经济状况是相适应的，并不是凭空而来的。通过展示社会治理体制的变迁过程，我们可以明白如今国家倡导的“共建共治共享”的深刻历史意义。改革开放初期，我国经济刚刚起步，于是社会治理体制的安排主要围绕经济发展；当进入全面深化改革时期，社会治理体制也重点强调多元主体的协同参与。

20 世纪 80 年代，正值改革开放初期，社会管理体制主要以经济建设为中心，所有社会治理工作都围绕经济建设展开。当时的社会发展还不够成熟，社会管理和社会建设的诉求还不多，经济发展是优先于社会发展的。这一时期的社会管理模式处于艰难的探索阶段，该阶段的社会管理也是为了减轻国有企业的非生产性经营负担。社会治理体制以单方面的强制管理为主，具有很强的单位属性，社会成员大多分布于单位之中，个体的生老病死都由单位负责。行政干预是当时主要的社会管理机制。

20 世纪 90 年代，我国的经济发展有了一定积累，社会管理体制被认为是社会主义经济的重要部分。社会管理体制开始从经济体制中剥离出来，不再是一味地服务于经济发展。这一时期的社会管理体制改革重点在教育、分配和社会保障等领域。1993 年，十四届三中全会对这几个方面的改革进行了部署。1997 年，十五大报告将收入分配改革列为中国特色社会主义经济改革的主要部分，与科教兴国战略、可持续发展战略并列。另外，这时候的社会管理不再是传统的那种政府一家独大的局面，而是有大量社会力量和市场力量进入，民间社会开始形成，并且以各种渠道参与基层社会的治理活动。

21 世纪初期，随着改革开放进程的加速，我国的社会管理体制更加完善，经济建设取得了一系列成就，但是社会和经济的发展之间存在严重不平衡，经济发展过快，导致对社会治理方面关注不足，社会问题频发。十六大将全面建设小康社会作为奋斗目标之后，十六届三中全会就将“社会建设和管理”列入科学发展观。继之而来的十六届六中全会则将推进经济体制、政治体制、文化体制、社会体制改革作为构建和谐社会的重要方略。这是第一次将社会建设提升到社会体制改革的高度。2007 年，十七大提出打造社会管理新格局十六字方针——党委领导、政府负责、社会协同、公众参与。2012 年的十八大进一步加入“法治保障”的内容，成为二十字方针。至此，社会管理已经成为中国特色社会主义制度的重要组成部分。

2013 年，中央正式提出社会治理的概念。十八届三中全会提出了“创新社会治理体制”的说法。为了提高社会治理水平、激发社会发展活力，必须从源头治理、综合治理、依法治理和系统治理等方面入手。这里说的“治理”与以往的“管理”有明显不同，预示着多元主体协同治理的时代的到来。当然，这种变化具有一定的时代背景。政府主导下的经济增长模式不再适应时代需求，并且导致社会矛盾突发，大量社会问题出现。于是，及时提出了社会治理的概念。社会治理的提出不仅重新调整了政府和市场之间的关系，也让政府和社会的关系有了进一步发展，公众社会参与度的提升缓和了政府和社会之间的紧张关系。2017 年，十九大召开，进一步提出我国的目标是构建共建共治共享的社会治理格局。报告内容不仅强调要完善党委领导、政府负责、社会协同、公众参与、法治保障的社会治理体制，还要着重提升社会治理活动的专业化和智能化水平。此后，我国的社会治理工作进入了新时代。

二、全面深化改革背景下创新社会治理的主要任务

全面深化改革是在2013年十八届三中全会上被提出来的，标志着我国的改革开放事业进入了新阶段。社会治理在全面深化改革阶段具有完全不同的内涵。一方面，对于社会问题要进行深入的认识和把握，争取寻得沟通和理解；另一方面，要加强社会各个层面的建设，保证社会自组织的活力。全面深化改革阶段的社会治理要求治理主体必须实现多元化，以多主体协同治理为最终目标。

（一）深刻把握国情，了解社会现实

社会治理创新的前提是全面了解国情，明确当前社会发展的根本问题。一方面，在改革开放不断深化的过程中，我国的城乡结构、社会阶层、人口制度、分配制度也在发生着翻天覆地的变化。社会阶层结构分化成为不同的利益群体，结构更为复杂。农民开始离开农村进入城市，成为制造业和服务业的从业人员，城乡人员的收入差距进一步缩小。另一方面，社会问题随着经济快速发展迅速凸显，落后的社会结构在新的经济发展时代显得格格不入。单位人逐步减少，自由的社会人逐年增加。社会管理网络不够完善，导致经济社会运行出现诸多问题，社会保障体系落后，大量流动人口为社会管理带来种种挑战。

（二）加强社会建设，增强社会发展活力

如果说原来的社会管理体制旨在对社会进行控制和维稳，那么社会治理体制就是要实现个体与社会之间的平等相处，激发社会的发展活力。社会建设的核心内容就是加强民生工程建设和民生事业发展，最终加快公共教育、公共卫生、公共安全、就业服务等基础社会事业的改革，从而建立覆盖全中国的公共服务体系。社会治理的目标是让发展和改革的成果惠及全体人民，解决民众切身的利益问题。

（三）实现多元化社会治理主体转变，促进协同治理

多元主体的治理格局是未来社会治理的创新方向。实现协同治理，一方

面可以从公众参与入手，实现决策上的民主性和科学性，另一方面可以通过鼓励居民参与社区治理事务来让他们承担更多社会责任，这样一来，政府在公共社会服务领域的负担就会大大减轻。需要注意的是，在社会治理体制创新过程中，要始终坚持党的领导、政府负责、社会协同、公民参与、法治保障等新时期中国特色社会主义治理总方针，实现从单一主体治理向多元主体治理转变。

三、社会治理体制创新路径

社会治理创新并不是一蹴而就的，需要长期的探索和繁杂的研究。社会治理创新的核心主要在于三种转变，即治理主体转变、治理方式转变、治理重心转变。治理主体从单一的政府主体转变为多元化的政府、社会组织、企业单位主体，治理方式从行政命令式的单向治理转变为互动式的共治，治理重心从维护政权稳定转变为提升人民的生活水平、幸福感、获得感，从而实现社会繁荣发展。由此观之，可以从以下几个方面采取措施。

（一）构建社会参与共治机制

盘活现有社会组织。现有社会组织的运行机构需要进行大幅度改革，重点改变事业单位的基本体制，打破社会服务政府单一供给的僵化格局，形成供给主体多元、供给方式灵活、覆盖面广的现代社会服务体制，加快开放竞争性的市场体制的形成。对于现有的人民团体，要对其固有职能进行转变和扩展。对于基层社区组织要多方位支持和鼓励，使其参与基层社会的治理活动。

降低对体制外社会组织的约束。政府要推动一部分行业管理与协调职能的下放，将公共服务的工作交付给社会组织，对于专业从事文体活动、社会慈善、社会福利的社会组织机构，要进行政策帮扶，登记注册的程序要简化。更进一步可以建立政府向社会组织购买公共服务的基本机制，建设社会组织的发展孵化平台。政府行业行政权力的下放，可以给更多社会组织腾出成长的空间，促进社会组织发展壮大，参与基层社会治理活动。

全方位积极推动社区自治。社区自治就是要根据社区本身的情况对社区进行管理和组织，从而不受外部命令的干扰。社区自治可以全方位满足社区的公共服务需求，加强居民的基本公共服务供给，从而使基层社会治理由行政工作转变为社会工作。社会工作模式的建立可以推动居民的社会认同感。社区自治的最终目标是建立社区协同治理体系，同时要完善居民监督机制。

（二）实现各社会治理主体权责诉求制度化安排

政府工作要和社会工作分开。划定政府权力的界限，从而减少政府对市场的不合理干预，许多社会工作可以交与市场机制，不必所有社会工作都要采取行政手段，借政府权力，推动政社分开，加强法治中国建设。同时，政府在市场活动、环境保护、公共服务等方面要担负起监管职责。

构建公民权利保障体系。公民权利保障是法治社会建设的重要方面，也是基层社会治理的棘手问题。首先，公民权利的实现程度要获得制度性保障，不仅要明确规定公民权的范围，也要对公民权的实现程序进行详细规定。在那些关系到公民切身利益的方面，如土地流转、房屋拆迁、环境污染、移民安置等，要做到程序正义。对于维权的公民要提供畅通的渠道，严格按照国家的赔偿法来进行补偿，不得强行阻止。加强对行政执法的监督，确保公民寻求救济的渠道畅通。加强信访制度和利益表达机制的建设，让人民的诉求能够进入政府决策系统，形成反映民意的决策机制。

确保社会组织权责清晰、依法自治。社会组织法人治理结构建立之后，便要依法承担相应的社会责任。对于社会组织的管理，政府要加强立法，通过法律来支撑社会组织法人治理模式。加强对社会组织审批和监管工作的探索，系统地制定社会组织评价标准，并委托第三方机构对其进行评估。强化社会力量对社会组织的监督，引入财务审计制度，建立工作报告制度，逐步形成社会组织工作的监管体系。

（三）实现惠及全体国人的基本公共服务体制的重大突破

中国长期实行的城乡二元发展模式，致使城乡之间的基本公共服务制度呈现出巨大差异。在创新社会治理体系的过程中，要重点加快城乡公共服务的整合力度，实现城乡基本公共服务的均等化，确保城乡公共服务的对接和融合。城乡发展鸿沟的消除，也有利于城乡基本公共服务的平等和统一。

重点推进事业单位改革，完善公共服务体系。着力改革事业单位以钱养事的传统模式，财政投入上要采用多种方式，规范事业单位的业绩评估机制，从而保障其在较低的成本下获得高质量和高收益。采用事业单位法人治理结构，将所有权和管理权分开，事业单位可以行使管理权，并且能够在管理上进行自主决策，政府的所有权不得随意干预事业单位的管理工作。事业单位可以建立法人财产制度，通过理事会、职工大会、管理层等机构的设置，来实现能够独立承担民事责任的治理目标。

推动财税改革行动，构建公共服务均等化机制。要加强对财政支出结构的调整，经济建设和工业发展的财政支出比重要减少，行政管理的财政支出要降低，将更多财政支出应用在公共基础设施建设上，增加公共服务的支出比重。省级政府要拥有一定的财税自主权，地方政府应该着力培育具有地方产业特色的税种，扩大自身的税收权力。如果有条件，也可以适当开放地方政府的融资权限，为地方基本公共服务建设提供资金保障和财源基础。

社会保障体系要确立多层次、立体化的基本格局。社会保障中最重要的是城乡最低生活保障制度，要尽力实现城乡之间生活保障的衔接。同时，要构建覆盖全民的住房保障体系，根据国情建构基本住房供应体系。社会保险和商业保险也不能落后，扩大保险的覆盖面，着力构建完善的保险体系。此外，我国正步入老龄化社会，养老服务产业正在成为社会的新兴产业，政府要加强政策扶持，确保特殊人群和重点人群拥有养老保障。

公共服务体系要走向规范化，确保不同地区基本公共服务条件的一致化，推动各地区公共服务体系建设的法治化。在公共财政、社会保障、就业等方面要采取专项立法，确保公共服务的基本程序的规范化。打破政府对地方公共服务的垄断，实现供给服务主体的多元化政策，引进市场化的运作方式，确保社会组织能参与公共服务设施的建设。最后，对于不同地区的公共服务建设要进行评估，评估的标准是国家制定的基本公共服务国家标准。

第四章　我国社会基层治理现状分析

随着我国基层社会矛盾和社会冲突不断显现，防范和化解基层社会矛盾，已成为维护社会稳定、促进社会和谐的首要任务。与此同时，改革进入攻坚阶段，社会矛盾也向着多元化发展，并进入凸显与高发期，处理好社会转型与基层社会矛盾之间的关系是全面建成小康社会的重要保证。

第一节　社会转型背景下的基层社会矛盾

一、相关概念界定

（一）社会转型

社会转型是指社会从一种形态转变为另外一种形态。这种社会形态的转变意味着社会系统结构的变化，也会带来一系列社会功能的变化，包括生活方式、价值观念和生产方式的变革。在一定程度上，社会转型预示着社会的进步，是一种社会从低级到高级的必然发展过程。社会转型不仅包括社会制度的质变，也展现为社会内容的量变。中国当代社会的转型主要表现为三个面向。一是体制转轨，主要表现为主流经济体制从计划经济变为市场经济；二是结构转变，即社会结构随着利益分配、观念变迁而出现变化；三是形态转变，即社会形态从传统社会走向现代化社会，从农业社会走向工业社会，乃至后工业社会，从封闭社会系统走向开放的社会格局。

（二）基层社会矛盾

社会矛盾是指社会不同利益主体之间因各自的利益不同导致利益失衡而产生的冲突，或是不同利益主体与社会共同利益之间产生的对立和冲突。社会矛盾严重制约了我国社会的长治久安，影响了我国社会主义和谐社会的构建。基层社会矛盾是指在基层社会的不同利益主体之间或者不同利益主体与其他社会个体之间因利益失衡产生的对立和冲突。改革开放以来，基层社会作为我国社会的一个特殊社会阶层，在收入分配方面出现了突出的问题，基层社会矛盾呈现出多元化和复杂化的特征，日益影响到我国基层社会的和谐。在本书中，基层社会矛盾纠纷是指在县一级以下乡村社会发生的争执、争议、纠纷、矛盾、冲突等，包括基层群众之间因婚姻、家庭、财产、宅基地、赡养、继承及轻微伤害等有关人身、财产权益方面发生的纠纷与冲突，是一种泛化的矛盾观。

二、当前我国基层社会矛盾及其主要表现概述

我国社会依然处于转型期，尽管我们已经全面建成了小康社会，但是离发达的现代化国家的目标还很远。转型期的社会矛盾依然会频发，社会结构、经济结构依然会在发展过程中进行一部分调整。这种调整会对传统的经济文化结构和社会结构产生一定的影响。如今的社会结构已经不再是改革开放之前的模样了，经过几十年的发展，各种制度模式出现了重新分化和整合，致使我国社会的各个方面都呈现出巨大的差异性和复杂性。社会失衡现象时有发生，社会文化心理也处于不稳定的阶段。在时代的快速变革和转换的过程中，经济利益大幅度调整，社会格局经历了打破重组的过程，文化心理方面的差异和冲突更是经常表现在不同地区和不同阶层之间，给社会发展和稳定带来巨大压力，对社会的长期和谐稳定造成严峻的挑战。所以，我们必须下功夫调查和分析我国当前基层社会的基本状况，寻找化解矛盾和解决问题的有效方法，从而实现社会治理机制的全面创新。这也是建设国家现代化治理体系的关键一步，更是实现中国梦的必经之路。

如今，国内大量学者对我国基层社会矛盾进行了深入研究，基本阐明了社会矛盾的表现形式，但是不同学者对于社会矛盾的分类具有不同的角度。胡燕佼研究认为，可以将我国社会矛盾分为五个方面：一是城镇化建设中的拆迁纠纷；二是农村产业发展过程中的土地承包纠纷；三是民营企业招工过程中的劳资纠纷；四是产品和服务市场混乱引发的消费纠纷；五是企业单位

生产过程中带来的环境污染引起的生态纠纷。陈冬仿认为，基层矛盾会影响基层政治活动，影响经济社会发展，破坏警民关系，易造成人心不稳等问题，从而影响基层社会管理秩序和基层社会的稳定。郭志远认为，基层社会矛盾可分为城市基层社会矛盾纠纷和农村矛盾纠纷。城市基层社会矛盾主要以由房屋拆迁、企业改制重组、职工下岗待岗、劳动就业等问题引起的矛盾纠纷为主要表现形式，还包含由居民最低生活保障引起的矛盾纠纷，由食品药品安全引起的矛盾纠纷，因行政执法、基层干群关系引发的矛盾纠纷，由司法腐败引起的矛盾纠纷，由操纵证券内幕等金融问题引起的矛盾纠纷等。而农村矛盾纠纷的主要类型包括：由文化传统因素引起的农事纠纷；由经济因素引起的矛盾纠纷；新兴的矛盾纠纷，如新生代的农民渴望获得与城镇居民同等的待遇、关注自己的正当权利是否被尊重等；由领导干部的能力和工作问题引起的矛盾纠纷。

陈宏认为，基层社会矛盾主要分为三个方面：一是经济领域的社会矛盾，如由经济发展不科学引起的矛盾、由贫富差距较大引起的矛盾、由就业压力增大引起的矛盾、由社会保障滞后引起的矛盾、由劳资关系紧张引起的矛盾；二是政治领域的社会矛盾，如由官僚腐败问题引起的矛盾、由法规制度不健全引起的矛盾、由社会治安形势严峻引起的矛盾；三是思想文化领域的社会矛盾，如由价值观念冲突引起的矛盾、由愚昧迷信引起的矛盾等。

同样，罗冬冬也认为，基层社会矛盾产生的根本原因是基层社会经济发展相对滞后、基层政府为人民服务的思想意识不到位，同时从内在来讲，基层社会矛盾产生也是基层群众自我维权和民主意识的提高。陈群祥还认为，在政治、经济、文化、社会各个领域表现出来的各种矛盾往往是不同利益主体、不同利益诉求引起的利益矛盾。而利益矛盾已经成为引发基层社会矛盾的主要方面，成为影响社会和谐稳定的主要因素。

综上所述，本书认为基层社会矛盾主要是因为民众民主法治意识的提高与管理者能力的缺位，利益主体和格局的多元化，利益诉求多样化与社会公共产品、公共服务供给能力不足之间的失衡，民众的文化心理、不同宗教信仰等带来的行为差异，以及由宗族势力、家族势力等各种潜在的非正规组织势力与社会管理不善等之间的冲突引起的。

第二节　基层社会治理结构和体系现状

一、指导思想

（一）坚持中国特色社会主义理论为指导

基层社会治理的指导思想是中国特色社会主义理论。在全面深化改革阶段，我们必须以中国特色社会主义为旗帜，以习近平新时代中国特色社会主义思想为指导，统筹兼顾，保持社会的公平正义，进一步增进人民福祉。坚定信心十分重要，要有理论自信和制度自信，才能在新时期中国基层社会治理的伟大征程中开辟出广阔前景。

中国特色社会主义伟大旗帜，是当代中国发展进步的旗帜，是全党全国各族人民团结奋斗的旗帜。旗帜问题至关重要，旗帜是我们党的政治宣言，旗帜是我们党前进的方向和目标，旗帜是凝聚全党全民的基点，旗帜是全党行动的号令，旗帜也是我们党在社会上公开树立起来的形象。党举什么旗帜的问题，直接决定着党走什么道路、实现什么目标、靠什么动员和凝聚全党乃至全国人民的智慧和力量，归根结底，旗帜问题关系着党的生死存亡，关系着党的事业的兴衰成败，关系着中华民族的前途命运，关系着中国人民的幸福安康。我们党高举中国特色社会主义伟大旗帜，必将对党的发展、国家的强大、民族的振兴、人民的富裕具有十分重大而深远的意义。因此，中国特色社会主义伟大旗帜，是我们党从事一切事业、开展一切工作的引路航标，加强基层社会治理，必须在中国特色社会主义伟大旗帜下进行。

一要继续解放思想。解放思想是发展中国特色社会主义的一大法宝。当前，全党要深入学习贯彻中国特色社会主义理论体系，着力用马克思主义中国化最新成果武装全党，破除在社会管理和创新实践中与中国特色社会主义理论体系不相适应的一切思想，澄清一切违背中国特色社会主义理论体系的观点。

二要坚持改革开放。改革开放是发展中国特色社会主义的强大动力。改革开放是党在新的时代条件下带领全国人民进行的新的伟大革命。目的就是要解放和发展社会生产力，实现国家现代化，让中国人民富裕起来，振兴伟大的中华民族；就是要推动我国社会主义制度的自我完善和发展，赋予社会主义新的生机和活力，建设和发展中国特色社会主义；就是要在引领当代中国发展进步中加强和改进党的建设，保持和发展党的先进性，确保党始终走在时代前列。加强基层社会治理，同样需要坚持改革开放。改革一切旧有的与新形势、新任务和人民群众的新要求不相适应的社会治理体制、方式、办法，为基层社会治理增强活力；积极借鉴国外在社会治理方面的先进经验，以他山之石为我所用，这样才能减少基层社会治理在实践探索中的成本和风险，取得更大的成效。

三要坚守科学发展理念，确保和谐社会的建设成效。中国特色社会主义的基本要求中最重要的两项就是科学发展和社会和谐。科学发展就是要遵守事物发展的基本规律，不能冒进和滞后，科学发展理念是社会治理的基本方针之一。科学发展才能确保社会和谐，社会治理卓有成效。社会和谐愿景的实现离不开社会治理。我们在社会治理方面，要着力解决影响社会和谐、阻碍科学发展的重大问题，将全社会拧成一股绳，为伟大的中国特色社会主义事业而奋斗。

四要始终为决胜全面建成小康社会而奋斗。2020 年，我们已经全面完成脱贫攻坚任务，小康社会基本建成，未来的道路更为艰巨，那就是不仅要取得全面建成小康社会的绝对胜利，而且要向着现代化发达国家的目标迈进。从小康社会建设到基本实现现代化，再到全面建成社会主义现代化强国，是中国特色社会主义长期发展的战略性安排，高屋建瓴，符合历史发展规律，契合时代发展潮流，关系到全国各族人民的切身利益和长远利益。如今，在全面建成小康社会的基础上，我们要进一步努力，加快经济转型，实现更多的社会民主，保障人民的权益，加强文化建设，提升人民素质，发展资源节约型的生态产业。

（二）贯彻习近平新时代中国特色社会主义思想

习近平新时代中国特色社会主义思想是在当前国际环境下，立足社会主义初级阶段基本国情，适应新的发展要求提出来的。从国际环境来看，当今世界正处在大变革大调整之中，国际环境中不稳定不确定的因素增多，我国发展的外部条件复杂多变，既面临着前所未有的机遇，也面临着前所未有的挑战。我们只有科学发展，才能增强我国的综合国力，增强国际竞争力。从我国国情和新的发展要求来看，我国发展形势总体是好的，但也面临着不少突出矛盾和问题，如果不抓紧采取措施有效地解决这些突出的矛盾和问题，势必会影响我国的改革开放和现代化建设事业的顺利推进。

21世纪注定是一个不平凡的世纪。我国的经济和社会在新世纪呈现出完全不同的状态，新型的阶段性特征日渐明显，主要表现在以下几个方面。从经济实力的角度来看，我国的总体经济实力是大大增强了，但是生产力水平还远远不够。结构性矛盾凸显，市场经济体制尽管已经初步建立，但是依然运行不太良好，我国经济的粗放型增长方式依然存在，体制机制影响到全面改革的深化。从国民生产总值上来说，人们收入已经到达小康水平，但是收入差距依然存在。城乡的贫困人口和低收入人口数量众多，无法及时统筹各方面的利益。从农村发展的角度来看，农业产业发展滞后，区域经济的差距逐渐拉大的趋势并没有得到根本改变。从社会主义民主政治的发展角度来看，依法治国的方针正在得到贯彻，政治制度改革上必须逐步走向深化，否则经济社会发展就缺乏相应的民主法治来做后盾。我国的社会主义文化总体上持续向好，比前几十年更加欣欣向荣。然而，人们对于多元化的精神产品需求越来越旺盛，要求文化产品更具有多样性、差异性，这对社会主义先进文化建设来说是一个巨大的挑战。从社会总体活力上来看，社会利益格局和社会组织的模式正在发生剧烈变化，社会治理和社会建设实践面临很多新问题，社会活力显著增加，不稳定因素也日益增多。

此外，我国对外开放的力度也在不断增强，但是面对竞争激烈的国际局势，我国依然面临更多风险和挑战。

检视这些社会发展矛盾，我们可以发现它们都是一个国家在长期发展过程中必然经历的问题和挑战。要想解决这些问题，我们只有加强落实习近平新时代中国特色社会主义思想，与时俱进，迎难而上，加强社会治理的模式创新和方法创新。共产党的根本宗旨就是全心全意为人民服务，造福最广大的人民。党和国家工作的出发点应该是人民利益。人民利益至上，成为一切基层社会治理工作的落脚点。尊重人民的主体地位，确保人民权利的实现，坚守依靠人民、服务人民的发展方针，走出一条共同富裕的中国特色社会主义道路。我国经济社会的顺利转型发展的基础是坚守习近平新时代中国特色社会主义思想。在这个过程中，根据我国当前的实际情况，就是要坚持以经济建设为中心，以政治建设为保证，以文化建设为支撑，以社会建设为重点，以保障和改善民生为目的。同时，在社会建设中，要以加强社会治理为切入点和突破口，为推进我国经济社会在科学发展的轨道上加快发展步伐提供良好的社会环境。

二、基本原则

社会治理并不仅仅是理念的转变、方式的改革，而是牵涉多种政府职能部门的改革和变动。只有深刻理解社会治理的基本原则，掌握社会治理模式的变化方向，才能将社会治理的执行逻辑和价值追求捋顺。我们可以将基层社会治理的基本原则阐述如下。这种原则也可以理解为基层社会治理的宏观策略。

第一，坚决树立政府在社会治理改革中的主导地位。一方面，政府的主导地位不是从权力的角度来说的，而是从责任的角度来说。政府要承担社会治理的主要职责，在治理实践中不断强化自身职能。另一方面，政府的主导地位并不是说公民个人和社会组织在社会治理中处于客体的地位。政府和公民社会的关系并不是僵化的，都可以是社会治理的主体。社会治理改革过程中，并不意味着要将政府的作用完全消除，要做到从政府本位管理向社会本位治理的转变，就必须确定政府在社会治理中的职责。我们可以从以下两个方面来阐释为何政府处于社会治理的主导地位。其一，对于那些不应该被行政手段干预的领域，政府要坚决退出，同时政府要在市场经济条件下确立自身推动社会事业发展的主导性地位。其二，公民社会自治的建设过程，需要政府自始至终进行引导，政府尽管不参与具体的治理事务，却要提供相应的制度环境，为社会组织顺利参与治理提供良好的文化经济环境、法律制度环境。从这个角度来看，政府依然处于主导地位。

第二，加强政府职能的改革，推动政府职能转变，建设具有公共服务精神的新政府。传统社会管理理念认为，政府应该是强有力的，可以凌驾于全社会之上，对所有的社会资源进行自由调配，总揽一切社会事务，并不是以服务的态度对待社会成员，而是一种控制的方式来对待。鉴于此，社会治理改革的基本出发点就是要将强政府转变为有限政府，重新确定政府职能的基本定位，在剥离政府对具体事务干预的过程中，要加强政府的掌舵功能。政府部门的社会管理机构在设置上要充分遵守科学原则，避免政府走向极端。社会管理效率的低下，多半是由于政府社会管理部门的职能交叉，于是成本提高，相互扯皮的现象也会屡见不鲜。建立有限政府，要从转变政府职能开始，将政府原来直接承担的社会性事务承包给专业的社会组织，政府则彻底退出对该领域的干预。同时，在公共服务体制创新上，政府有很多事情可以做，比如健全市场投资环境，建立多元化的治理体制，确保企业、社会组织、个人等多方面主体共同参与社会服务，从而形成多元化的公共服务供给系统。只有建立人人可以共享的基本公共服务体系，才能够改变公共服务绩效，满足人民群众的需求。

第三，要始终坚持政府的扶持原则，推动成立各类社会组织，鼓励公民参与各项治理活动。在社会治理过程中，社会组织和政府机构之间应该是平等的关系，充分遵守平等合作的原则，才能够将各自的优势发挥到最大。公共管理和公共服务是社会治理的重要方面，在这两大领域，政府要始终重视社会组织和市场的基本力量，确保自身职能能够真正转移到社会组织之上。利用市场机制，可以让资源配置趋于最大化。政府和社会之间形成多元共治的主体，不能离开政府的大量扶持。如何发挥社会组织在公共服务工作中的主体作用，是一个比较重要的问题。要充分发挥政府在社会政策执行中的监督权，充分体现社会治理的民主化原则。我国社会处于转型时期，社会成员从原来的单位群体中分化了出来，并且形成了复杂多元的利益群体。社会需求的多元化必须要多元化的社会组织来满足。同时，我们也可以将社会组织视为维护社会稳定，保障社会公平的重要力量。然而，我国社会组织的功能结构存在着严重的不合理，相关规范的法律法规不够完善，从而导致社会组织发育迟缓，社会整合也让边缘弱势群体变得更为边缘化，导致边缘社会陷入无序状态。社会组织的培育可以形成覆盖广泛的社会治理体系，增强社会治理改革的合力，也能够增强公民社会组织的自我管理能力。

第四，坚持法律手段和市场手段相结合，从宏观上维护社会的公平正义。政府要加快职能转变，将经济生活中的资源配置交付给市场机制，不再对经济事务进行过多的干预，而是将注意力放到社会治理上来。原来政府全面干预经济建设，对经济领域进行全方位控制，这是计划经济时代的做法。改革开放之后，社会管理职能成为政府的重要职能之一，但是不能直接干预经济生活。政府可以制定政策法规来规范社会组织，调节社会利益，处理社会事务，进而化解社会矛盾，形成稳定和谐的社会秩序。当然，必须明白的是，社会治理改革的重点是因势利导，而不是违背社会发展规律的盲目行动。以疏导为基础的动态性的社会稳定才是长久的稳定。社会改革是涉及多方面的综合工程，改革内容十分复杂，涉及经济、政治、文化等不同领域。因此，社会改革必然是一个渐进过程，必须从实际情况出发，循序渐进，借鉴国内外公共服务的工作经验，完善社会治理创新发展环境，实现增量改革。从社会管理到社会治理，既是公民社会成长的过程，也是政府职能转变的过程。

三、目标任务

基层社会治理关系到国家的长治久安和人民群众的幸福安康。我们可以将社会治理目标和任务归结为：协调社会关系、规范社会行为、解决社会问题、化解社会矛盾、促进社会公正、应对社会风险、保持社会稳定。总而言之，就是要实现社会和谐稳定和人民安居乐业。

（一）协调社会关系

社会是人们之间相互影响和作用的总和。社会总是处于关系中的，是关系性的。社会问题也是在社会关系中产生的，社会关系不协调就会出现社会问题和社会矛盾。社会管理的首要任务就是理顺社会关系、协调社会关系。但是，社会关系是复杂的。从形式来看，可以分为个人关系、群体关系、阶层关系、组织关系及个人与群体的关系。从内容上看，主要有经济关系、政治关系、文化关系等。诸多关系中，最重要的是利益关系。利益关系也是最根本的关系。不论是经济利益、政治利益，还是文化利益，利益都是社会关系的重心。利益关系会随着阶层和群体分化而出现变化，甚至产生矛盾。我们可以从以下四个方面入手来协调社会关系。

第一，将利益关系协调作为重心。社会关系的协调有多种方式，但最重要的还是利益关系，如果把其他无关紧要的关系问题处理好了，却最终回避利益关系问题，就会埋下隐患。相反，只要利益关系理顺了，剩余的一切社会关系问题也就迎刃而解了。

第二，利益关系是具体的，而不能做抽象化处理。在协调和解决利益关系时，要重视那些群众最关心的现实问题，而不是抽象地谈论利益。以往在谈论利益问题时，往往喜欢运用抽象的道理来解释，比如“不要只顾眼前利益，要考虑长远的大局利益”。殊不知，利益问题就应该是切身的、此时此地的民生问题，必须将利益问题具体化。

第三，要兼顾多种利益主体的诉求，确保他们可以各得其所。协调利益关系的关键之处就在于要让各个方面都能够满足，确保他们的正当利益得到满足，实现利益分配的均衡。相反，如果只考虑一部分人的利益，而忽略另外一部分人的利益诉求，社会关系就会陷入矛盾，难以协调得恰到好处。

第四，通过制度机制来协调社会关系。临时的应急手段只能解决一时的利益冲突，却无法保证以后不出问题。要想实现利益分配和利益关系的长期稳定，必须用制度化的方式来规定利益的分配。将社会关系制度化之后，利益之争就会偃旗息鼓。在社会关系协调过程中，传统的习惯做法是出现什么问题，解决什么问题，缺乏对制度化的利益协调机制的研究。对于突发问题，应当有制度化的应急预案，以便在第一时间将问题解决。

（二）规范社会行为

社会活动是指社会成员的全部行为之和。社会成员进行共同的社会活动，必须遵守共同的行为规范。缺失社会规范就会陷入各行其是的状态，影响社会秩序。从更大的方面来看就是影响社会进步。是否为高效有序的社会活动取决于社会成员是否遵守行为规范。社会成员要遵守共同的行为准则，才能够确保社会的安定有序。在如今的社会生活中，行为失范状况严重，主要表现为四个方面：一是价值观日趋多元化，行为标准上也出现了很多不一致的地方，从而引发行为冲突和社会矛盾。二是传统意义上的道德观念正在面临挑战，道德虚无主义蔓延滋长，导致大量的不良行为出现。三是人们的法治观念和法治意识普遍淡薄，制度意识不强，尽管存在现成的社会制度和法律条款，很多人却视而不见。四是很多领域的制度建设不够完善，导致人们行为准则的混乱和冲突。道德准则和制度准则是非常重要的两种行为准则。

应对社会失范问题，我们必须重视制度建设，也要重视思想道德文化建设。一是社会共同价值观的建设。要在包容多元性的基础上，围绕社会民族理想，形成社会共识，将同一团体的是非标准确定下来。二是传统优秀道德的发扬。传统道德观念的继承和当代思想道德的建设是一体两面，需要同步进行。三是强化人们的法治观念。制度意识和法律观念是相配套的，必须保证法律和制度同时获得承认和遵守。四是强化制度建设。制度是一切长远活动的最终规范，能够为人们的行为准则提供最终标准。

（三）解决社会问题

社会问题是社会结构功能失调、社会秩序紊乱，以至于影响到社会成员的工作与生活的社会现象。社会问题是社会矛盾突发的表现，出现在多个领域，如教育问题、人口问题、就业问题、环境问题、医疗问题等。社会问题产生的原因是多方面的，可以归结为以下三种因素。一是社会系统中的不确定因素。社会运行是一个多种因素相互交织的过程，很难对最后的结果准确预料。人们可以在主观上进行多方面的努力，却无法完全消灭社会中的偶然性。二是社会变迁引起的社会结构失调。社会变迁是一个社会结构全方位渐进变化的过程，新旧交替不可避免会引起社会规范的失调，进而产生社会问题。三是体制和政策的原因。社会政策的主要作用就是协调社会关系，但是不合理的社会政策会导致更严重的社会问题。社会运行是有一定规律可循的，如果政策违背社会发展的基本规律，就会带来社会问题。

同时，针对引发社会问题的不同原因，我们可以总结出多种解决社会问题的手段和措施，可以从以下三个方面入手。一是全面认知社会活动的内在机制，增强对不确定因素的预测能力。面对社会问题，我们必须保持客观理性的态度，不断加深对社会问题的分析和认知，通过积极应对来控制社会问题的发生。二是推进社会改革，促进社会转型的早日完成。社会结构转换的过渡期越长，社会矛盾的出现概率就越高，缩短过渡期，便可以最大限度防止社会问题的集中爆发。三是及时调整社会政策，改变不合理的政策，制定更为合理的政策，进而调整体制机制，最大限度消除社会问题产生的制度和政策障碍。我们必须明白我国的社会问题并不是突然产生的，而是积少成多，要充分明确社会问题的长期性。社会政策应该随着社会发展而变化，不能一成不变。

（四）化解社会矛盾

社会矛盾是普遍存在于人们思想观念和利益关系中的冲突、对立。当然，矛盾存在于每个行为个体的生活中，并不是所有的矛盾都是社会矛盾。社会矛盾是指那些普遍存在于生活中的，以对抗形式表现出来，会影响到社会大局稳定的冲突。社会转型过程中，体制结构和利益群体的分化，以及价值观念的冲突，致使社会矛盾频发。

目前社会的主要矛盾有：体制政策不合理导致的利益分配不公平、群体阶层分化导致的利益矛盾、社会资源占有不公正导致的矛盾、个人合法权益受到侵害引起的矛盾。当然，这些矛盾并不是单独出现，而是交织在一起，形成社会矛盾的连锁反应，严重影响着社会秩序的稳定。在实际工作中，我们可以从以下思路入手来化解社会矛盾。

第一，完善制度与政策。科学的制度设置有利于预防社会矛盾的产生。我们的传统观念里对社会矛盾主要是“重治轻防”。矛盾少的时候，高枕无忧，矛盾出现之后再进行治理。但是，应对社会矛盾的最佳策略是从根源上预防，采取制度协调、利益分配等方式，将社会矛盾发生的可能性降到最低。

第二，治理人员应该对社会矛盾时刻保持敏感性。遇到矛盾的萌芽，就立马采取行动，将其解决，以免积少成多，演化成不可调和的大矛盾。实际工作中，要谨小慎微，防微杜渐，吸取教训。社会矛盾演化有一个过程，并不是突然出现的，这就为社会矛盾的解决和预防提供了思路和启发。

第三，善于运用多种综合手段来化解矛盾。社会矛盾形成的复杂性决定了解决之道也不是单一的。要想收到良好的效果，必须综合运用行政、经济、思想、协商等手段来解决。尤其要注意的是，当前社会矛盾一般是人民内部矛盾，解决的时候要注重运用调节的手段，而不是对抗性的手段。非对抗性手段的解决效果较好，一般不会留下“后遗症”，对抗性的解决策略则可能激化矛盾和升级矛盾。

（五）促进社会公正

和谐社会建设的本质要求是社会公正。促进社会公正就是加强社会和谐。从含义上看，社会公正是指社会生活中要合理配置资源、合理分配利益。这里说的资源和利益是非常广泛的概念，包括经济、政治、文化、教育等多个方面。从类型上看，社会公正主要包括四个方面，即规则公平、机会公平、权利公平、分配公平。我们可以从内涵上进一步理解社会公正，那就是每一个社会成员可以平等地享有生存和发展的权利。

改革开放之后，经济社会经历了翻天覆地的变化。人民群众的物质文化生活水平提升很快，公共服务体系也逐步完善，社会公正无疑在宏观上取得了显著的成就。但是在改革过程中，一些政策的变化没有跟上社会关系和社会结构调整的步伐，导致体制改革的滞后，引起一系列社会公正问题。这种不公正的表现是多方面的，如资源占有不合理、利益分配不公平、收入差距过大等。此外，还有改革中被损害的利益没有及时得到补偿，公共服务和社会保障的享受不均等。

强化社会公正的根本在于制度和法治建设。行政手段尽管也很重要，但只能解决短期的燃眉之急，无法保证长期社会公正问题的解决。要想彻底实现社会公正，我们必须从制度层面下手，争取在法律和政策上维护良好的社会环境，确保所有社会成员都能够享有平等的就业权利、医疗权利、教育权利及参与政治生活的权利。促进社会公正，不仅要解决经济利益分配的不均，收入差距过大等问题，还要重视公民社会地位、政治权利、公共服务等方面的权利保障。

（六）应对社会风险

风险即可能发生的危险。自然活动和社会活动中不确定因素的出现为人们带来的危害便是风险。风险主要有两种类型，自然风险和社会风险。从特征上看，风险具有普遍性、客观性、可变性、不确定性。风险产生的根本原因是不确定性因素。如果事物的一切发展都能够被人们掌握，没有不确定性因素，也就不会存在风险。但这是不可能的。面对社会风险，我们秉承的态度应该是，风险出现后要尽可能降低风险损失。

第一，加强对不确定性因素的认识，提高风险防范能力。既然风险具有客观性和普遍性的特征，我们就能根据风险的发生历史和出现状况，来掌握风险发生的规律，增强抗风险能力。不确定性能够反映认识能力和事物变化的关系。掌握客观事物的发展规律之后，就能够将不确定性降到最小。如果不能深刻认识社会发展规律，不确定性就大。人们的抗风险能力也就会降低。因此，加强认识是提升抗风险能力的根本措施。

第二，加强制度和规范建设，减少社会风险发生的频率。制度是人们在社会活动中普遍遵守的行为模式，具有稳定性和长期性。在一定的模式和规则的约束下，人们的行为就有规律可循，就具备了一定的可预测性，长此以往便可以形成社会秩序。如果制度完善，社会秩序就会成为一种稳定的行为序列，进而加强社会预期。制度越健全，社会预期性就高，社会秩序就越稳定，社会矛盾和冲突就会降低到最低限度。

第三，采取社会风险应对措施，减少风险带来的损失。既然社会风险是不可避免的，那就要对于风险的发生早做应对，事先准备好风险的应急预案。一旦风险发生，便可以做出有计划的应对，不至于手忙脚乱。最终将风险的损失尽可能降低。如果等到风险出现之后，才去想办法，临时抱佛脚，则为时已晚，损失自然就很大。

（七）保持社会稳定

社会稳定是指社会生活长期处于安定有序的状态。社会稳定是社会进一步发展和人民安居乐业的基础。如果社会动荡，一切改革和发展都是无本之木，难以取得成效。所以才有“稳定压倒一切”的口号，这是对社会稳定重要性的极端强调。社会稳定不是说让社会死气沉沉，将一切活力因子封闭在制度的笼子内，而是说社会稳定是一切社会主义伟大事业的前提。

当然，社会稳定是进行科学治理的结果。在社会治理的七个目标和任务中，社会稳定是最终目的，前面的六项都是手段。社会不稳定的原因就在于社会关系不协调、社会行为不规范、社会矛盾频繁、社会公正缺失、社会风险高。相反，如果能够解决好社会关系、社会规范、社会矛盾、社会公正、社会风险，社会自然就会处于和谐稳定的状态。

四、总体要求

（一）保障改善民生，夯实社会治理基础

夯实社会治理基础的关键在于发展经济、改善民生，以及协调各方利益。打造社会安全网，加强社会救助和社会保险机制建设，要在最低生活保障、医疗救助、临时救助等方面下足功夫。城乡救助机制的实施范围要足够大，

能够涵盖所有基层社会，确保农村最低保障的全覆盖，提升农村的生产生活水平。要建立基层农村良好的市场秩序，确保竞争的公平性。从而克服体制障碍，对于不正当竞争要严格打击，坚决消除政府对产业发展的不必要的行政干预。基层政府应该让利于民，坚持发展依靠人民、发展为了人民的理念和原则，确保发展成果被全民共享。只有政府不与民争利，才能从根本上解决公平正义问题。城乡统筹发展和融合发展机制建设必不可少，必须大力改革社会公共服务的模式，加大财政投入，优化基层社会的资源配置，形成城乡全面统筹发展的公共服务机制。

（二）加强社区建设，构建社会治理平台

社区服务体系建设也很重要。城市基层社区的公共服务工作必须由政府和社区团队共同参与。政府的基本作用在于引导家政、养老、教育等社会服务向社区扩展，从而完善城市居民的生活服务体系，实现社区资源的共享。在社区行政事务上，要将合作医疗、劳动保障、社区服务、纠纷协调等部门集中到一处，实行一体化办公，方便人民群众。还要对居委会领导干部的选举过程加强监督，干部候选人标准要严格，确保党对基层农村的绝对领导。基层社区活动的经费投入要加大，确保社区和村级组织能够正常开展活动。基层干部的待遇也要提高，完善老干部的养老制度，使他们没有后顾之忧。

（三）化解矛盾纠纷，解决社会治理难题

社会矛盾是影响基层社会稳定的重要因素。为促进基层社会和谐发展，要加强对社会矛盾问题的排查工作，化解矛盾纠纷，对于突出问题要做到配备专项解决小组。同时，要建立党政领导、综治牵头，各部门协同参与的矛盾解决机制，建立基层矛盾问题协调处，配备专职人员，从事专业的矛盾调解。对于环境保护、医患关系、交通纠纷等社会问题，要积极应对，也要建立相应的危机应急预案，确保矛盾纠纷在第一时间得到化解和解决。

（四）创新体制机制，提高社会治理能力

社会治理的体制机制创新要跟得上，确保关键性和基础性的社会管理制

度能不断创新，始终有效。管理方式上要软硬兼施，老办法和新办法一起用，确保问题能够有效解决。鼓励多种类型的社会组织成立，放宽准入条件，降低登记注册的门槛，形成多元化的公益性服务组织，并确保组织能够进行自我管理。基层社会流动人口管理上要加强，确保信息化和网络化管理，建立流动人口和出租房管理平台，实现流动人口信息共享，为管理带来方便。

（五）建设社会组织，集聚社会治理合力

在有效的社会治理工作中，社会组织的角色和身影必不可少。作为基层社会治理的基本力量之一，社会组织也要不断创新组织模式，建立社会组织管理的新格局。社会组织的管理和建设并不是一件容易的事情，基层政府必须成立专项领导小组，设立办公室具体负责社会组织管理的实施工作。确保政府的技术性和服务性职能全部转移到社会组织上来，充分发挥社会组织的作用。在务工人员集中地区和基层社区还可以建立以党组织为中心的群众自治组织，充分发挥基层自治的主导性优势，打造“大社会、小政府”的新型治理系统。

五、总体格局

新时期我国社会治理的总要求为党委领导、政府负责、社会协同、公众参与的四位一体格局。依照这一总体格局，我们便可以展开最高效的社会治理活动。社会治理总格局中，党委领导占据核心位置，政府负责是关键的部分，社会协同是必不可少的强大依托，公众参与是基础性的要求，四个部分组成彼此联系的有机整体，严密而不可分割。无论丢弃哪一点，都会为社会治理带来巨大灾难。加强社会基层治理是我们在新时期面临的重要任务，这关系到广大人民群众的切身利益，也是事关改革发展大局的重要政治任务。只有严格把握四位一体的治理总格局，促进中国特色社会主义事业发展，实现国家长治久安。

（一）基层党组织是核心

在我国，党的领导是一切工作的核心。从根本来看，中国共产党是中

国特色社会主义事业的领导核心，加强社会治理创新也必须依靠党的领导。只有在党的指引之下，社会治理工作才不会走偏，才能实现中国社会的长久稳定发展。基层党组织是党在基层社会的战斗堡垒，也是全党的战斗力的基础。基层党组织在基层社会治理中的核心地位必须得到保障，否则基层治理工作便没有方向。社会总是由不同的利益集团组成，当利益分配不均时就会出现社会矛盾。在社会矛盾爆发时，党的总揽全局的作用就充分体现了出来，可以依据社会发展规律，平衡各方的利益，保证社会发展活力的同时，又可以实现社会发展的安定有序。因此，基层党组织在我国社会治理中的责任是巨大的，使命是光荣的，必须与时俱进，不断学习，跟上时代发展的潮流，才能发挥应有的带头作用，将我国新时期的社会治理事业推向更高的历史阶段。

（二）制度保障是关键

制度是一切工作和活动的基础保障，只有形成制度才可以将工作持续有序地推动下去，社会治理也不例外。要想实现基层社会治理的安定有序，必须在制度上下功夫。首先，基层社会治理是一项极为复杂的工作，不能离开各种社会组织的参与，但是鉴于我国的国情，社会组织发展迟缓。社会组织平台缺乏，导致公众参与的热情不高。因此，社会治理创新必须从制度层面来保障社会组织的健康发展。其次，在社会治理过程中，公众表达诉求的机制不是很完善。公众参与社会治理的一个重要方面就是表达自己的诉求，形成自己的观点，并根据自己的想法来对社会治理采取行动。如果没有良好的表达机制，公众就无法很好地参与社会治理。最后，社会治理工作千头万绪，必须有专业人才来统领和管理。加强基层社会治理管理人才队伍建设，或者引入大批优秀的社会管理人才，是基层治理工作中必须要考虑的问题。但是基层社会十分艰苦，人才难以留下。政府应该从体制上保障人才队伍的培育和建设，从而为基层社会治理打下基础。

（三）公共服务是重点

公共服务体系的完善是基层社会治理的关键所在。首先，基层政府要从治理意识上进行改变，放下原来的管理意识，增强自身的服务意识。基层社会治理的工作人员尤其要注重服务意识的培养，要秉承服务人民的理念，以大局为重来开展工作。其次，政府有责任建立完善的基层公共服务体系，确保基层人民的正常生产生活。这种服务不仅包括硬件基础设施的建设，还包括软性的文化娱乐和教育培训等。在优良的社会公共服务中，社会才能走向高水平的发展阶段。最后，基层公共服务体系建设的重要性还体现在基层政府和基层公众之间的关系上。基层政府与人民群众是一种血浓于水的关系，政府为人民办事，人民拥护政府。如果基层公共服务不到位，就会严重损害基层政府的公众形象，政府的威信和能力就会遭到广大人民群众的质疑。因此，基层社会公共服务体系建设一定要从公众的基础需求出发，了解他们的难处，为他们提供软件和硬件设施条件，保证群众能够共享改革发展的红利。

（四）民生保障是基础

民生问题是基层社会治理的落脚点。社会治理的最终目的就是要实现人民群众的幸福生活。所以保障民生是基层社会治理的基本要求。基本的社会保障缺失，会导致基层社会出现大量的问题和矛盾，进而影响社会稳定。首先，在基层社会治理过程中，必须要第一时间摸清弱势群体的生活状况，给予他们一定的帮助和救济，不仅可以体现出政府对人民的关心，还可以将社会问题化解于摇篮之中。生活贫困是影响社会稳定的最重要因素之一，必须引起重视。其次，基层地区的医疗体系建设要加强，广大乡村地区因病致贫的家庭很多，医疗卫生条件的落后让基层民众生活在贫病交加之中，从而形成难以消除的贫富差距。这种贫富差距带来的心理差距是社会问题的关键性成因。最后，政府要在民生项目建设中加大财政投入，并且确保公众对财政资金分配和运作的知情权，从而让民生建设满足基层人民群众的生活需求。

第三节　基层社会治理水平和能力提升策略

对于我国的社会治理来说，党的执政能力十分重要。党的执政能力强大，就会将社会治理工作完成好，在党的带领下，社会治理就会按部就班地展开。党的执政能力主要是指党掌握国家政权，采取政治、经济、文化等方式，实现人民的理想和国家的意志而解决矛盾的能力。加强执政能力建设，不仅是党发展自身的需求，也是国家持续繁荣和稳定的要求。故而，执政能力建设具有重要的战略意义。加强党的执政能力才能从根本上提升基层社会的治理水平。

一、转变治理方式，增强执政能力

党的十九大以来，以习近平同志为核心的党中央领导集体，对如何进一步改善党的执政方式问题进行了深入的思考和探索，提出要坚持立党为公、执政为民，加强和改善党的领导，坚持党总揽全局、协调各方的领导核心作用，保持党的先进性和纯洁性，增强党的创造力、凝聚力、战斗力，提高党科学执政、民主执政、依法执政水平。科学执政、民主执政、依法执政，是我党改善执政方式的重要目标。执政方式的转变是一个复杂的过程，是理念与实践的结合。科学执政、民主执政、依法执政三者相互联系，是加强和创新社会治理，提升基层政权的执政能力的原动力。

（一）增强法制观念，坚持依法执政

依法执政是对执政党的基本要求。依法执政，顾名思义就是按照法律规定来治理国家。法治建设是社会建设的基础，法治是执政党治国理政的主要方式，具体表现为：科学立法、严格执法、公正司法、全民守法。同时法律面前，人人平等，在全社会形成有法必依、执法必严、违法必究的法治文化氛围。依法执政的基础是完善的法律体系，必须从深化法治体制改革开始，建设社会主义的公正司法制度，注重维护宪法和法律的权威。善治的前提是良法，法治体系的建设需要从立法抓起，坚持立法在社会发展中的引领作用。时代环境已经出现了很大变化，这就要求党在执政方面做出变化。市场经济的迅速发展也为当前的执政工作带来巨大挑战和难度。社会利益的分布也要建立在依法执政上，只有在法律层面廓清迷雾，才可以应对复杂多变的社会局势。

依法执政不仅是党的执政能力建设的重要方面，也是保护人民根本利益的重要举措，可以将政府和市场之间的界限划分清楚。依法执政的重点在于执政党要根据法律和宪法的要求来从事社会治理活动。这就要求各级党员干部加强法律学习，增强法治观念，使社会矛盾在法律的框架下得到有效解决。

（二）推进党内民主，促进民主执政

民主执政是现代社会政治文明的重要表现。党内民主又是民主的基础，党委领导班子的建设需要从推动党内民主开始。选举制度是民主的制度表现，从完善选举制度来说，可以从选举人构成和选举形式两方面来促进党内民主建设。在选举过程中，常委会不仅具有领导干部的决定权，还有监督权和执行权，权力极大，不利于领导班子责任心的形成。选举人的范围可以继续扩大。选举形式上，可以将差额选举的范围扩大，以便为选举人提供更多选择，使他们之间形成竞争。差额选举还有一个优点就是可以让选举人和被选举人之间经常交流，加强被选举人的责任意识。差额选举制度的建设有利于对领导干部的基本素质进行考察。党内民主是非常重要的，在提升党的凝聚力方面具有重要作用，也可以增强党应对复杂局面的能力。

党内民主可以有效推动执政民主的实现，形成积极的示范效应。执政民主的建设需要大量民主实践经验的积累，不仅仅是民主理论的探索。只有从党内民主一步步做起，才能最终实现执政民主和社会民主。执政民主表现在执政为民，以人民的根本利益为旨归。民主执政就是依靠人民执政，为人民执政，保障人民的民主权利，拓宽民主实现的渠道。

（三）提升基层民主，促进社会治理

毫无疑问，民主的价值实现形式就是选举制。提升村委会选举质量，可以推动农村基层民主的实现，进而提升农村自治的基层治理绩效。首要任务就是严格坚守《中华人民共和国村民委员会组织法》（以下简称《村民委员会组织法》）的权威，实现村民直选，从而增强基层群众对政治文化生活的参与性，加强基层社会治理。但是，当前的村委选举在质量上不尽如人意，主要表现在程序的不规范。影响农村基层民主选举程序的主要因素有：一是

政府的工作力度，工作力度取决于政府的主观愿望和客观压力；二是选举的竞争强度，竞争强度则与村庄的利益分化和组织复杂度有关；三是选举规范程序的动力主要来自村委选举的竞争性。可以说，这三个要素决定着基层民主的基本质量，也关系到基层社会治理的现代化发展，基层民主化的进程是一个长期的制衡和博弈的过程，并不是一劳永逸的制度设计。民主化对群众的民主参与活动是十分有利的，可以从根本上实现治理的现代化。治理现代化的第一步就是治理的民主化。没有民主化就没有现代化，民主化是现代化的题中应有之义。基层社会治理中，治理主体可以是多元化的，不仅是政府，社会组织和企业组织都可以参与进来，为乡镇建设服务。基层乡镇政府的建设目标应该是服务型政府机构，确保为人民群众带来切实的服务；企业组织参与基层社会服务，可以提供资金，促进农村基层的相关产业发展。最重要的是加强党的领导，在法治建设的大背景下实现协商治理，通过提升基层民主来提升基层社会治理水平。

二、积极发挥基层党组织作用

基层党建就是基层社会治理中的党组织建设，关系到党的执政基础，也是增强党的执政能力所不可缺少的内容。基层党组织建设与执政能力提升之间是相互支撑的。基层党组织是党员干部发挥作用的基础平台。作为党的工作的行为主体，党员的先进性直接决定着党的先进性。党的执政能力最终体现为基层党员干部队伍的建设。基层党建必须面向群众，建立体系，才能为基层社会治理打下基础。

（一）找准定位，加强基层党组织建设

新时代的发展形势之下，基层党组织面临着越来越多的群众工作，这些工作具有很强的挑战性。党的十九大提出了建设服务型党组织的要求，十八届三中全会则重点强调基层党组织应该具有战斗堡垒的作用，应该成为新时期全面深化改革的排头兵。党组织要加强自身建设，首先要明确定位，严格遵守“三型”标准，即学习型、服务型和创新型。具体实践中应该做到以下

工作：一是加强党组织在农村基层社会工作中的领导地位；二是着力推进城乡一体化的社区建设，提升农村社区组织的建设水平；三是重点完善选举制度，确保农村支村两委选举过程公开、透明；四是着重优化农村组织结构，将党组织深入农村基层社会治理的微观层次。社区党组织建设要从凝聚人心、服务群众、维护稳定、优化管理等方面入手，开展党员志愿活动，加强社区的文化凝聚力，建设文明和谐的新社区。党政机关要着力提升服务效能，提升行政能力。

（二）构建以法律为准绳、以道德为辅助的基层社会治理方式

基层社会治理体系建设要掌握好法治和德治两条路线，将它们结合起来，构建法律和道德规范协同调节的社会治理模式。一方面，要坚持依法治理，强化法律和宪法的权威。法治是现代社会治理的基本手段，法治化进程的加快，要求我们尽管构建了完善的法律体系，全面的监督机制。但是还要通过各种方式来宣传法律常识，培养人民群众的法律思维，确保法律成为社会治理实践活动的准则和准绳。另一方面，要强化道德规范的无形约束力，实现综合性的治理。基层社会道德体系建设不是一朝一夕的事情，需要坚持不懈，从社会公德、家庭美德、职业道德等方面入手，弘扬正能量，建设诚信友爱的基层社会环境。道德是一种对人民的软性约束，是内化于人民心中的一种价值规范，这也就决定了这种规范的形成和强化需要全方位地用力，不仅要树立模范，还要加强对善举的奖励，对社会风气进行正向引导。

（三）充分发挥基层的阵地作用，抓住民生，贯彻党的惠民政策

基层社会是党的前沿阵地，要充分发挥基层党组织的引导作用，在基层社会大力宣传党的方针政策和文化路线，提升群众的致富能力，促进农村社会全方位的稳定和谐。一方面，充分发挥基层党组织部的带动作用，发挥组织的阵地作用。可以通过远程教育和线上课程的方式来普及党的知识，展开党组织活动，确保基层农村党支部的三课一会顺利开展，提升党员的荣誉感和归属感，加强农村的党员队伍建设。可以在党员活动室设立公开墙，定期

召开村民大会，组织集体来探讨、决定重大事项，广泛收集村民意见，争取做出让基层农村各方利益平衡的决策。另一方面，以活动方式进行，发挥基层社会的文化阵地作用。文化活动是精神文明建设的重要部分，可以在村内设立阅览室和文化活动室，还有医务室，不仅要为群众提供文化娱乐的场所，还要提供医疗保健服务，确保广大村民养成良好的生活习惯，形成文明健康的生活方式。利用农村网络设备，大力宣传先进人物和先进事迹，树立新风，为和谐社会创建打下基础，建设文明村和文明户。

三、构建基层矛盾源头减控机制

提供公共产品和公共服务是政府的基本职能之一。化解社会矛盾的根本在于为基层社会提供足够多的完善的公共服务。只有政府的公共服务和公共产品服务能力提升，才能不断满足人民群众的生活需求，获得人民群众的大力支持，提升群众的归属感，从根源上减少社会矛盾的发生。基层政府不仅要注重救济，还要具备提前预测、主动化解的能力。

利益诉求得不到满足是基层社会矛盾产生的根源。所以，必须加强对社会财富分配机制的建设和完善，从制度层面入手，确保社会公正和公平，为政府公共服务水平的提升提供支持。基层政府要着力营造人民群众参与的民主法治氛围，确保自身和公众之间的有效互动，支持民众参与公共管理和公共服务活动，肩负起完善制度保障的责任，确保基层群众的合法权益得到保护。

此外，实现基层群众的社会文化经济权利的保障，还必须将基层社会的公共服务和财政收入挂钩。保证合理的财政投入，不能太少，也不能太多，从整体上看是要逐年增加的。公共利益的分享机制要遵循公平原则，从而解决行业、区域的不平衡问题。针对落后地区的公共利益，要确保分配均衡，从源头上控制社会矛盾，在制度上确保民众可以享受到改革发展的有益成果。在利益分配上更加公平、公正。

四、发挥基层调解组织屏障作用

社区组织要充分发挥自身的作用，调和社会矛盾，维护社会稳定，确保基层社会各方面关系的正常有序。社会治理创新不能抛开社会组织的作用。根据基层社会的属地管理原则，通过社区组织将各种流动的社会人彻底管理起来，推进平安社区建设。对于城中村和城乡接合部，要加大管理力度，确保出租屋的安全。基层社会的各种团体组织要积极行动起来，如妇女联合会（以下简称“妇联”）、工人联合会（以下简称“工会”）、共产主义青年团（以下简称“共青团”）等，它们应该成为党和政府联系群众的纽带。新兴组织和新兴行业也是管理的重点，司法中心要成立专项基层问题调解委员会，成为化解基层社会矛盾纠纷的一道防线，同时要及时排查隐藏的矛盾纠纷。

农村基层要成立调查委员会，立足基层，坚持原则，做好农村社会矛盾的化解工作，坚决防止矛盾激化引发相关刑事犯罪。司法调解中心应该成为社会矛盾化解的主要渠道，对于公民、企事业单位、村镇组织的纠纷，要切实做好及时的疏导和化解工作，从而最大限度维护基层社会稳定。社会矛盾排查也非常重要，可以将问题和矛盾提前化解。每个基层行政村要有相关的排查专员，对乡镇、街道潜在的矛盾问题进行排查。

五、创新和完善乡村治理机制

完善的乡村社会治理机制是我国农村发展的基础和保障。因此，探索有效的乡村自治模式就成为一项十分重要的工作。可以扩大村民小组自治的试点，落实好以社区为基本单位的村民自治点，探索村务管理和决策程序，完善村务监督制度设计，实现村民对政府村务工作的有效监督。群众在干部工作评价中，应该处于主体地位，保证权力的合法运用。要进一步激活乡村组织的活力，培育基层慈善组织和协会类组织。具体来看，可以从以下几方面展开。

一是探索基层治理中的有效治理单元。目前看来，村社区和村小组依然是基层社会治理的最有效的最小单元。村小组拥有适当的治理边界，村民之间彼此相熟，能够提高民主决策和民主选举的效率，能够充分确保村民自治权的实现。但是，这种最小单元还必须配合以恰当的实现形式，如选举的方式、决策的模式等。这是需要重点探索的。

二是探索村级组织的运行机制。基层社会治理要从村级组织开始，不能超越村级组织去谈论基层治理。处理好村委之间的关系，依然是当前农村基层治理中的重要问题。我们必须探索高效的村级组织运行机制，从而提高治理效率和治理水平。加强村级组织的理论研究，确保村级组织的实践发展，是我国基层社会治理的当务之急。

三是加强社会组织的培育。一般来说，基层农村治理的主导者是政府，长久以来，农村社会组织无法很好地发展，从而导致基层农村社会治理上的严重问题。这就迫切需要加强农村社会组织的建构和培育，确保社会组织与政府一样具有基层治理的主体地位。所以说，社会组织基层治理的理论和实践研究也是当务之急。

四是村委会选举的质量和过程。村委会选举是一项非常重要的工作，高质量的村委会，能够对村内事务做到全面了解，决策上也不会有太大差错。如果村委会的相关人员质量不高，就无法保证村委选举的质量。因此，村委会选举质量的提升策略也是非常重要的研究领域。

第五章　公共管理视角下社会基层治理工作的总体思路

第一节　加强党对社会基层治理的全面领导

社会治理创新正在如火如荼地展开，从中央到地方，加强社会治理创新的呼声不绝于耳。作为国家中长期发展目标和战略之一，社会治理创新不仅关系到共产党执政地位的稳固与否，还对中国社会的长治久安和可持续发展具有重要意义。基层党组织代表着中国共产党对我国社会治理的基本力量。它们贴近社会治理实践，能够发挥最直接和最有效的力量。基层社会治理的领导力量无疑是各级基层党组织。只有充分发挥基层党组织的领导和监督作用，才能让我国基层社会治理效果得到加强。加强基层党组织的领导能力，是基层社会治理取得成功的关键。

一、重塑执政理念、提升基层党委统揽全局的能力

随着时代浩浩荡荡向前发展，社会出现了新变化，不仅表现在城乡人口流动、社会就业状况上，还表现在社会阶层的出现和社会组织形态的变化上。针对新变化，必须用新的社会治理模式来应对，才能解决新问题。社会治理创新必须与时代社会变化同步，才可以及时补充社会治理中的薄弱之处，让治理变得更科学、更高效。这就需要基层党组织在执政理念上不断创新，加强自身统揽全局的能力。

（一）坚持科学的执政理念

1. 坚持以人为本理念

人才资源是第一资源，党员和干部等人才应该处于基层党务工作和社会

工作的主体地位。人才的衡量标准应该是一个人的知识、能力、品德、业绩，要树立人人都是人才的科学化的人才观，不能贬低任何人。基层组织建设的出发点应该是发展人和依靠人，力争形成关爱人、关心人、尊重人的良好风气。正确评价人才的同时要合理利用人才，及时培养人才。此外，必须尊重基层党员和相关社会治理人才的正当需求，实现和维护他们的正当权益，努力解决他们生活和工作中的实际困难。

2. 坚持统筹协调理念

党建工作应该跳出“为党建而党建”的小圈子，紧紧围绕党务工作中心，服务于社会大局，树立大服务、大组织的观念，促进党建基本职能的发挥，寻找基层工作服务和党务建设的结合点，不仅要做好本质的工作，也要为大局统筹提供服务。不论重点工作，还是一般工作，都要兼顾。不仅要突出党的先进性和纯洁性，加强党的执政能力建设，也要兼顾日常工作的完善，做到长远工作和当前工作的统一。基础工作是为长远的党建工作而服务的，既要强化党对工作的指导，又要狠抓工作的落实情况，实现科学规划、科学指导、突出指导、督促检查的统一。

3. 坚持全面可持续发展理念

全面可持续发展理念是基层党组织必须秉承的重要理念，在实际社会工作中，不仅要突出重点，更要全面兼顾，在基层组织建设、干部队伍建设和人才队伍建设的基础上，要努力提升自身素质，加强自身作风建设。党对一切工作的统筹兼顾，就是要抓好四大建设，即组织建设、思想建设、制度建设、作风建设，从而使社会治理工作从整体上全面推进，提升基层社会治理的整体效应和规模效应。对于基层党建工作存在的一些问题，广大党员应该解放思想、实事求是、勇于创新，探索出一条既能保证基层工作效率，又能促进党建工作可持续发展的解决之路。

（二）强化党的领导

党的领导是一切工作的核心。社区党组织应该明确和坚守自身在社区治理工作中的主导地位和领导地位，将社区中存在的多元化的利益主体统一到党组织之下，进一步形成优势互补、多元互动的新时期社区治理新模式。在那些有社区资产的社区，可以运用现代企业的治理结构，建立社区理事会和社区监事会。将驻区单位、社会组织和社区居民纳入社区事务的议事和决策，成立社区成员代表大会。社区监事会是代表大会闭会期间的常设民主议事机构，组成人员主要为居民代表、知名人士、人大代表、党员代表、单位代表等。

二、创新基层党组织活动方式，发挥基层党组织的引领作用

（一）创新基层党组织设置方式

1. 创新农村党组织设置方式

随着农业产业化进程的加速，农村社会治理开始面临一些新问题和新情况。农业产业化无疑为农村现代化发展带来了契机，也促进了城乡一体化发展。但是，这也为基层党组织建设带来不少障碍和问题，如党员长期流动于产业之间，没有固定的地方，原来村级的党组织已经很难对党员进行有效管理。这就要求农村地区必须建立以产业发展为中心的党组织，勇于打破城乡行政区划的间隔限制，以产业联系为中心，将党组织建立在龙头企业、行业协会、生产基地、合作组织等产业链的各个节点之上，实现党组织建设和农村产业发展的联动。根据产业分类，集合当地的村镇特点、产业特色、党员数量和经济规模，可以设立新型的党组织。这种党组织主要有四种形式：一是产业党组织，依托“一村一品”示范基地建立党小组，将产业发展和党建工作结合起来；二是围绕村镇特色产业形成的协会党组织，将党组织建立在产业协会上是十分必要的；三是合作社党组织，农村基层从事农产品加工和生产的经济合作组织，可以组合起来成立党组织；四是企业型党组织，对于大型产业的龙头企业，要成立内部的党组织，既可以进行单独组建，也可以联合同类企业进行组建。

2. 创新城市社区党组织的设置方式

城市社区党组织建设也需要不断创新，以适应不断变化的城市基层社会治理发展需求。组织建设上要覆盖全社会，工作分工上要进行区域化，管理

上要遵守服务原则。有些单位人数太少，组建党组织的条件不够成熟，可以先从建立社团组织开始，成立工会，设立共青团支部，通过群众组织自身建设为党建工作打下基础。城市人口流动性强，党组织建设也要适时调整，延伸到社区、住宅区和工业园区，建立楼道支部、商会支部、市场支部、退休干部支部、商场支部等。灵活多变的党组织建设形式，有利于城市社区基层治理工作的及时开展，进一步为城市治理打下基础。

3. 创新“两新”组织党组织设置方式

随着社会形势的发展，组织的形式也有了新变化。经济组织和社会组织与往日有所不同，于是形成了两新组织：新经济组织和新社会组织。新经济组织主要指非国有的集体独资经济团体，种类很多，主要有民营科技企业、外商投资企业、私营企业、股份合作企业、港澳台商投资企业、混合所有制企业、个体工商户等。新社会组织主要是指社会团体和民办非企业单位，是社会治理中容易出现问题的地方，对两新组织进行党组织设置必须循序渐进，做到万无一失。首先，相关部门要对两新组织的基本情况进行摸底调查，获得基础数据，对于重点党建区域进行全面调研，落实管理职责和权力，初步设立党组织的人员架构，为后续两新党组织创建提供条件。其次，要大力推进支部建设，规范支部建设的程序，加强建设力度，可以组织专人到特定区域帮助成立两新党组织。最后，确定党支部书记十分重要，必须制作党务公开栏，开辟党务活动场所，构建以联络感情为目标的党员之家，确保党务工作权责分明，形成的党组织合力，确保党组织走向制度化。

（二）创新基层党组织活动方式

1. 创新工作理念

理念创新对于工作改变具有重要作用。过去形式化和灌输式的思想教育方式必须抛弃，要坚持以人为本，将理解人、尊重人、帮助人当成一切工作的最终目标。还要积极借鉴现代管理学的理论和科学手段，运用科学的方法，加强基层党组织的影响力和领导力。在开展基层党建工作的过程中，要综合运用民主协商、示范服务、说服教育和政策引导等多方面策略。市场经济条件下，个人合法利益无法得到保证，就会直接影响到其工作的积极性和主动性。因此，要承认党员的个人利益，确保其实现个人利益的权利得到保障，党组织有责任保护党员的个人利益。同时，党组织也只有承认党员拥有追求个人利益的权利，才能满足党员个人的需求，拉近党员和党组织的距离。

2. 创新活动内容

在党组织活动内容上要多方面创新设计，争取让广大党员在活动中得到教育和实惠。新思想、新理论和新知识的传播是非常重要的，定期更新党组织活动的内容，使党员第一时间获得新资讯和新思想，尤其是社会发展动态和党政发展情况。活动的核心应该是解决问题，并服务于基层社会的转型发展现实。活动内容要贴近基层社会的民众需求，严格按照计划实施。活动过程中，要尊重党员的话语权，使他们参与活动内容和形式的策划，尽量使活动体现出广大党员的内心意愿。还要充分考虑不同类型的基层党组织的特点，灵活进行，确保脱产和业余结合，集中和分散结合。党组织活动方式应该多样化，可以举办论坛、研讨会，也可以进行情景模拟和沙龙，以增强活动的感染力，提升党组织的生活质量。活动时间尽量不要占用工作时间，应该在业余时间完成党组织活动，要注重网络信息技术的运用，积极开展线上党员组织活动，拓展党员活动的新空间，完善活动机制，运用生活中的零碎时间来参与活动，既能提升自身觉悟，也不会耽误正常工作。

3. 完善活动制度

活动制度的成熟是党组织活动方式创新的最终体现。党组织活动的短期运行机制要不断完善，还要着重建构党员学习、党员评议等长效机制，确保每个党员都可以从始至终持有先进的党员意识。对于流动党员来说，也要加强活动机制，建立流动党支部和党员档案管理系统，构建流动党员的网络学习平台，及时组织流动党员在线交流和学习，在内容和渠道上要尽量丰富、多元。在党员活动阵地建设上，要建构一大批区域性、敞开式的党员服务中心，将党员活动阵地建设成基层单位的经济中心、文化中心和政治中心，确保基层党组织都可以找场地开展活动。在基层党组织工作创新上，要引入激励机制，推动基层党组织活动稳定有序地开展。

三、建立基层党建与基层社会治理的互动机制

党的十九大强调，要以党的基层组织建设带动其他基层社会组织的建设，发挥基层党组织的核心领导作用，服务群众，凝聚群众，建设基层和谐社会。民政部发布的《民政部关于在全国推进城市社区建设的意见》指出，社区党组织是社区社会组织的领导核心，必须积极探索新时代社会建设和社会管理的新途径、新方法。基层社区党建工作的加强，有利于带动社会各领域工作的全面开展，有利于巩固基层政权的稳定，有利于推动社会管理创新和区域社会经济发展。

（一）党建带动社建工作的重要性和必要性

第一，党建带动社建是巩固党基层执政基础的内在要求。党要在社会基层斗争中取得胜利，必须注重基层党建，基层党组织是党的所有工作的基础，是战斗力的根本体现。党建带社建的核心目标就是夯实党的基层执政根基。如今，党的建设面临种种考验和危险，通过加强基层党组织的建设，带动基层社会建设，对于巩固和强化党的执政地位有重要意义。然而，党建带社建并不是一蹴而就的，必须注重领导方式和工作机制，以此提升党组织领导全局工作的能力，从而夯实党在基层社会的执政基础。

第二，党建带社建是推动区域经济科学发展的现实要求。基层党组织具有极强的推动发展作用，在区域经济社会发展过程中，具有不可替代的重要地位。社会各领域的党组织在各项社会生产和发展领域占据着核心领导地位。中央提出的两个一百年奋斗目标，是我国的长远目标，必须加强领导，集合全方位的力量，经过坚持不懈的努力才能达到。伟大中国梦的实现也是如此。党建带社建可以最大限度地凝聚社会共识，聚集社会力量，团结各方人员，切实推动区域经济的联动发展，最终实现两个一百年奋斗目标和伟大中国梦。

第三，党建带社建是加强创新社会管理工作的迫切要求。社会和谐稳定受到挑战，是因为社会建设的力度不够。要加强社会建设，必须创新社会管理的基本模式，这是社会领域党组织的职责。目前，工业化和城镇化进程的加快，让城市的社会组织结构产生了巨大变化，流动人口增多，各类社会组

织层出不穷，社会思想五花八门，社会矛盾时有发生，这为社会管理带来巨大困难。党建带社建，可以大幅度提升社会各领域党组织的领导和管理能力，将社会问题消灭在无形之中，在实现社会管理模式创新的同时，也保证了社会的稳定。

第四，党建带社建是破解基层党建薄弱环节的客观要求。创新基层党建工作，才能夯实党的执政基础。目前，经过多年的勤抓不懈，基层党组织工作有了很大进步，取得了不少成绩，却也存在一些工作上的漏洞和薄弱环节，如党组织活动形式不够丰富、组织体系不够完善、党员队伍存在边缘化现象等。党建带动社建可以弥补社会领域党建工作中的薄弱环节，确保基层社会党组织建设活动的全面稳步推进。

（二）加强党建带社建工作的对策和建议

党建带社建是新时期党的建设与社会建设的融合形式，也是我党社会治理模式的重大创新。作为一种新型的基层社会管理模式，党建带社建实践活动正在积极开展，非常符合社会建设的发展趋势，符合党建工作科学化发展的基本要求。我们应该在现有实践经验的基础上，不断改革创新，推进和完善这种模式，具体对策和建议如下。

第一，注重为民服务，进一步强化党建带社建工作理念。必须坚持与时俱进、解放思想，重点突出为人民服务的执政目标，增强党建带动引领理念和社区共建共享的理念。一是必须坚守党建的核心引领地位。党建带社建的工作重心是党建，党建在社建活动中处于主导地位。党员要牢固树立在队伍上、作风上和思想上带头的理念，以切实带动社会建设的全面发展。二是始终坚持民本价值。党建带社建必须把人民放在中心位置，将群众是否满意、人民是否拥护作为党建带社建工作的根本出发点。党组织要发挥好联系群众、服务群众的桥梁作用，为群众办实事、做好事，将党的执政理念和方针落实到工作实践中去。三是始终坚持共建共享的基本原则。党建带社建是将党的建设和社会建设统一起来，使它们共同发展，共同提高。党建带社建活动的开展，有利于党建和社建的一体化发展，使群众获得实惠。

第二，注重激发活力，进一步创新党建带社建工作内容。必须始终坚持攻坚克难、敢为人先的精神，突破困难，积极创新，激发党建带动社建的工作活力，创新工作的具体内容。一是重点突破薄弱环节，将难点和重点集中起来解决。党建带社建工作过程中，要以党建为重点，深刻把握社建的难点，通过党建带动社建的具体办法，突破困境的薄弱环节。党建引领就是要发挥好党的组织引领作用、政治引领作用，保证党在所有工作中处于引领地位。群建突破是指充分发挥共青团、工会、妇联在党建带社建中的桥梁作用，凝聚正能量，实现社团建设的突破。二是加快拓展工作内容。重点做好“组织设置、工作形式、工作方法”等内容创新，加快拓展党建带社建工作内涵外延。在组织设置拓展创新上，要理顺党组织与社会组织的关系，加大在“两新”组织、工业园区等成立党组织的力度，不断拓宽党组织覆盖面。在工作形式拓展创新上，要按照实效性、行业性、地域性原则，建议广泛开展“我为企业献一计”“社区是我家”等主题实践活动。在工作方法拓展创新上，要牢固树立“服务群众”理念，积极探索进家入户、谈心交心等群众认可的工作方法。三是加快创新工作载体。大力开展党建带社建服务平台（站、点）建设工作，加快创新工作载体。利用联建单位组织平台优势为全区党员群众提供咨询、维权、就业等免费服务，探索运用数字互动电视、手机党报和现代远程教育网络站点等载体，向社会建设领域覆盖延伸。

第三，注重常态长效，进一步健全党建带社建工作机制。要始终坚持立足当前、着眼长远，通过构建党建带社建工作领导机制、运行机制保障机制，切实保障党建带社建工作机制常态化、规范化、实效化。一是强化领导机制不能变。在党建带社建工作中建立的领导机制要确保常态化，不能擅自变更、随意撤销。重点在街镇乡设立党建带社建工作常态化领导小组，将党建带社建工作纳入重要议事日程，统一安排部署，街镇乡党建办负责相关工作的具体协调。领导小组通过党建带社建工作联席会议进行统一指挥协调，通过辖区单位民主平等、协商互动，共同研究讨论区域内党的建设、社会管理等方面的重大事项，统筹解决工作中存在的问题。二是强化运行机制不能乱。在党建带社建工作中制定的党建带社建工作日常办法要确保规范化，不能政出多门、杂乱无章。重点做好规范化运行机制的信息沟通、信息报送、活动策划、沟通协调等工作。按照“五定”原则，推进党建带社建工作。将党建带社建工作作为基层党建考核的重要内容，通过随机走访、日常考察、年终考核等方式，加大党建带社建工作考核督查力度，确保工作落到实处。三是强化保障机制不能软。在党建带社建工作中制定的保障机制要确保实效化，不能措施疲软、保障缺失。重点做好实效化保障机制的“人财物”保障工作。深化巩固组团帮扶工作，将工作重心转移到社会建设领域。探索在社会建设领域党组织选聘专职副书记、组织员和指导员制度。通过财政支持、党费返还等途径，加大对社会领域党组织经费的投入力度。积极争取市、区两级财政支持，在社会建设领域集中建设一批综合性党群活动中心。

（三）努力建设基层服务型党组织

1. 基层服务型党组织的内涵和建设意义

政党都会代表一定的阶级利益，从一个政党所代表的阶级就能够判定其性质。共产党始终代表广大中国人民的根本利益，代表着无产阶级的利益。与人民站在一起，和人民血浓于水，是共产党的真实写照。全心全意为人民服务是多少共产党员的一生追求，为了这个追求，他们有的献出了宝贵生命，有的将自身的一生都投入这一伟大事业。共产党的一切行为都是从人民根本利益出发，而不是从一小撮人或者某个团体的利益出发。

由此可以明白，中国共产党的根本宗旨就是全心全意为人民服务。基层党组织是中国共产党的细胞，承担着为人民服务的具体工作，也是党的方针政策的忠实拥护者和坚决执行者。因此，基层党组织的性质和效率决定着整体共产党的性质和效率。如果没有发挥好基层党组织应有的作用，承担起应有的责任，共产党的执政能力就会受到影响，党的执政基础就会不可避免地受到动摇。基层党组织也是中央党组织的战斗组织，一旦基层稳定受到损害，党组织就有责任组织人员，将不稳定因素消灭于无形。那么什么才是服务型的党组织呢？共产党是以为人民服务为根本宗旨的，所以基层党组织也要遵守这一宗旨。服务型党组织建设是马克思主义政党的显著特征。马克思主义执政党要想永远执政，必须夯实党组织的根基，在基层党组织上下足功夫，将基层党组织建成一支依靠群众、服务群众的钢铁部队。

同时，加强服务型党组织是新时代党的群众路线的具体落实。社会主义和谐社会的构建过程，离不开广大群众的参与。联系群众、团结群众被称为合格党组织的基本标志。政府领导和党员干部要带着情感和服务的态度来做群众工作，贯彻群众路线在新时期就是要运用新手段将群众工作做扎实，做仔细，必须明白党员是党组织建设工作的核心和主体，服务群众不应该只是基层党组织的一项功能，而应该将其上升到理念和根本宗旨的层次。

2. 基层服务型党组织的建设目标

通过建设基层服务型党组织，可以巩固党的执政地位，强化共产党的执政基础。从更加广泛的意义上来说，还可以促进社会的发展。改革开放之后，党组织不再是唯一的组织，新的社会组织和经济组织如雨后春笋一样涌现了出来。这些新的组织如何与党组织相处，党组织如何整合和引领这些组织都是非常大的问题。社会主体也从原来的单位人变成独立自主的社会个体人。这种变化为基层党组织建设带来了巨大挑战。面对新形势，提出建设服务型的基层党组织是顺应时代潮流而采取的新措施。基层服务型党组织建设的基本目标可以归结为两个方面：一是将基层党组织建成不忘初心的纯洁组织，这种初心是指全心全意为人民服务；二是将基层党组织建设成为先进的党组织，确保党组织始终走在时代的前列，只有这样才能带领全国各族人民走在时代的前列。

共产党人要经得住考验，必须从心底里明白共产党人的崇高使命，那就是解放全人类，为人民服务。共产党人没有自身的特殊利益。基层党组织建设的状况如何直接关系到我国伟大的社会主义事业。我国的漫长而曲折的社会主义探索和发展历史表明，党的伟大事业和基层党组织建设是联系在一起的，始终同呼吸共命运。在基层党组织建设完善时，社会主义的建设和发展就会比较顺利，如果基层党组织百弊丛生，腐败蔓延，脱离群众，搞个人利益，社会主义的事业就会受到严重挫败。如今党员群体中出现的腐败问题和享乐主义问题，就充分说明了党的纯洁性建设不够，领导干部一旦脱离人民群众，就像无本之木，很快就会枯萎。经过改革开放的磨砺，市场经济的考验，共产党人应该明白群众才是英雄，应该脚踏实地、谨小慎微，永远为人民群众服务。

基层服务型党组织必须成为社会主义核心价值观的领头践行者，为广大群众起到带头示范作用。在新的时代阶段和历史条件下，党组织的先进性不再体现在战场上，体现在与敌人的浴血奋战上，而是体现在具体岗位的奉献上。革命年代的党组织是人民的先锋队，肩负着保家卫国的民族责任，于是要强调党员的革命性和铁的纪律，只有在纪律的组织下，才能将群众凝聚起来，取得革命胜利。和平年代，党员的先进性主要通过平凡的为人民服务的工作来体现。基层是广大党员发挥自身作用，展示自身先进性的重要战场，建设好基层的服务型党组织十分重要。

3. 基层服务型党组织的建设原则

基层党组织的组建不是一项简单的工作，程序复杂，审核繁多，必须遵守一定的原则，才能建立起合格的基层服务党组织机构。我们可以简单地将这种原则归结为三种类型，一是示范原则；二是就近服务原则；三是因地制宜原则。接着对这三项原则进行分别阐述。示范原则是说党员要起到带头模范作用，成为一种示范。这就需要加强党员个人的修养教育和培训管理，保证党员始终能够站在群众一线，作为群众的榜样。不仅要在党内形成固定的关怀机制，对那些困难党员进行有针对性的帮扶，还要在党组织的带动下使他们走向服务群众、关怀群众的道路，并为群众做好示范。具体工作可以归结如下：确保党内信息的流通，使每个党员都有讲真话的权力，在党内营造民主讨论的氛围；在工作和生活上及时关心老党员，做好基层党员的培训工作；发挥党员的带头作用，鼓励党员参与社会志愿服务。就近原则就是零距离服务，是指群众在找党员时能够及时找到，并且得到帮助。党组织是为人民群众解决问题的，为方便群众，可以设立党员代办服务中心，以困难群众为服务对象。因地制宜原则是说在服务群众的过程中，要根据当地的具体条件和工作属性展开，而不是一味地教条地遵守上级的规定。党组织要根据当地的社会资源状况，合理规划工作，提升群众的生产积极性，确保党员服务群众工作的有效开展。

4. 基层服务型党组织的服务体系

基层党组织的服务体系建设十分重要，决定着具体服务工作的开展，可以分为三方面的内容：一是落实责任，二是健全服务网，三是确保服务的持续性。任何工作都是从落实责任开始的，上级党委组织要将工作分配好，严格规定负责乡镇网络建设的是哪些部门，负责对工作考核和监督的是哪些部门。责任清晰之后，才能让工作事半功倍。健全服务网络是说要加强县区、乡镇、村和社区的服务体系，确保基层的服务工作能够有效开展，区直机关可以派遣人员定期驻守乡镇，确保群众问题的解决。县区级的党政机关可以为村民开展便捷服务，农业局可以下乡普及农业知识，司法机关可以下乡普及法律知识。这样既可以解决群众上访的困境，也可以及时将群众的呼声传递出来。服务持续性的加强是说要延伸基层党组织的服务。服务群众的工作不能是简单的口号，或者是一个阶段的政策。基层党组织的服务工作是永久的，只有确保服务的持续性，党才能得到群众的拥护，社会才能长治久安。基层党组织的服务工作要实现常态化和制度化，才能确保党员“为人民服务”工作的持续开展。

5. 基层服务型党组织的运行机制

基层服务型党组织的运行并不复杂，可以分为两个方面，一是基层服务网络体系的建设，二是服务管理体系的建设。这就涉及党组织的设置机制和管理机制。基层党组织的建设和管理是相辅相成的。管理制度的规范可以确保各项服务的有效开展，使服务机制得到持续优化。党组成员的考核应该定期开展，最重要的考核标准和项目就是群众服务工作的效果、质量。党员服务业绩的考核能够激发党员服务群众的积极性，从而确保群众对党组织的信任。在管理体系的建构中，党员关怀机制的建立十分重要。特别是那些困难党员和老年党员，党组织有责任对他们进行照顾，只有他们自身的生活无忧，才能做好服务群众的工作。同时，要加强党员的责任意识，促使他们在工作岗位上能够起到模范作用。坚持群众路线永不动摇的前提下，要创新群众工作方式，确保干部和群众的关系更加和谐。新时代解决基层矛盾的主要方式应该是法律，凡事做到有法可依，有法必依。信息网络时代要加强网络民意的搜集和检测，确保党组织第一时间了解群众的困难。

同时，也要加强党员的惩罚性管理。对个别违反纪律和以权谋私的党员应该给予组织处理，这样才能调动党员教育工作的积极性。马克思指出：“思想一旦离开利益，就会使自己出丑。”同时，也要把好党员的入口关和出口关。这里的入口即入党的标准，不能因为要扩大党组织的影响而让党内出现鱼龙混杂的情况，要按照党章的要求考核每一名积极分子，严格入党程序，这样才能使党内纯净，才能使干部群众对党更有信心。开除不合格党员是对党员最严厉的惩罚。要按照党章的要求完善退党的机制，把党内那些不符合党员标准的党员清除出党，保持党的纯洁性。

第二节　政府主导下的社会基层治理体系创新

要建构现代化的国家治理体系，提升国家治理能力，就必须创新社会治理体制，改进社会治理的基本方式。社会治理并不是一项简单的工作，而是一项牵涉到社会各方面利益协调的大工程。只有社会多元化主体的参与，形成各司其职、良性互动的共治格局，才能将社会治理工作完成好。政府在社会基层治理过程中，占据着主导作用。

一、政府作用与社会治理关系

政府与社会是现代社会治理中非常重要的两个组成部分，但两个治理体系之间又有明显区别。政府作为一个官僚组织，是一种自上而下的、纵向的治理体系，主要体现为一种纵向的权力安排，而社会治理体系依赖于横向的各社会成员间的交换、协商和谈判；在治理过程的信息传递中，政府依赖于自上而下的信息传递，而这种信息具有高度不对称性，虽然社会治理体系依然存在信息不对称问题，但网络化的多种特性可以减轻这一问题。由此可见，政府与社会治理是一种合作治理关系。

（一）发挥政府主导作用是创新社会治理体制的必然要求

社会治理体制创新是市场经济大发展背景之下的一系列社会变革，是确保社会体系形成稳定、有序动态格局的重要策略。从人类历史发展的规律来看，不论处于什么历史阶段和时代，政府对于社会治理都要承担第一责任。社会治理是否有效，是否为人民带来安全稳定的社会环境，主要取决于政府的作为。我国社会的治理工作是在共产党领导之下展开的，政府具有强大的社会治理能力，通过定期的社会发展规划，让我国的社会治理工作稳定而持续开展。即使在一些西方发达国家，政府对社会领域的建设也进行了全方位的渗透。我国正处于由工业时代向后工业时代转变的转型期，社会结构深刻变革，利益主体多元化，利益格局重新调整，社会矛盾高发频发。因此，我们党始终坚持“以民为本”“以人为本”，把民生工作和社会治理工作作为社会建设的两大根本任务。由此，政府在履行社会管理职责方面必须实现良性转变，逐渐由统治型政府、管理型政府向服务型政府转变，由大政府向小政府转变，逐步向地方放权，激发地方的积极性、主动性和创造性。社会治理创新是确保社会活力和秩序并存的必然要求，也是社会建设的重要举措，还是国家治理体系现代化的基本环节。所以，社会治理创新的根本诉求就是保障人民的幸福生活，使社会的公平正义得到彰显，促使社会充满活力且稳定有序。要实现这一目标，离不开政府的主导作用。只有在政府主导之下，充分发挥法治社会的自组织作用，才能将社会治理工作向前推进。

（二）发挥政府的主导作用是创新社会治理体制的内在前提

首先，政府机构和社会组织在具体的社会治理实践中存在相互掣肘的情况，二者的职能划分上不够清晰，于是出现了工作的交叉和矛盾，从而降低了社会治理的效率。在我国，社会组织存在时间短，发育并不成熟，并没有形成一套自身的运作机制，因此在工作模式上处处照搬政府机构，致使社会组织工作存在着严重的行政化取向。社会组织在现实社会问题解决上还存在不足。要想改变这种状况，必须尽快转变政府的职能，将政府工作和社会组织的工作界限划分清晰。同时要加快对社会组织的培育，使其明确权责的界限，能够依照法律规定进行自治，充分发挥自身在社会治理中的应有作用。

其次，随着市场经济的发展，社会治理不可避免面临诸多问题，这些问题都有一定的时效性和系统性。社会治理体系必须创新，十八届三中全会《决定》指出，要大力改进社会治理方式，加强党委领导和政府主导的社会治理模式。社会治理始终是政府的基本职能之一，不能缺位。在多元主体治理模式的建构中，政府的基本职能是搭建平台，完善制度，激发社会组织的活力，确保各方主体和各社会成员都加入社会治理，实现社会和政府之间的密切配合、良性互动。所以，社会治理体系创新实践必须发挥政府的主导性作用，不断加强政府职能改革和运作机制的完善，才能实现社会治理的和谐有序。

二、基层社会治理中政府工作的不足

改革开放40多年来，由于社会结构的深刻变革和利益主体的多元分化，我国社会结构正逐步由“总体性社会”演变成一种原子化的“多元化社会”，“单位人”逐步向“社会人”转变，阶层结构方面呈现出了一定的“分化”与“断裂”现象。改革开放进程虽然极大地消解了中国“总体性社会”的结构性特征，逐渐打破了国家对全部社会资源的总体支配方式，但当前政府在基层社会治理创新的实践中，战略性思维不足，服务型理念欠缺，政府职能转变不到位，与社会多元主体协同合作的能力有待进一步提高。

（一）政府在基层社会治理中的战略思维不足，影响政府主导作用的有效发挥

从当前政府在基层社会治理创新的实践过程来看，基层政府不仅能为解决社会问题出谋划策，而且还直接提供社会公共服务。政府“以需求为本”的传统思维定式、服务意识有其历史延续性，换句话说，就是通过行政计划和职能安排使社会生活有序稳定，“强政府、弱社会”的政治环境使地方政府容易产生无意识现象，即倾向于通过职能扩张的方式来解决社会问题。这主要是由于“总体性社会”的逐步消解，即“单位制”社会解体导致社会成

员对组织的依附关系的日趋松散，基层社会出现了由“单位人”向“社会人”或“自由人”的急速转变。与此同时，导致基层民众在公共服务需求方面也出现了由“均质化”或“同质化”向“差异化”和“多元化”转变。政府在基层社会治理创新过程中全局性理性思维缺失，出现了职能的非理性、片面看待问题的现象。地方政府希望通过职能的扩张来处理基层社会中不断出现的新问题、难点问题或者解决基层服务工作中某些不足之处，以实现对基层社会秩序的有效管控。基层社会中的居民对政府公共供给需求的需求扩张性，导致政府陷入繁枝末节性的基层社会事务之中。

（二）政府在基层社会治理中“服务型”理念不足，影响政府职能的有效转变

当前政府在基层社会治理中仍存在把社会组织看成一个附属机构或下层单位的传统观念，没有正确地认识到在群众利益日趋分化、利益主体多元化的新时期，广大社会民众在基层社会治理中的重要性，只采用一方面的力量远远不能满足社会各方面的利益和需求，没有做到与多元社会力量共同进行社会治理，满足广大社会民众的多元需求。政府在基层社会治理中“服务型”理念不足，制约着行政文化中的“人民公仆”意识，仍然以“官老爷”自居。同时，忽视了社会多元主体的协同合作，这也导致政府在基层社会治理中只注重政府的服务，而忽视了社会力量的协同参与，重视政府服务资源的投入而忽视服务效能的提升，导致政府在基层社会治理中的压力和成本急剧上升。政府治理理念变化应适应政府职能的转变，与政府职能相辅相成。政府作为社会治理的主体，要强化服务职能，加快有限型政府向服务型政府的转变，要树立“以人为本，服务为先”的理念，中央强调“寓管理于服务之中”，即在管理中体现服务，在服务中实施管理。

（三）政府在基层社会治理中的创新机制欠缺，制约政府的主导力

我国的行政系统在权力交错分配上依然存在不合理之处。行政管理体制存在着收放的管理矛盾，表现在社会治理中就是“条块”之间的关系问题。

基层社会中，“条”是指民政、公安、保障等机构系统，“块”是指区县乡镇的政府机构和街道办事处。二者之间的工作职能上存在交叉，导致工作效率低下。最重要的弊端是：一个部门管理多方面的事务，导致服务效能和治理效率的低下。同时，政府在基层社会治理中的制度、机制的不合理制约了政府的主导作用的发挥。没有形成政府服务群众、服务社会、服务发展的多元网络，制定相关制度或政策；没有收集和报送社情民意，提供群众参与建设的平台，汇集群众的意见和建议，从多角度、多方面参与地方建设，使其参与到服务民生的国家大计中来；没有及时形成建设性提案并转交办理机关，导致处理进度和反馈落实办理结果失去时效性，没有切实解决民生关注的热点问题。

三、充分发挥政府主导作用的思路与措施

随着社会发展和改革开放进程带来的民众政治意识的苏醒和不断高涨，传统的社会管理理念已不能顺应历史的发展趋势，社会治理理念呼之欲出，预示着政府管理理念发生了重大转变，体现了政府和社会的主客体地位平等、协商合作、良性互动的发展方向。

（一）加强政府在基层社会治理中的战略思维

战略思维是一种全局思维，关涉根本问题的长远决策。战略性思维有通观全局的作用，昭示着思维的前瞻性和宏观性。重大问题必须有战略思维，才能在后续的问题解决中事半功倍。长远性认知和根本性认知是战略思维的基本特征。基层社会治理过程中一刻也不能停止战略思维。战略思维的缺失只能让基层社会治理活动陷入停滞和僵化，最终走向失败。

1. 注重全局思维，全面推进政府在社会治理中的地位和作用

全局思维是战略思维的一种重要的表现形态，是动态性思维、整体性思维、多态性思维的统合，就是注重整体和局部之间的联系，确保系统内各个要素之间的相互作用。没有全局意识，就无法处理好社会治理中的各项工作。统观大局，才能站在一定高度看待问题，明白社会治理的重要作用，以及政

府在治理中的主导地位，将社会主义事业向前推进。政府是组织严密、纪律严明、制度完备的机构，能够对社会资源进行宏观调配，对于凝聚共识、推动社会工作的合理化，具备整体性优势，扮演着沟通社会和国家的桥梁的角色。由此观之，基层政府要具备全局意识，提升党员的理论素养和专业认识，不断培育创新精神。把握住重点是社会治理工作有效开展的前提，社会治理是一项复杂的系统工程，千头万绪，注重整体与部分的协调配合，不能以偏概全，顾此失彼。重点工作和全局工作要分析清楚，抓住重点的同时要统筹兼顾各部分问题。地方政府在社会治理中，既要坚守经济建设的中心工作，又要处理好社会文化、生态环境、城乡关系等细节问题。

2. 注重创造思维，开拓创新，推进政府在基层社会治理中的建设

如今世情、国情、党情发生了深刻变化，以改革创新精神加强政府在社会治理中的建设，已经迫在眉睫。推进政府在社会治理中的积极作为就是要通过有效的理论、组织、人才机制保障，使各级政府善于突破常规，求新求异，创造新思想、新知识和新经验，能够熟练地将马克思主义的世界观和方法论用于联系群众、服务群众的实践中，将广大人民群众的利益诉求、实践经验体现为国家的法律法规。首先，就要用好解放思想这一重要法宝。邓小平说过："我们讲解放思想，是指在马克思主义指导下打破习惯势力和主观偏见的束缚，研究新情况，解决新问题。""解放思想，就是使思想和实际相符合，使主观与客观相符合。就是实事求是。"以改革创新精神推进服务型执政党的建设必须解放思想。其次，从根本上树立为民谋利的理念。在现代社会，政府作为国家和社会沟通的桥梁，必然是各种社会利益的代表。各级政府只有充分代表社会利益，获得各利益主体的广泛支持，才能在政治舞台上立于不败之地。

3. 注重自觉思维，积极主动地推进政府在社会治理中的建设

当前，我国经济转型迈向了更深的阶段。长期不间断的经济发展，让中国社会的结构和地域利益发生了巨大分化。行业间利益的协调，个人之间利益的纠葛都有可能成为社会矛盾突发的导火索。社会系统的运行正在受到威胁。自觉思维是指政府要有不断创新工作方式的自觉，有提升服务的能力，

改善干部与群众之间的关系的自觉。自觉的基本前提是明白社会治理的基本现状，将政府的工作彻底公开，让政府的权力在阳光下运行，接受人民的监督。建设服务型政府就是要不断扩大公民对政府工作的知情权，同时要引导公民和社会组织参与社会治理，培养平等、民主的公民意识，使上下互动处于一种良性运作的状态。为加快公民社会的成熟，可以通过政党赋权来让公民成为有行动力的人。此外，可以运用互联网将单独的公民个体联系起来，形成整体的沟通性网络，促进网络公民社会的形成。也可以将公民对政府的建议，对社会问题的观点集中起来，形成平台沟通模式，为社会与政府的双向沟通创造条件。这样的做法可以扩大政府吸纳社会力量的能力，也会加强政府对民情和舆论的了解。

（二）培养政府“服务型”治理理念，加快政府职能转变

理念非常重要，是制度形成的基础。思想先于行动，可以对行动形成制约或者指导。服务理念是服务型政府建设的关键，建设服务型政府关键在于转变政府的职能。政府应该充分明确当前公民利益的分化情况，采取各方面的力量，平衡社会治理，满足公民社会的治理需求。社会组织在治理活动中的主体地位应该被承认，政府要建立与社会组织之间的互动关系和互补关系，为社会组织的社会治理打造良好的环境条件。

第一，在基层社会治理实践中，政府要扮演服务者的角色，而不是统治者和管理者的角色。在政府机构内建构起“人民公仆”的行政文化。服务型治理理念的转变，是与政府职能转变相配合的。作为社会治理工作的主体，政府要加快职能转型，向服务型政府转变。政府机构的行政理念应该是“以人为本，服务为先”，现在中央也在强调将管理放在服务之中，通过服务来实施管理。所以说，政府应该将服务作为自身的工作特征，从而塑造起自身在百姓心中的服务形象。政府在医疗、教育等民生方面得到人民群众的支持之后，才能打牢群众基础。

第二，政府应植入并加强“公共性”理念，在行政文化方面增强“公共利益代表”意识，摈弃“土皇帝”“官老爷”“我就是法”等传统行政官

僚思维。行政服务人员只有真正明确自身的角色意识，即“公共服务的供给者”“公共利益的维护和实现者”“公共事务的协调和处理者”等，承担相应的公共责任和义务，才能正确地认识并运用此角色意识来增强政府与社会、行政工作者与老百姓之间的关系，才能在日常行政实践中尊重群众意愿、关心群众利益、维护群众权利。基层政府只有将自己定位于“公民服务者”的角色，为公民提供信息、咨询、帮助和保护，通过对一系列公共服务措施及“以民为本、为民服务”的人性化管理方式的应用，逐步赢得广大人民群众对政府公共合法性的认同，支持政府的各方面工作。同时，“服务型政府”理论和实践在新时期已得到充分的运用和探索，它本身所蕴含和体现的内在价值就源于政府的“服务型”职能。这项职能的建设和加强是我国政府体制改革的必由之路，在引导我国政府在基层社会治理中重视和加强“服务性”和“公共性”具有非常重要的意义，为群众提供更多更优质的公共服务，得到群众的信任和支持。可以增强基层政治合法性基础，并为诸多社会问题的解决营造宽容、理解和互动的外部环境。

第三，政府在基层治理中应加强“多元包容性”意识，促进社会治理主体的多元化。信息技术的大面积普及和大众传媒的发展，让传统政府的集权式思维难以为继。通过信息排他性来垄断社会资源，从而建立权威，实现对社会成员的控制，这样的做法已经成为历史。大量信息已经被公众所共享，公民参与是一种必然趋势。因此，基层政府正在面临广大群众的利益意识的增长和维权能力的不断提升。政府无法再通过垄断信息来维持其权威的地位。在开放性的时代背景之下，政府必须适应这种趋势，增强多元化的包容意识，从而获得人民群众的信任和拥护。公民参与社会治理可以让权力从单向施压向双向流动转变，使群众的意见和权利诉求得到政府的回应，最终实现民意的上达。同时，基层政府也可以通过公民参与的渠道，将政府的信息和政策传递下去，以获得群众的支持。这种做法无疑能够增强政府的行政效能感。

（三）发挥政府在社会治理中的主导作用，创新社会治理体制

社会治理体制创新不仅要遵守社会运行的本质规律，还要体现某种社会

秩序的价值取向。政府对于体制的深层次问题要多方面挖掘，有步骤、有计划地推动社会治理体制创新，改造传统社会陈旧的管理理念，做出实事求是的改革，从而形成全方位覆盖的社会治理体系。

第一，大力推进社会治理体制创新和改革，从多角度出发打造服务型政府，让政府的职能从本质上彻底转变过来，使传统中消极反映型的社会管理模式向积极应对型的社会治理模式转化，将安全生产、治安稳定作为基本要素纳入治理体系的改革。从单项改革入手，逐渐进入全盘式的改革。建构起网格化的管理模式，推行扁平式的企业工作体制，充分集合多元治理主体的力量，实现纵横联动，有效排查那些潜藏在社会基层的影响全局发展的不稳定因素。同时，要加强社会治理方法的创新，将维稳和维权结合起来，切实履行共治和共享的治理方略，确保群众利益诉求的传达渠道畅通无阻。巩固社会发展的创新成果，建立全方位覆盖的矛盾化解机制、利益协调机制、权益保障机制，实现社会安定有序的美好愿景，增强人们的幸福感和安全感。

第二，社会治理中政府要发挥主导性作用，必须实现主体创新。主体创新就是将多元主体引入社会治理实践。不同主体之间可以实现优势互补，各有特点，各显其能，从而形成社会和政府的联合共治模式。社会力量能否在社会治理中发挥积极作用和正向的影响力，全在于政府能否对其引导和承认。政府可以将足够多的权力赋予社会组织，确保它们在行使权力的同时，可以充分承担相应的社会责任。政府和社会之间的关系一直是社会治理的重点。政府主导的社会治理体系现代化的必由之路是加强社会自治和社会组织发挥作用的空间。在这一过程中，政府不仅要想方设法促进社会组织参与社会治理，还要对这些来自不同阶层，代表不同群体利益的社会力量进行约束和监管，促使基层自治组织在合法的渠道内运行。政府放权是关键，也是走向社会自治的根本动力，充分发挥社会力量为基层社区提供公共服务的能力，实现政府和社会的互补发展。

第三，统筹制度建设，构建多元服务的有效制度。为建立政府服务群众、服务社会、服务发展的多元网络，以工作领域划片成立专项服务小组，在各级政府设立服务点，让政府工作者与群众面对面、零距离接触。首先，建立联系服务群众制度，规定其设立方式、活动内容和管理措施。按照“小型、简便、灵活、实效”的原则开展各种专项服务活动，创新服务方法，明确联系服务群众的对象。其次，可扩大服务对象范围，重点服务老党员、军烈属、复员退伍军人、贫困户、种植养殖大户、私营企业主等。再次，开通网上意见信箱和调查专栏，收集和报送社情民意，及时形成建设性提案并转交办理机关，并跟进处理进度和反馈落实办理结果，切实帮助解决民生关注的热点问题。最后，建立服务管理制度。通过设置举报信箱、公开电话和网络板块的方式，加强对政府工作人员服务群众的监督力度。

第四，统筹机制建设，构建有效服务的长效机制。建立健全服务反馈机制、民众互动监督机制、评价激励机制、社会治理工作物资保障机制，强化政府与群众的互动沟通与交流，开展多种讨论和课题调研活动，提供群众参与建设的平台，汇集群众的意见和建议，多角度、多方面参与地方建设，参与服务民生的国家大计。

第五，创新服务方式。着力探索基层政府在社会治理中的服务群众网络、搭建服务群众平台、创新服务形式、丰富服务内容，提高服务实效，使服务工作渗透到群众生产生活的方方面面，提高政府在社会治理中服务群众的工作水平。同时，依托现代网络平台，探索建立网络工作室，开展网上互动，实现联系服务全天候；开设相关网上论坛、微博、QQ 群等平台，推进各级政府与群众之间的沟通交流，开展特色服务。

（四）提高政府在基层社会治理中的能力需求，统筹协调，推进社会治理创新

第一，提高政府的社会治理主导能力。无论如何，政府在基层社会治理中都处于统筹全局的地位。政府职能的划分主要表现在以下几点：一是将政府的分内之事管好，做好制度安排和平台支撑；二是将部分职能让渡给社会力量，不该管的坚决不管，大包大揽的全能政府已经被历史淘汰，目前需要的是服务型政府，三是政府要将注意力放在基层社会治理之上，真正了解群众的需求，做到精准施政。为实现最广大人民的根本利益，要发挥党组织的

领导作用，政府的主导作用，吸纳社会力量参与，共同形成社会治理的多元化格局。

第二，提高政府与社会多元主体合作能力。从我国的基本国情来看，基层社会十分复杂，在具体的治理实践中，绝不会只有政府一个主体，而是将区县乡镇的社会团体吸纳进来，让它们分担社会事务，承担相应的社会责任。现代化的基层社会治理是一个政府与多元主体协同工作的过程。政府的引导作用表现在督促各个主体承担责任，依照法律和政策，实现治理工作上的有效合作，从而形成政府与社会的良性互动。

第三，提高政府化解矛盾的能力。社会日益复杂化，社会矛盾的突发频率日益提高。政府要不断提升自身的应变能力和危机预防能力。化解基层社会矛盾的关键在于将工作重心放在民生问题上，坚持以人为本的理念和为人民服务的原则，解决好人民的切身问题。同时，预防必不可少，一旦出现矛盾，要进行调解，同时采取各种手段，将矛盾化解于无形。在日常工作中，要确保群众的利益诉求表达权利的实现，切实保障人民的权益，使他们的问题能够得到及时、完善的解决。此外要建立重大决策的社会风险预测机制，社会是一个整体，政府的每一个决策，都会影响到千万人的生活，大型工程和决策也就存在极大风险，建立风险评估机制就是防患于未然，充分满足群众的利益诉求。

第四，提高政府在基层社会治理中的公共安全能力。公共安全问题正在成为困扰基层社会治理的重大问题之一。在深化改革的时代背景下，社会日益成为一个巨大的复杂系统，各方面的连接无处不在，牵一发动全身的效应时刻存在。这就需要基层政府提升自身的公共安全预防能力和处理能力。公共安全涉及社会生活的方方面面，有社会治安问题、食品安全问题，以及网络安全和消防安全问题等。基层政府各部门要加强应急体系建设，确保具有良好的公共安全处理能力，从而为人民群众提供安全的生活环境。在此基础上，可以通过政策措施提升人民群众的安全防范意识，加强社区的公共安全教育，提升公民自身的安全防范能力和危机应对能力。

第三节 发挥参与式基层治理方式的积极作用

人民代表大会制度是国家政权的基本组织形式，也是我国的根本政治制度。人民通过人民代表大会（以下简称“人大”）来掌握和行使国家权力。人大代表的权力是人民赋予的，来自人民又服务人民。人大代表肩负着人民的重托，代表人民行使权力，应该成为人民群众利益的忠实代表。在我国的政治制度中，人大代表具有广泛的代表性，这就决定了人大代表在社会基层治理中的基本作用。社会治理创新的推动离不开人民代表大会制度。人大履职能力的提升有利于社会基层治理困境的解决。

一、人大履职与社会治理的关系

（一）人大参与社会治理，是创新社会治理的重要方式

社会治理是一项综合性的基础工作，所涵盖的范围十分广泛。随着社会结构、思想观念、利益格局的变化，社会治理与经济社会之间的矛盾日益突出，呈现出大量的不适应之处，从而让社会治理的复杂性和难度都大大增加了。这种复杂性表现在责任和利益分配的交叉，从而导致单一部门和机构无法完成治理工作。人民代表应该积极运用自身的职权参与基层社会的治理事务。社会治理的综合性特征要求在发挥政府主导作用的前提下，应该鼓励社会各方面参与具体的治理工作，实现社会自我调节和居民自治。人大是人民当家做主的权力机关和决策机关，自然应该关注社会治理创新。尤其是地方人民代表大会（以下简称“地方人大”）应该成为基层社会治理创新的主导力量。

一方面，地方政府每年度的社会治理战略部署需要人大参与和决策。最近几年，社会治理创新一直是地方政府的核心工作，决定着当年财政支出的投向，民生问题的解决，和人民群众的切身利益密切相关。地方人大完全可以在这些工作中充分发挥政策审议权和决定权，以最大限度维护群众的根本

利益，为社会治理创新打下坚实的群众基础。社会治理所面临的问题都是那些最现实的利益问题，如住房、教育、医疗、就业等。这些问题错综复杂，覆盖面极为广泛，几乎涵盖当地的所有产业，单纯依靠政府并不能将这些问题解决好。地方人大可以从群众切身利益出发，运用职权对这些工作展开督察，以促进相关惠民措施的贯彻实施。地方人大代表也可以组织人员对政府工作进行视察，推动公共基础设施建设、就业保障、养老服务保障等民生项目的真正落地。这些工作不仅使地方人大充分履行了自身的职权，也有助于政府民生工程的落实。

另一方面，地方社会稳定大局需要人大参与维持。随着地方城镇化建设的加快，城乡接合部的社会矛盾也日益突出，社会稳定的压力日益增强。地方人民代表大会是基层民意的代表机关，可以充分利用自身的基层优势，协调沟通各方利益，达成和解，化解社会矛盾于无形之中。当然，地方人大介入社会问题协调工作的前提是对事关社会稳定的上访意见进行分析、整理，在此基础上依法行使民主权利，提出维护社会稳定、化解社会矛盾的决策建议。同时，地方人大要扮演下情上达的角色，确保政府及时了解基层社会动态，早做准备。此外，地方人大可以为相关利益群体提供意见表达的渠道和机会，让弱势群体的利益诉求得到关注，从而掌握社会矛盾的变化状况。在确保信访渠道畅通的前提下，地方人大要做好息诉息访工作，为社会治理创新赢得民心。

（二）人大参与社会治理，是拓展人大履职空间的重要渠道

中共十八届三中全会提出，要健全人大讨论和决定重大事项的制度，各级政府重大政策出台之前，要向本级人大进行报告。人民代表大会在参与社会治理的过程中，要充分运用自身的重大事项决定权，推动基层社会治理的科学化和标准化发展。此外，要加强对一府两院的监督，确保社会治理真正做到惠民、利民。

第一，人大具有重大事项决定权。《监督法》与《组织法》明确规定，人大有权制定地方法规，决定重大事项，监督政府工作，任免国家人员。尽

管具体社会治理事务中，从来见不到人大的身影，人大却对社会治理的宏观管理肩负职责。尤其是关系到地方稳定和长期发展的事项，人大有决定权和否决权。人大要通过切实履行这些决定权来推动地方社会的治理和改革，发现问题，并提出切实可行的解决意见，解决那些困扰社会治理与发展的终极问题。

第二，人大具有政府工作的监督权。《中华人民共和国全国人民代表大会和地方各级人民代表大会代表法》与《中华人民共和国各级人民代表大会常务委员会监督法》明确规定，各级人大可以通过视察调研、专项审议、询问质询等方式，针对关涉社会稳定和群众利益的重大问题，对政府工作进行监督。人大监督权的行使有利于推动基层社会治理创新工作。政府将更多时间放在了财政工作上，在社会治理方面的注意力就会不足。同时，社会治理工作头绪繁杂，消耗大，政府在这方面的工作积极性相对较小。人大参与社会治理，正好可以弥补政府工作的不足。人大可以通过执法检查、代表视察等形式，对社会治理的各项工作进行督导和落实，从而推动基层社会治理创新工作的有效开展。

（三）人大参与社会治理，是推进人大工作创新的重要路径

作为一项根本的政治制度，人民代表大会制度在社会治理中的效用需要加强。人大有责任参与社会治理，也可以通过社会治理活动来带动自身的工作创新。一方面，社会治理工作有助于人大代表明确联系群众的重要性，并且创新联系群众的机制。人大代表来自人民群众，在群众当中的权威性非常高。人大代表在基层社会和群众中的广泛号召力和强大影响力，是他们参与社会治理工作的重要优势。地方人大代表可以进一步在群众路线上做出创新，坚决做到从群众中来，到群众中去，深入走访，了解民情，将真实的民意反映到政府机构，为地方决策提供依据。另一方面，参与社会治理让人大向政府建言献策的渠道更为宽广。人大代表是区域内的特定选民用选票选出来的。他们一般是社会各界的优秀人物，对于地方的民意具有一定的代表性。人大在参与基层社会治理过程中，接触到基层群众，

可以将他们的意见和建议随时记录，以后在向政府建言献策时，能够贡献出卓有成效、切实可行的策略和建议。

二、创新人大参与社会治理的思路与措施

充分发挥地方人大在社会基层治理中的重要作用是实现社会治理创新的根本动力，也是人大做好本职工作的重要内容。以上关于人大工作中的问题，是社会治理过程中必须认真解决的。要实现地方人大建设和基层社会治理的良性互动，可以从以下几个方面入手。

（一）立足自身优势、积极发挥作用，努力有所作为

人大代表是政府联系群众的纽带。人大代表具有联系群众的优势，应该尽此责任，积极化解社会矛盾，保障人民权益，确保社会基层的稳定。人大代表联系选民制度要不断完善起来，人大代表应该定期或者不定期到选民之中走访，关心他们的处境，询问他们急需解决的问题。人大代表直接从人民群众中被选举出来，故而与人民有天然的联系，感情上十分亲近，可以深入了解民意，集中民智，引导公民履行义务，参与社会治理，最终形成人人共治和人人共享治理成果的新格局。

可以充分发挥人大代表在社会矛盾调节方面的优势。一般来说，人大代表和人民群众之间具有天然的联系，人大代表来自人民群众，最了解群众内心所想，故而对基层社会发生的事情也最有发言权。人大代表具有很多职权，如持证视察、走访选民、调查研究、参加人大会议，利用这些权力可以获得较为全面的基层社会信息。所以，通过人大代表的沟通、调节，可以减少群众矛盾纠纷的发生，信访量也会大幅度下降。人大代表也可以参与治安、民调工作，建立社会矛盾纠纷调节机制，将社会矛盾消灭在萌芽状态。

充分发挥人大代表的监督和促进作用。维护群众的合法权益是人大代表的基本责任。基层社会问题的事态扩大，最主要的原因就是基层政府不作为，人大代表可以敦促政府的相关工作，实现基层的善治。人大代表可

以参与人大常委会组织的会议，听取工作情况汇报，履行工作评议的职责，敦促政府相关工作人员着实解决好人民群众关心的问题，重点从弱势群体入手，为群众办实事，办好事。例如，在治安、就业、民生等方面，人大代表可以监督相关部门做好部署，化解引起社会矛盾的潜在因素，使人民内部矛盾得到妥善解决，进一步维护基层社会的稳定，确保广大基层群众的根本利益不受损失。

（二）试行民生实事项目人大代表票决制，确保社会治理重点方向

最近几年，一些地方人大机构开始试行民生实事项目人大代表票决制，效果反映良好，主要实施地区为山东德州、广东雷州、浙江宁波、安徽阜阳等地。民生实事项目人大代表票决制，就是针对影响当地最广大人民生活的民生工程，地方人大要进行代表公投表决，才决定是否实施。这一制度是人大监督职权创新运用的重要方式，是地方人大深度参与社会治理的表现，在确保民生工程慎重实施方面具有重要作用，也有助于最广泛地集中民意。但是，要真正落实好民生实事项目人大代表票决制，还必须注意以下几点。

第一，做好前期调研工作。为增强投票的有效性和科学性，地方政府必须在人民代表大会召开的前一个月，将票决项目的民生工程项目资料交与人大机构。人大常委会可以针对该议题组织代表进行调查和走访，收集群众的意见，将意见和建议整理成书面资料，以备决策使用。

第二，全面实行差额票决制。地方政府对于年度民生项目的施行要进行差额表决，差额比例为 10 %～20 %。表决的依据主要是人大常委会组织领导的前期项目调查，往年工程实施情况评估，还有项目主管单位的现场汇报答辩等。表决分为三种，即满意、基本满意、不满意。会议主持人要将表决结果当场公布，以展示投票的公正性。决议通过的条件是三分之二投票成员为满意或基本满意，如果不满意的人数超过二分之一，则无法通过。写票过程要公正、准确，确保投票真正展示了人民群众的意见和意志。表决现场要

公民和媒体列席，以示公开公正。

第三，票决之后，过程监督必不可少。地方人大常委会需要组织代表，根据项目计划书来跟踪项目的进展。还要组织代表在各个责任部门听取汇报进展，了解工程的执行进度，收集相关工作的改进意见，监督支持政府做好相关工作。工程完成之后，组织代表也要对其进行验收，对于每年度的工程质量进行评估。

第四，建立票决之下的评优制度。在第二年的地方人民代表大会上，人大代表根据民生项目的开展状况进行评估表决，同样是运用票决的形式。选出 5 % ～ 10 % 的优秀项目，给予一定的资金和荣誉奖励。同时，对于那些没能通过评估，或者评估结果不好的项目，要进行问责，或者将资金收回，切实强化人民代表大会的监督权力。

（三）完善代表视察分组制，确保代表履职经常化

根据《代表法》规定，县级以上的各级人民代表大会，可以在本级或者下级人民代表大会常务委员会的协助之下，按照便于组织活动开展的原则，建立代表小组。为发挥人大闭会期间人大代表的作用，可以在代表成员基础上建立分组制，形成人大代表小组来参与调查研究和走访工作。也就是说，专业性代表小组可以开展联组调研活动，确保对民情的了解。

第一，进行专业性的代表小组分类。一直以来人大代表小组分类的主要根据是区域，同一区域内的代表人员划分为一组，这种单一的分类办法不能很好地促进地区产业之间的联动。可以打破地域分类的办法，按照教育科技、社区治理、文化卫生、城市建设等不同事项成立小组。代表小组的构成人员要涵盖专业人士、基层代表、基层官员等多个领域。全体代表可以选出小组组长，副组长可以由地方的人大常委会委员担任，从而展开联络合作工作。

第二，进行小组联合调研实践。各个小组可以根据社会治理范围内的民生主体，进行讨论，形成方案后，展开实地调研。每个小组的活动要达到每季度最少 3 次的标准，要进行地方视察、走访等活动。重点是围绕当地的重大民生工程问题，展开小组的联合行动，并形成最终决议。之后要对小组进

行考核和评优，可以促进小组的活动积极性。

（四）强化议案督办责任制，确保社会治理工作有序推进

第一，采取议案督办包干的办法。对于人民代表大会上提出的意见和建议，人大常委会可以进行归类、分析，将争议和难度较大的议题集中起来，由人大常委会主任领头进行包干。人大常委会领导可以全程督办，同时在年度工作汇报会议上形成督办报告。监督上要严格执行相关规定，坚决树立人大的权威。可以采用承办单位责任制，人大应该严格按照监督法的规定，实行部门一把手负责制。这就要求部门的一把手对承办工作进行详细了解，并且能够对全局工作展开统领，时刻掌握项目工作的进展状况。政府要将项目工作纳入目标管理体系，对承办部门进行责任的落实，并且要具体到个人。如果有政府部门承办不力，人大常委会可以进行询问或者罢免。

第二，进行全过程跟踪督办。社会治理工作成效的好坏直接影响到群众对政府的信任。对于那些关系重大的民生项目，代表小组要进行全过程督办，确保社会治理工作的有效开展，确保人大代表提出的议案和问题能够得到切实解决，进而树立人大的权威。督办工作可以分为前、中、后三期进行。前期主要的督办内容为政府是否将代表的议案列入政府工作的日程，进一步落实项目承办部门的人员状况；中期主要的督办内容为听取承办部门的工作汇报，做好不同部门之间协作的连接工作，并及时处理问题；后期主要督办的内容为对于项目施行的时间和结果进行抽查，并且认真评估，确保工作不到位的部门能尽快履职和纠正。

（五）推广人大履职信息化，实现人大群众联系互动化

信息化是时代发展的潮流。健全的网络沟通平台，可以将人大代表和人民群众联系起来，确保群众意见的及时上达。人大履职网络化和信息化是现代社会治理创新的重要内容。因此，必须从网站建设、微博维护、微信开设等方面，加强人大代表和群众的沟通。

第一，加强人大部门的网站建设。人大互动性网络平台建设是重中之重。要本着开放性、即时性、互动性的原则，对人大网站进行改版和优化。不仅

要增加申诉投诉和议案督办的专题板块，也要开设典型报道、视频直播、网上论坛等板块，增强网站的影响力。还要定期进行网上评议和公示等直播活动，重大社会治理项目要进行网站公开，接受群众监督。同时，要对群众的网络意见认真研究，积极吸纳，形成人大和群众的网上互动。

第二，维护好人大的官方微博和微信等社交账号。如今社交账号已经成了人们之间沟通的重要形式。人大的微博和微信可以公开重要决议和议案，接受群众的意见和监督。微博的实时发布功能，能够让群众和人大之间的距离无限拉近。人大要专门设立微博和微信账号的运营岗位，招聘专业的新媒体人才进行维护。人大代表可以开设个人微博和微信，密切联系群众，征集民意，确保自身的工作意向最大限度靠近群众。最后，还可以建立人大代表的微信群，确保代表之间的沟通和联系。微信群可以及时汇报工作，征集议题，也可以实时反馈意见，实现在线互动。每个代表小组要指定专人维护微信群，对于群活动要加强管理和引导，确保微信群成为人大代表沟通工作的重要平台。

（六）完善平台运行，实现人大代表联系选民制度化

治理活动制度化是社会治理创新的重要方面。人民代表大会参与社会治理也要实现制度化。人大代表联络工作站（以下简称“工作站”）是非常重要的人大参与基层社会治理的平台，在代表工作执行和人大工作监督方面有重要的作用。

第一，规范代表工作流程。人大代表联络工作站的主要工作内容为联络代表具体工作、反映社会情况、推进民主社会建设。工作站的规范化运行可以确保人大代表工作的有序开展。要从细节上规定工作流程，确保民意和社情能够及时传达；要做好选民诉求的登记、报告、反馈工作，确保选民可以依照固定的流程办事。此外，要以工作站为中心，展开一系列联系群众的活动，推进工作站的制度化建设。

第二，开展代表述职活动。人大代表述职是促进代表更好地进行工作的一种措施。人大代表要定期向选民述职，每一位代表至少在本届内要向对应

的选民进行一次述职。述职活动由人大代表联络工作站具体组织，述职代表要在正式述职之前，尽可能到选民所在地走访，了解选民的情况，然后撰写述职报告。述职大会开始之后，人大代表要接受选民的公开评价。述职活动要严格按照程序执行，确保公开公正。

第四节　推进基层组织和社会组织的协同治理

社会治理过程中，社会组织机构发挥着重要作用，是社会治理实践活动的承担主体之一。当前，我国政府职能的转变就是为了培育社会组织，行政管理体制改革重点也在于引导社会组织机构参与社会治理活动。社会组织参与社会治理并成为主导者之一，是我国现代化国家治理体系建设的重要方面。社会组织在基层社会协同治理过程中，占据着重要地位。

一、社会组织在基层社会治理中的重要作用

简单来说，社会治理就是对全社会的公共事务进行协调和规范，全社会的成员参与其中才能取得事半功倍的效果。现代社会治理体系中，政府机构、营利组织、社会组织并列为三大治理主体。它们之间是合作和协同的关系，各自承担不同板块的治理内容，共同完成社会治理的任务。其中的社会组织具有非营利性、非政府性、公益性、志愿性，在基层社会治理中发挥着不可替代的作用。当前基层社会组织如雨后春笋般出现，在基层治理中发挥了重要作用。鉴于其在满足民生需求、调节社会矛盾方面的作用，我们有必要对其进行理论上的深入探讨。

（一）社会组织体现了“共治”的理念

社会组织参与基层社会治理，并在其中扮演重要角色，充分体现了“共治”的社会治理理念。传统社会管理主要是政府机构单方面对社会事务进行管制，管理手段比较单一，主要运用权力的硬性手段来实施。公众和社会组织就成了政府的管制对象，处在被号召和被组织的地位。所以说，传统社会管理主要以“管治”理念为主。社会治理则强调管理主体的多元化，可以是

政府，也可以是社会组织和营利组织。只要各主体之间能够平等协商，达成共识，密切合作，共同完成好社会治理工作。社会治理主要运用法律、市场、习俗等手段进行社会管制。由此可见，现代社会治理的基本特征就是“共治”。从管治到共治，是社会治理理念的重大进步，但也意味着社会组织将会承担更多责任。

（二）社会组织是民生需求的“扫描仪”

社会治理工作开展的前提是充分了解民生需求，明确基层社会需要什么及其发展现状。社会组织的成员基本都是基层社会民众，使社会组织更加了解基层社会的情况，与民众关系密切，这是政府机构所没有的优势。社会组织是民生需求的扫描仪。其一，作为社会组织的参与者，志愿者和义工一般都来自农村和城市的基层社区，很容易地掌握基层社会的信息，并将其汇总到社会组织的决策部门，以便展开更具针对性的社会治理行动。其二，社会组织可以通过实地调查和体验的方式来了解民生信息，通过亲力亲为的走访和慰问，可以真正了解民众的需求和困境所在。其三，社会组织的合作意识较强，可以通过建立平台，实现信息共享。碎片化的民生信息经过平台整合，就会呈现出系统化的特征，信息利用率也会大大提升。因此，社会组织对于基层民生信息可以做到及时监控和收集，能够为社会治理行动的开展打下良好基础。

（三）社会组织是公共服务的递送者

社会治理的基本手段之一就是公共服务。公共服务的递送就成为非常重要的社会治理内容。从实际情况来看，递送公共服务以满足人们生活需求的工作基本都是由社会组织承担。社会组织从事公共服务主要有两个途径：一是社会组织独立募集资金向社会弱势群体提供公共服务，以补充政府服务的缺失；二是社会组织成为政府的契约伙伴，利用财政拨款来从事政府的外包型公共服务。这两种公共服务的类型，社会组织都能够做到让民众满意，原因是多方面的。首先，社会组织提供的公共服务是多元化的，能够满足不同群体的需求；其次，社会组织递送的公共服务内容是个性化的，能够满足不同个体的特殊需求；最后，社会组织的服务方式十分灵活，受到广大民众的欢迎。从整体上来看，社会组织从事公共服务工作，一定程度上弥补了政府公共服务的不足之处。

（四）社会组织是诉求表达的“传声筒”

民主社会的基本特点就是可以自由表达诉求。基层社会的治理离不开对群众正当诉求的分析。群众通过一定渠道向国家政府机关反映情况，表达诉求，国家相关部门则将这些个体化的利益诉求，整合为国家和民族的整体利益诉求，并通过法令和公共政策的方式展现和执行。所以，个体与国家之间需要利益诉求的传递者，也就是传统社会中说的“下情上达”。对于了解民情，国家政府自然会有一套制度，但是并不能保证面面俱到。社会组织对于民众诉求的传达就显得异常重要。社会组织可以从基层社会了解民众的利益诉求，对这些基础信息进行初步整合之后传递到政府部门，成为基层社会诉求表达的传声筒。社会组织向政府反映民众诉求的方式主要有座谈、会面、参政、议政等。

（五）社会组织是公共冲突的“调节器”

在基层社会治理过程中，公共冲突不可避免。有效化解公共冲突，维护基层社会稳定就成为基层社会治理的重中之重。一般来说，公共突出总是关系到公共秩序和公共安全。社会组织是镶嵌于公共社会中的组织，在了解和分析公共冲突问题方面具有天然的优势。社会组织调解公共冲突的优势主要表现在两个方面：一是社会组织能够敏锐地觉察到基层民众的需求和情绪，可以做到尽早预防，防患于未然；二是冲突问题发生之后，社会组织可以灵活应对，能够快速有效地对冲突问题采取行动，避免态势扩大。

二、培育社会组织建构基层协同治理的思路与措施

（一）提高基层社会治理理念与认知水平

第一，凝聚共识，为培育和发展群众社团和居民组织营造美好的环境。

街镇政府的职能要加快转变，将关系到社会公共服务的职能转移给社会组织，确保政府逐步将公益性、服务性社会管理治理交付给居民组织和社团组织。为社团组织提供足够的活动空间，同时加强对其活动的管理和指导，专业指导和物质支持必不可少。要鼓励社区居民组织和社团主动根据当地需要开展活动，以实现资源配置上的优化，打破政府在资源配置上的垄断地位。加强基层社会组织工作服务指导中心建设，着重培养其资源整合和监督制衡的能力，探索一种群众能够充分参与的基层社会治理模式。

第二，广泛宣传，增强社团和居民组织的影响力，提升其工作的社会美誉度。在运用媒体进行宣传的同时，要注重社团工作品牌的打造，用心策划宣传语，确保宣传语能够将社团的服务精神表达出来。最终目标是建立一批服务能力高、品牌效益好的影响力广泛的基层社团组织。政府可以引导社区组织进行自我宣传，也可以为其提供良好的展示平台，加强品牌推介活动的开展。

第三，加强培训，提升基层政府及相关部门人员的社会治理水平。我国社会正处于社会转型和经济转轨的重要阶段，社会治理结构正发生着巨大而深刻的变化。基层政府及相关治理主体、治理人员，必须加强思想修养和能力修养，建立依靠社会力量来进行社会治理的思想，可以定期开展基层社区和乡镇负责人的培训课程，加强他们在社会治理上的理论认识和具体的治理实践技能。

（二）建立基本完善的社会组织管理体制机制

构建社会组织参与的社会治理模式，必须有一套完整的社会组织管理体制。社会组织管理机制的成熟与否，也进一步影响到社会组织基本服务工作的开展。我们可以从以下几点来完善社会组织管理机制，从而为社会组织工作的正常开展保驾护航。

第一，要着重加强社会组织管理队伍建设。每个区县单位应该有一个社会组织管理机构，设立编制，配备专业的管理人员确保社会组织管理工作的有效开展。从街道层面来看，社会服务组织管理局的工作范围主要为：社会服务平台建设、社会组织孵化孕育、社会服务项目实施、居民自治工作统筹等。将原来的社会事务办公室进一步扩大，建立社会工作办公室，配备专人进行管理工作。

第二，加强完善社会组织监督管理机制。社会组织工作的合法开展离不开相关部门的监督。第三方监督可以确保社会组织的工作在适当的范围内开展。监督制度的最重要一项就是年度监测制度，社会组织自律监督制度也很重要。此外，社会组织工作信息要对外公开，确保工作程序的公开公正；要将社会组织工作诚信度纳入社会组织年度评定指标之中。

第三，完善社会组织的孵化培育机制。依托乡镇社会服务平台，建立政府购买的社会工作统筹机制；建立第三方组织培育能力支持机制。同时，强化公益创投、服务补贴等政府购买服务的规范化制度。建立健全社会组织孵化园运营的制度规范，落实国家、省市部门有关的财税政策，规范免税资格的申报制度。

（三）建立基本完善的社区服务管理体制机制

社区服务管理机制是社会组织展开服务工作的保障，可以有效推动社会组织参与社会治理活动，并取得相应成效。

第一，开展社区服务管理体制改革的调查研究工作。系统总结和梳理以往管理体制改革的相关经验，在当前的情况下提出切实可行的综合性社区服务管理模式。组织开展社区服务管理的试点工作，推动管理体制的全面综合改革。

第二，加快政府相关部门的行政管理改革。对于涉及社会组织服务的行政工作要重点梳理，规范流程，确保权力和责任的明晰。重点抓紧社会公共服务工作，同时确保行政工作的顺利完成，避免无限下沉，为基层的行政工作人员减负，使他们有精力投入基层组织服务管理工作。

第三，加强政府社会管理公共服务体制改革。可以在政策统筹上下功夫，确保部门事项管理之间的联动，规范梳理社会管理和公共服务工作的流程，避免上级部门责任下移，从而提升基层社会管理的效能。

第四，着力开展民主自治示范区建设。行政工作和社会工作之间要分开，加强社区居民自治，建立社区服务建议的评价制度。居民自治制度的确立有利于各方面支持和磨合。制度一旦确立，就要在实践中不断规范，接受实践活动的考验。

（四）完善基本畅通的社会组织参政议政渠道和地方规制

其一，不断拓宽社会组织参政议政的渠道。社会组织开展服务、社会组织参政议政，是实现现代柔性社会治理方式、多元社会治理方式的重要内容。建立基层协商民主的平台，要提高人大、政协关于社会组织的提案率和办结率，重点推动人大代表、政协委员与社会组织人员积极合作，进社区开展社情民意调研工作。

其二，加快将社会组织地方性法规列入立法规划。充分利用具有地方性法规立法权的优势，把加快社会组织地方性立法工作摆上议事日程，列入立法规划。适时成立社会组织立法调研专家组，论证、起草地方立法草案。

（五）多措并举，加强基层社区居民自治组织和群众社团的队伍建设

其一，引导、规范和扶持社会组织发展。社会组织的类型有多种，引导和扶持过程中要分出类别，排定先后次序。对于行业行会、慈善组织、社区服务组织要下功夫、投资金，进行重点扶持。扶持单位和组织称为孵化基地，一般分为三种级别，一是省级孵化基地，二是市区级孵化基地，三是街道社区孵化平台。省级孵化基地主要扶持那种对区域经济有影响力的行业协会组织和公益慈善基金会；市区级孵化基地主要扶持对社会治理起到枢纽作用的社会组织和保证民生、提供社会基础服务的社会服务组织；街道和社区孵化平台主要引导和扶持具体的志愿服务团体，确保社会治安、人口有序流动和社会矛盾的有效解决。

其二，积极培育基层社区居民自治组织和社团带头人。社会组织培育必须在相关部门领导之下展开。社区居民自组织建设过程中，要注重人员配备的方式，既要有经验丰富的社区老同志，又要有专业能力强的青年同志。社

团带头人的选择十分重要，不仅要工作能力强，还要在思想素质和道德水平上过硬。社区组织建立之后，要定期开展培训，确保组织成员在业务能力和思想素质上不断进步。

其三，拓宽社会组织参与政策协商的渠道。社会组织中有很多优秀人士，他们对基层情况颇为熟悉和了解，可以通过多方面的参政议政渠道，参与政策制定和政治协商。在公共政策制定中，政府应该尽量吸纳社会组织的意见，这样不仅可以弥补政府机构信息获取方面的不足，也能够促进社会组织快速成长，早日成为政府的助手和伙伴。社会组织机构参与政策制定，有利于减轻政府的调查工作的负担，也能够促进政府转变职能，确保公共服务的效率和质量。

其四，强化社区街道与社会组织的合作联系，共建合作平台。街道社区服务组织建立之后，可以将相关岗位人员派遣到民政、就业、综治等街道行政部门工作、学习。工作时间至少要一年以上，确保其能够掌握组织工作的基本程序和规则。街道社区工作站要向前来工作的岗位人员提供基础资料，尤其是那些需要帮助的残疾居民。同时，要将社工人员对街道部门的评价纳入对街道工作的年度考核和评价之中，确保基层社会组织能够及时了解基层需求，为后续社会组织工作的开展打下基础。

其五，着重对基层社区组织和社团进行规范和评估。各街道和社区要对下辖的社团和组织情况进行摸底调查，加强对社团工作的监督管理。对于那些在基层社会服务工作中做出成绩的社团，要进行表彰和奖励；对于违反相关规定和组织章程的社团组织要及时引导，使其向着正确健康的方向发展。

第六章　公共管理视角下农村基层治理实践创新研究

对于国家治理来说，法治至关重要；对于化解基层矛盾等社会基层治理来说，法治同样也同样重要。我们应该自觉运用法律来解决基层农村的纠纷。作为国家社会治理的重要工作之一，农村基层治理变得越来越重要。农村法治化治理是一个漫长的坚持不懈的过程，是现代治理理念逐渐融入传统乡村管理并建构新型现代化乡村治理模式的过程。国家权力不能侵占法律所赋予公民的权利。法治建设的基本要旨就是要防止私有权利受到国家权力的侵害。在实体上，要采取多种措施防范农村的纠纷出现；在程序上，纠纷消解机制全方位发挥作用之后，能够让农民权利免受损失。农村基层社会纠纷的化解有利于基层社会的和谐发展，实现基层利益的均衡发展。代表公共权力的政府机关要注重法治的程序性和操作性，力求从源头上降低公民权利受损害的可能。程序法治是公民权利保护的重要方面，能够保障农民的知情权、参与权和表达权。

第一节　农村基层治理现状分析

我国基层农村治理过去主要依靠人治模式，即乡绅治理。这种模式对封建时代中国农村社会稳定做出了巨大贡献。尤其在皇权不下县时，这种模式更加能发挥作用。社会变迁与发展，使农村开始从人治转向规治。这种变化和农村经济社会的发展是同步进行的。如今，随着国家治理体系的不断完善和治理能力的逐步提升，农村社会基层治理的模式探索也开始了新一轮变革。这并非说明农村基层治理已经毫无问题，其实，农村基层治理问题正在随着新形势的出现而不断涌现。从当前情况出发，仔细审视基层农村治理中的问题是非常必要的。我们可以将目前基层农村治理中的问题归结为三点，即农村权利贫困、政府权力失范、政社沟通缺乏。这些问题要彻底解决，必须依赖农村的法治建设。然而，受到各种自然、社会因素的制约，农村法治环境发展不容乐观，对于基层农村法治实现造成了巨大阻碍。当前，在基层社会治理实践中，一方面由于基层政府处于强势地位且权力行使不规范，导致损害个人权益乃至社会公共利益现象的出现；另一方面由于个人主体权利意识不强或分散化，致使个体权利和社会权利被忽视。此外，权力主体与权利主体缺乏有效沟通，导致难以达成共识，进而损害权利。这些问题存在着两面性：一是体现了农村地区距离依法治理还有较大差距的客观事实；二是为进一步推进农村基层治理法治化指明了前进方向。

一、失范的政府权力

建设“法治中国”，必然要求建设法治政府，而法治政府又必然要实现依法限权，即防止政府权力的失范。应该说，政府权力的失范在很大程度上会对其他治理参与者产生负面的示范影响，是制约农村基层实现依法治理的一大障碍。由于政府是治理权力的主要承担者，因而治理权力的属性很大程度上是一种行政权，是由人民赋予的为人民服务的权力。有学者一针见血地指出，“法治首要是限制政府权力的滥用”。[①] 这种观点潜在地把社会治理中政府权力失范的扩张一面揭露出来。但是，政府权力失范还存在非扩张的一面，即不作为。由此看来，在社会治理中，政府权力失范的表现有二：一是行政权力扩张；二是行政权力不作为。自古以来的经验表明，拥有权力的人，往往倾向于滥用权力，甚至不用到极限绝不罢休。这旗帜鲜明地点明了权力具有潜在的扩张特性。行政权力扩张现象分为两种情况：一是良性扩张，其目的是使行政目的更好地体现、更好地保障与实现公民的权利；二是恶性扩张，表现为扩张的行政权力并没有更好地保障与实现公民的权利，反而对公共利益、公民的合法权益造成损害。恶性扩张也被认为是行政权力的效能异化。当然，无论行政权力的扩张是否导致了行政权力的异化，只要这种扩

①吴文勤．着力推进社会治理法治化 [J]．党政论坛．2014（09）：34-36.

张不利于社会公共利益的实现，或没有经过特定的法律授权，这种行政权力的扩张就是不被允许的，也是不受欢迎的。①

在当前的农村基层治理中，政府（尤其是乡镇政府）“不被允许”的行政权力扩张现象主要有：一是乡镇行政权入侵村民自治权，如村民的民主权利、经济自主权。现行的《村民委员会组织法》第5条，明确将乡镇政府和村委会之间的关系定性为指导与协助的关系，但这种关系在现实中却被领导与被领导、上级与下级的关系所取代。因而，“村治”在实施中相当程度地体现了“乡政”的意图。②受此影响，村委会选举混乱、“逼农致富”等乱象、怪象在现实生活中易发、多发。毫无疑问，这种与法律规定相悖、被扭曲了的村民自治现状并不符合农村基层依法治理的要求（有关此方面的内容详见后文论述）。二是乡镇政府对农村公共服务建设的缺位，尤其以农村教育、就业、社会保障（农村养老）等问题为典型。这就导致乡镇政府给付行政能力不足，显然满足不了基层群众日益增长的物质文化生活需要和期盼。这些给付行政（福利行政），对于改善公民的生存状况、提升公民福利具有重大作用。正是因为乡镇权力在这些方面的不作为，致使农村上学难、就业难和看病难已成为整个社会高度关注的焦点问题，反过来又衍生出更多的社会问题（如农村社会稳定、和谐问题），进而影响农村基层依法治理的推进。此外，一些农村基层干部在政府权力失范中亦扮演着重要角色，表现为法治意识淡薄、执政为民之心不强烈，如公权私用（以权谋私、大搞权钱交易、行贿受贿、克扣补偿等）、作风粗暴（横行乡里、目无法纪、打击报复等）、追求“政绩”（急功近利、形式主义、独断专行），对一些有利于增进村民福祉的工程却横加干扰、推三阻四。总之，乡镇行政权的失范，已成为农村基层治理的绊脚石。

二、贫困的农民权利

在“法治中国”建设进程中，推进农村基层依法治理，一方面意味着乡镇行政权要在法治规范下运行、实现依法治权，另一方面更要注重保障公民

①刘素梅．论行政权力的扩张[J]．苏州大学学报．2006（02）：9-12.

②周挺．乡村治理与农村基层党组织建设[M]．北京：知识产权出版社，2013.

权利。因为在从“统治”转向“治理”的过程中，个人的权利不仅仅是构成国家公权力正当性的基础，也是构建自身作为治理主体治理正当性的基础。[①]然而，在当下的农村，农民权利并未获得应有的保障，已成为一个不争的事实，由此呈现出权利贫困的状态。正如学者所指出的那样，基本权利与人格缺乏尊重是农村现代化过程中农民与现代社会融合的断裂点，权利困境才是中国农民不能承受之重。诺贝尔经济学奖获得者阿马蒂亚·森（Amartya Sen）进一步指出：“农民贫困的根源并不在农民贫困本身，而是深藏在农民贫困背后的另一种贫困——权利贫困。贫困不单纯是一种供给不足，更多的是一种权利不足。”所谓权利贫困，是指制度层面对部分人群的政治、经济、社会和文化权利的限制和歧视所导致的贫困，属于“想工作，能工作”，但没有权利和机会工作所导致的贫困。事实上，农民权利的保障作为保障人权的组成部分，其亦是“法治中国”建设的必然要求，只有这样才能真正兑现让农民群众享受更多改革发展成果的诺言，为实现中国梦奠定更加坚实的群众基础。由此看来，要想实现法治农村的建设目标，就务必重视农民权利贫困现象，通过对该现象的分析、把握，透过现象发现本质问题，为农村基层治理法治化探寻可行之道。

农民在社会中多以弱势群体的形象出现，而权利的贫困被认为是造成这一现象的最根本原因。当前，在农村基层依法治理中，由于农民的权利认知程度普遍较低，使得农民在政治经济、文化社会等各方面的权利普遍存在虚化或缺失的现象，而这些也基本是农民权利贫困的具体表现。由于农民权利贫困在政治、经济两方面体现得更为突出，所以本书拟以此二者为例，描述农民权利贫困的现状。在政治层面，受制于城乡二元结构的限制，农民的参政权、平等权及自由权等权利未得到充分的保障。例如，全国人大代表中农民代表名额所占的比例与农民人口占总人口的比例极其不协调，这就使得农民群众的利益诉求无法得到充分表达，突出反映农民权利贫困的现象。特别是在村民自治中，农民本应以自治主体的身份参与进来，然而，一方面由于

①张立伟. 权利、法治与公共治理：基于治理现代化的理论阐释 [J]. 中共福建省委党校学报. 2015（11）: 38-43.

乡镇行政权入侵，另一方面由于农民自身参与意识不强，使得法律赋予农民的自治权流于形式，未能发挥应有的作用。如此一来，不但可能加剧农民权利贫困，而且易造成前述各种选举、管理等乱象易发的局面，从而对农村基层依法治理产生很大的伤害。此外，农民权利贫困亦集中体现在经济方面，尤其表现为农民土地财产权利的贫困。一方面，如前所述，农民的经济自主权受到行政权的入侵，“逼农致富”现象不时出现，加之受非市场主体地位影响，农民在市场交易中的利益得不到较好的保护，致使“剪刀差”呈现扩大趋势，无形中加剧了农民的贫困。另一方面，本应成为农民安身立命基础的土地，不仅在权属规定上不清晰，而且时常受到不正当的侵害，得不到有效的保护。如进行土地（不动产）登记的积极性不高、土地征收补偿标准不合理等，这些都使得以土地为代表的不动产并没有给农民带来应有收益。总之，农民的各种权利是否得到尊重，是新农村建设得失成败的最终衡量标准。

三、缺失的政社沟通

改革开放以来的历史，是一段从总体性社会逐步实现政府、市场与社会分离的历史，中国由此形成了多元化的社会格局。而在这一社会转型中，在基层治理中出现的政社分离成为一种必然的趋势。在基层治理中，要想实现乡镇政府从统治型政府向服务型政府转变；从全能型、多功能的政府转向有限功能政府；从自上而下、行政指令式的工作方式转向群众参与、自上而下和自下而上相结合的工作方式，就应该实行政社分离。但是，在推进农村基层依法治理的同时，也应注意避免政社的决然分离。因为政社分离并不是意味着二者完全断了联系，分离的只不过是政府行政职能与社会的自我管理职能。所以在基层治理中，政社之间的沟通、协调仍然是必不可少的一部分，否则将导致二者“自扫门前雪”。因而，作为农村基层治理的负责主体与协同主体，乡镇政府与农村社会之间理应经常与对方交流各自的理念、诉求等，有利于减少矛盾摩擦、增进和谐，以更好地实现依法治村。

应当看到，造成当前农村地区政府与民众缺乏沟通的原因是多方面的。从乡镇政府角度来看，一些有法律依据的政社沟通交流方式（如有关价格的听证会、政府指导村民自治）没有得到较好地贯彻甚至流于形式。因此，在农村不仅未形成相应的常态化法律机制，部分基层领导干部还因法治意识淡薄，对群众的一些诉求不予重视乃至视而不见，常常采取蛮横粗暴的行政命令方式解决此类问题。如此一来，政社中的政府一方已然不太可能扮演好政社沟通的组织者、管理者角色。从农村社会角度来看，长久以来形成的行政命令式管理模式造就了群众、村委会等主体被动接受的习惯。特别是对村民而言，鉴于自身的主体意识不强，加之“被管理者”标签的作用，农村法律人才（如农村法律顾问）欠缺，使得以村民为典型的农村社会主体更加忽视与政府的沟通交流。受此影响，只有当某一事件涉及村民的重大利益时，被逼迫到了墙角的村民才会积极运用其早该拾起的法律武器，然而，此时村民之合法利益已然受到冲击。近些年常见诸报端的农村土地征收纠纷就是例证。由于政社缺乏沟通，政府确定的补偿标准与土地被征收者的预期标准相差较大，致使纠纷不断甚至有人因此锒铛入狱。由此看来，推进农村地区依法治理，必然要求改变以往基层政府与农村社会主体间分离的状态，实现二者应有的沟通交流才是未来之路。

第二节　农村基层治理法治化的困境

基层农村法治化是中国社会法治化的重要内容。法治中国建设的重要举措之一就是实现基层农村法治化。与国家治理体系现代化发展目标和人们的期待相比，我国农村基层法治建设的状况还不够好，依然存在很多问题。前文简单概述了当前我国农村基层治理现状，主要聚焦于治理活动本身的问题，没有对其中隐藏的法治困境做出深入研究。本节将聚焦于农村基层治理过程中所面临的法治困境，如村民自治不彻底、农村法治信仰不坚定、农民不动产保护不力、农村生态环境问题等。这些问题一直影响着我国农村法治化建设的基本进程。

一、不彻底的村民自治

在现代社会，人民主权原则是所有政权合法性的基础。传统社会是建立在君主主权之上的，所有的社会统制模式也按照君主主权展开；人民主权取代君主主权之后，为社会统制带来一系列变革。人民主权可以细分为人民参与权和人民自治权。自治是相对他治来说的，内涵是指自己对自己负责，自己管理自己事务。韦伯认为，自治不像他治那样，团体的行动纲领和章程由他人制定，而是根据团体成员的需求来自主制定章程。从本质上来看，自治权既是权利，也是权力。对于地方自治政府机构来说，自治权是一种权力和手段，对于地方的人民群众来说，自治权就是一种行使自我权利的过程。其实，马克思很早就对自治问题进行过阐释，他认为："公社的出现必然带来地方自治，但是这种自治并不是用来牵制国家政权。"① 由此可见，马克思将地方自治视为与国家统治完全不同的治理方式。马克思主义的社会主义自治理论，为中国共产党探索解决中国具体问题提供了理论指导。在宪法法律层面对村民自治制度的肯定及完善，即是党探索解决我国农村问题的部分成果的体现，极大地推进了农村基层民主法制建设，并成为农村地区扩大基层民主与提高农村治理水平的一种有效方式。但是，现有的村民自治法律制度亦存在着与农村基层依法治理不相谐和之处，不利于进一步推进农村基层治理法治化。

（一）村民自治权内容不清晰

一是村民自治权的性质未明确。《中华人民共和国宪法》（以下简称《宪法》）第 111 条规定，城市和农村按居民居住地区设立的居民委员会或者村民委员会是基层群众性自治组织。《村民委员会组织法》第 2 条规定，村民委员会是村民自我管理、自我教育、自我服务的基层群众性自治组织，实行民主选举、民主决策、民主管理、民主监督。由此可见，目前《宪法》等法律并没有明确规定村民自治权为宪法性权利，这就使得该项权利缺乏宪法性依据，易导致权利受损而无法救济。事实上，由于村民自治权在权利属性上

①马克思.《马克思恩格斯选集》（第 3 卷）[M]. 北京：人民出版社，1995.

主要是一种私权利，因而将村民自治权明确为宪法性权利，可以起到积极的价值宣示作用，有利于贯彻落实村民自治法律制度。

二是村民自治权的主体界定不明确。法律应将村民明确规定为权利主体，而不能仅将村委会作为权利主体。对整个自治单位内部而言，村民自治的最终行为或权利主体仍然是村民，如选举权和被选举权、提案权等权利的行使；对外而言，代表村民集体意志、利益的村委会也是村民自治权的主体。例如，当与乡镇政府或他人产生利益关系时，村委会就必须具有独立的主体地位。因此，《宪法》等法律对村民自治权规定不清晰的做法，容易对村民自治的自主性与独立性造成影响，无疑是不合时宜的。

综上而言，从法律层面看，造成村民自治权相关内容不清晰的原因，主要是缺乏一部专门调整村民自治的法律。目前调整村民自治的法律主要是《村民委员会组织法》，但其本身的规定不仅比较原则化，而且对村委会、村民会议和村民代表会议的规定较多，对村民自治权的性质、主体、内容等事项却缺乏明确的、合乎实际的定位。村民自治制度应以自治权为立法基础与逻辑起点，而不应以自治权的组织载体村委会作为立法的轴心。因此，现行法律将重点放在作为村民自治载体的村委会上，以长篇幅的法律条文规范村委会，这与村民自治法律制度的宗旨相去甚远，不利于真正开展村民自治。

（二）“两委”关系不协调

在村民自治法律制度深入推进的大环境下，村委会与村党委组织（以下简称“两委”）都是村民自治中具有重要作用的组织。但是，目前一个不容忽视的问题是“两委”关系存在较严重的矛盾，这不利于村民自治的深入开展，甚至危害农村地区的稳定。事实上，不论是党的文件抑或是国家法律，都将“两委”规定为领导与被领导的关系。农村“两委”关系不协调，主要表现为：其一，村委会过度自治，不愿接受村党组织的领导。村委会的性质是由村民民主选举产生的基层群众自治组织，这使得一些村委会主任误认为自己是经选举出来的，代表的是大多数村民的意愿。因此，只要是村务都归自己管理。

于是，就出现了“村委直选，支部靠边；村委领导，支部放倒”的现象。其二，村党组织包揽村务，干预村民自治权。由于法律对村党组织的领导地位予以确认，这让一些村党支部书记常常认为自己作为农村领导核心，理应包揽具体村务，从而限制了村委会作用的发挥，干预了村民自治权。毫无疑问，前述情况与村民自治的要求相冲突。

“两委”关系不协调的原因是多方面的，既有主观原因，也有客观原因，而主要原因是相关的法律对“两委”关系的规定过于笼统、不明确。这是因为《村民委员会组织法》第 4 条是从党的基层组织的作用角度规定的，而党的基层组织涵盖乡镇和村党组织，该法对村党组织如何领导村委会及村委会如何接受村党组织领导等问题，并未做出明确的规定。因此，对某一村的“两委”而言，就有可能在具体的村民自治实践中各取所需地援引相关条文，致使它们关系不协调，影响村民依法自治。

（三）“乡村”关系不协调

依照《村民委员会组织法》第 5 条规定，乡、民族乡、镇的人民政府对村民委员会的工作给予指导、支持和帮助，但是不得干预依法属于村民自治范围内的事项。村民委员会协助乡、民族乡、镇的人民政府开展工作。可见，乡镇政府与村委会的关系（以下简称“乡村关系”）是一种指导和协助的关系。如前所述，“村治”在实施中相当程度地体现了“乡政”的意图。这种以领导与被领导代替指导和协助的做法是与法律规定相悖、与村民自治的初衷相悖的，也是村委会无法接受的，从而使得乡镇政府与村委会产生矛盾。毫无疑问，这种与法律规定相悖、被扭曲了的村民自治现状并不符合农村基层依法治理的要求。当然，有的乡村关系走向了另一极端，呈现出“过度自治化”的倾向，这种弱化、抵制基层政府合理指导的行为也是乡村关系不协调的体现。应当看到，造成前述问题的原因是多方面的，其中，法律制度的不健全是此困局形成的重要原因。一方面，现行法律对乡镇政府与村委会之间关系的规定过于原则化。相关的法律规定既没有明确对乡镇政府指导、支持及帮助的具体内容、途径等做出规定，同样也未明确村委会需要协助的范围、方式等，[①] 这就容易导致乡镇政府干涉村务或推脱法律赋予的指导义务。另一方面，问责条款的缺失加剧了乡村关系的不协调。该规定不但过于原则化，而且没有相应的追责条款来敦促二者履行各自职责，村民自治权被侵犯的现象也就屡见不鲜了，威慑力严重不足的法条反过来又成为影响村民依法自治的障碍。

二、不坚定的法治信仰

法治农村是法治中国的重要组成部分，也是推进全面依法治国的基础工作。法律要树立权威，必须依托人们内心的拥护和信仰。中国历史上人治观念根深蒂固，法律意识极为欠缺，导致农村法律信仰不足。人们对法律的信仰是法治农村建设的基本要求之一，否则法律就形同虚设。鉴于此，我们必须对法治新常态下的农村法治信仰问题进行系统研究，以便推动农村基层治理的法治化。这里运用法治信仰替代法律信仰，是有原因的。相对来说，法治的范围更为广泛，不仅是对法律规则和条款的遵守，更是对法律精神的一种信仰。法治信仰和法治建设是相配套的。法治信仰是在对法治的理性科学的认知的基础上对其所产生的一种发自内心的认同和期待，在生活中自觉践行法治理想，自觉维护法律的权威和尊严并以之作为自己行动的指南。[②]

（一）法治信仰的基层意义

长期的人治实践导致我国的法治观念不足，故而中国法治建设的道路也是非常坎坷的，必然遭遇很多困难。自从依法治国写入宪法之后，我国法治建设取得了非常重大的成就，但不可否认人治传统依然存在，成为推进法治建设的重要障碍。在法治中国建设战略的推行之下，我们必须尽快将人治观念清除。从这一点来看，法治信仰的加强已经成为清理人治观念残余的思想基础。但是，人治向法治转变并不是一蹴而就的，是一种思想观念的转变。

①于语和．村民自治法律制度研究 [M]．天津：天津社会科学院出版社，2006.

②陶爱萍．论我国公民法治信仰的构筑 [J]．前沿．2007（03）：124-126.

实现转变的根本就是信仰的转变。法治信仰也就产生了。人治观念在农村要比城市明显很多。农村基层治理的法治化必须注重法治信仰的培育。加强农村法治信仰，才能奠定法治化的思想基础。强化法治信仰不仅能够让农村治理实现法治化，还可以为国家的法治化建设提供动力。

法治中国建设和法治农村建设永远在路上。社会环境条件是不断变化的，法律制度也要根据环境变化而做出调整，以便适应新情况。农村的这种法治状态不应该是昙花一现的，而是要稳定地存在下去。法治状态是一种人人信仰法治的社会状态。如前所述，农村基层治理法治化的目的是使农村达到法治理念根植于人们心中且为人们高度信仰的状态。因此，在推进农村法治建的进程中，不但要生成法治信仰，而且务必使之长存。应当注意，只有生成法治信仰并使之长存，才能为加快农村法治建设提供源源不断的强大精神动力，否则法治化就会陷入空有其形而缺其神的窘境。在人人都将法治作为信仰的基础上推进农村法治建设，将获得持续的强大“内生性”动力支持，从而起到事半功倍之效果。就部分与整体的关系角度而言，法治信仰亦是建设法治国家必不可少的精神支柱。

（二）农村依法治理的障碍

推进农村基层治理法治化必须突破各种不同障碍。当前农村法治建设的困境是多种多样的，主要有法律体系不够完善、涉农立法较为滞后、法治信仰不够坚定、农业执法不够严格。村民不坚定的法治信仰构成了推进农村基层治理法治化的巨大障碍。换言之，不坚定的法治信仰是当前农村法治建设面临的困境，多种因素共同导致了此困境的产生，且该困境成为农村基层治理实现法治化的核心障碍。

当前，农村地区的法律虚无主义十分盛行，法律工具主义也非常流行。人们只将法律视为一种工具，当纠纷产生时，村民才会想起法律，将法律重新拿起来。时刻想到法律，运用法律来解决问题，才是法治社会的正常现象。农村社会并不是缺少法律，而是缺乏对法律的信仰。当人们普遍不信仰法律时，法律也就丧失了权威性和稳定性，成为一纸空文。所以，法治信仰不坚定是如今农村法治建设的重大障碍，也严重影响着法治中国建设的推进。法治信仰不坚定的原因有多方面，最根本来看是由于农村是天然的人治社会。我国古代的传统农村主要依靠“村长”、“乡绅”和“族长”来治理。另外，农村的经济发展落后，涉及法律纠纷的资金数量一般不会太大，所以即使有一些经济纠纷，也会息事宁人，进行私下调节，不会对簿公堂，采取法律手段来解决。最后的一点原因是农村地理环境相对封闭，边远山区的农村更是难以与外界接触，导致传统的厌恶诉讼的观念存在。这些原因都是根本的和基础的，当然还有一些原因，如宣传不到位，执法不严谨导致法律威信力的降低等。

总而言之，我国农村当前法治建设的主要困境是法治信仰不够坚定。这种局面是由多种因素导致的。因此，深入研究加强农村法治信仰的路径就成为推进农村基层治理的必由之路。

三、不给力的不动产权益

乡村人口占我国总人口的 36.11 %，他们处于相对弱势的地位，农民权益保护的状况反映着国家法治的整体水平，也关系着整个社会的稳定。当前，切实保护农民合法权益是推进农村基层治理法治化、建设法治中国的重心。对种类众多的农民权益保护不力是一种常见的现象。其中，经济权益保护不力是主要方面。在农村，以土地、房产等为代表的不动产与农民切身利益直接相关，是农民经济权益保护的重点。由于法治意识薄弱，农村不动产法律保护存在诸多问题，由此决定了加强农村不动产法律保护的必要性。农村不动产之所以成为农民经济权益保护的重点，其根源就在于不动产权利主体不明确，即不动产登记不到位，从而造成权益的不明确。

（一）不动产统一登记与农村基层治理法治化

《不动产登记暂行条例》是从 2015 年 3 月 1 日开始实施的。该条例的实施标志着《中华人民共和国物权法》（以下简称《物权法》）的进一步完善，是不动产登记制度建设的重大突破。不动产统一登记对于基层农村治理的法治化建设具有积极影响，意义重大。第一，登记具有公示公信功能，可以为农村权利主体划清界限。权利主体登记不动产之后，可以在客观上达成权利的宣示效果，也使此后的交易以这一登记为准。第二，可以维护权利主体的合法权利，确保交易活动的安全。该条例颁行之后，一方面使不动产登记进入有法可依的制度轨道，另一方面统一性登记让农村不动产的权利主体意识得到加强，进一步维护农村和谐的社会关系，推进基层治理法治化。从根本上来说，该条例规定的不动产主体基本处于农村，农村不动产统一登记之后有利于形成公平的产权交易市场，最终推进农村法治化建设。

（二）农村不动产统一登记的困境及原因分析

农村不动产登记的意义重大，但是具体的登记活动也出现了很多困境，制约着登记活动的开展。在不动产登记方面，城市和农村之间不可同日而语，所面临的情况也各不相同。我们必须针对农村地区不动产登记的困境进行分析，才能找到解决之道，最终实现农村基层治理的法治化。

法治农村建设决定着法治中国的建设，农村不动产统一登记意义重大。目前来看，农村地区不动产登记的主要困境可以归纳为二，即制度困境和人员困境。这两种困境阻碍着不动产等级的实际效用。

第一，制度困境是根源所在。农村不动产登记在效果上不太好，最主要的原因在于缺少制度的约束。一方面是法律制度困境。当前的农村不动产登记并没有专项的法律来规定和约束。尽管《不动产登记暂行条例》已经颁布，并且对不动产登记进行了系统的规定。但是，这依然是条例，并不是法律。鉴于农村特殊的情况，不动产登记也不能全部采取和城市一样的模式。另一方面是机构制度困境。主要是指登记机构的设置和运作问题。《不动产登记暂行条例》颁布之前，我国其他部门的登记方式主要是分散性的，不同区县各自组织登记工作。但是，该条例出台之后，对不动产的登记方式进行了规定，要求统一登记，也就是将各地区的不动产登记部门统一为一个不动产登记中心。这种规定尽管适应了《物权法》，却并没有为登记工作带来便利，反而由于登记机构改革步伐不协调，造成了大量问题，从而严重影响着农村不动产登记的实际效果。

第二，人员困境是直接原因。人员困境不是单独存在的，而是从制度困境中衍生出来的。农村不动产登记的机构设置还不够完善，工作岗位责任的分配不够明确，导致人员配备不齐，甚至是人员缺乏。从事不动产登记工作的人员在能力和素质上也有待提高。另外，农村不动产登记的权利主体没有认识到登记工作的重要性，响应登记的积极性不高，进一步加剧了登记工作的实际难度。尽管当前人们的法律意识已经有了明显提高，但是在具体的法律条款执行上，还是困难重重。登记机构的工作人员、不动产登记的权利主体，都必须具备积极的法律和制度意识，才能够推动登记工作的有效开展。但是，从这两方面人员目前的状况来看，却不尽如人意。

四、不到位的生态环境保护

农村生态环境是指在农村范围内影响人们生存和发展的各种天然的和经过人工改造的自然因素的总体，包括耕地、林地、草地、大气、水域、矿藏、野生生物、生活区设施和生产区设施等。[①] 环境优美是农村社会和谐的首要条件，也是农村经济社会发展的重要物质基础。但是，城乡一体化进程的加速，让农村环境污染问题更加突出，严重制约着农村进一步发展。推进农村基层治理的法治化建设过程中，加强农村环保力度、建设美丽乡村，不仅是总体农村发展布局的要求，也是建设美丽中国、法治中国的重要举措。农村环境不仅覆盖范围广，而且类型丰富。整体上来看，农村环境质量直接影响着全国的环境状况，农村环境治理的难度甚至要高过城市环境治理。如今，农村生态环境保护已经是当务之急。农村基层治理必须重视这一点，勇于探索解决的方法。

①蔡守秋. 论农村环境保护法规制的主要领域[J]. 中国地质大学学报（社会科学版），2008（06）：1-6.

（一）农村环保法律不彰

正如农村发展深受城市影响一样，农村环境问题的产生与城市污染与垃圾向农村转移密切相关。长期以来，我国环境保护立法对农村环境问题都持忽视的态度，是产生农村环境问题的一大缘由。环境保护法律关注的重点、主要内容都是工业生产、城市环境问题等，而忽视农村环境问题，重工轻农、重城市轻农村的环保立法基调一直延续。目前来看，我国虽在环保立法上取得了较大的成就，但还并没有一部专门针对农村环境问题的法律。这意味着还没有一部全面调整农村环境问题的基本法、专门法，没有对农村环境保护的监督管理体制、适用范围、规制的主要领域等做出统一规定。因而，无法协调农村环境保护与自然保护、城市环境保护、工业污染防治的关系，难以对农村环境保护活动进行科学、系统、全面、准确的调整和规制。

在法律法规缺失的情形下，农村环境保护就容易遭遇无法可依的窘境，遑论农村环保执法。《中华人民共和国环境保护法》（以下简称《环境保护法》）之所以难以解决农村环境问题，就在于现有法律缺少与农村环境保护特点相适应的细致规定，二者之间的巨大落差在很大程度上加剧了农村环境问题。此外，长期以来形成的忽视农村环境保护倾向，使得农村环境保护立法工作不受重视。如此一来，农村环境保护就易陷入死循环而难有成就。

（二）村民环保意识不强

从国家层面看，当前的法律制度和条款很难完全覆盖到农村环境的保护，农村环境保护很多地方都出现了法律的缺失。从农村社会角度看，村民环境保护的法律意识不强，对于周边出现的环境污染现象一般持听之任之的应对态度，并把解决环境污染问题完全视为村领导的职责，却不从维护自身权利的角度用法律武器来保护自己的家园。此外，农村出现了一种较为普遍的现象，即相当一部分村民以牺牲环境的代价换取一些利益，这在很大程度上加剧了农村环境的恶化。例如，有的村民大肆砍伐村集体发包的林木，虽获取了一定的经济利益，但却给农村生态环境造成了严重的后果。综合来看，不管是面对因工业造成的农村环境污染，或因人为导致环境遭受破坏，村民一般都抱着事不关己高高挂起的心态，而一些主张保护生态环境的村民又面临孤军奋战的窘境。

我们必须看到，村民环境保护意识不够，将会导致农村环境的持续恶化，进而影响村民的身心健康。这与加强农村经济发展，促进农民生活水平提升的总目标是相悖的。应该明白，导致农民环保法律意识不强的主要原因，不仅是农村相关的环境保护法的缺失，更多是农民受教育程度有限，无法很快熟悉环境保护法的条款要求。另外，环保组织在农村社会几乎是缺席的，这样从客观上不利于农村环境保护工作的开展，不利于农民环保意识的增强。

第三节　农村基层治理的路径和机制

构建具有时代和地域特色的农村基层治理机制与善治模式，对于推动乡村社会发展，进而建设和谐农村无疑具有十分重要的现实意义。如前所述，依法治理体现了当前农村基层治理方式的诉求。农村基层的依法治理存在着应然与实然之分，这就需要我们尽量缩小应然与实然之间的差距，完成二者的统一。正是现今农村基层依法治理的种种实际，决定了探索推进农村基层治理法治化路径的必要性。实现农村基层依法治理的实然向应然转变，使其充当法治中国建设的夯实者、先行者、领路人。

一、夯实农村基层治理的公共物品基础

改革持续推进的结果是市场经济规模的持续壮大，社会分工越来越精细，社会阶层结构也日益多元化。这种社会经济的发展大势，为农村的经济社会发展和农村市场体制的完善注入了活力，也带来很多引起动荡的不稳定因素。多元化的社会阶层对于经济社会发展具有稳定作用，同时也要尽力降低其对农村社会不稳定的影响。这无法与经济领域的发展和变革隔离开来。农村公共物品可以分为有形物品和无形物品两个方面，关涉农村整体的社会利益。从当前我国的国情来看，将经济蛋糕做大是解决一切社会经济问题的核心手段。因此，做大农村经济的蛋糕也是加强农村社会和谐、化解农村纠纷、强

化农民切身利益的主要策略。

（一）深入推进农业法治建设

从农业立法方面推进农村法治建设，是已证明的可行路径。20 世纪 30 年代，西方资本主义国家爆发了严重的经济危机并造成了重大损失，使运用法律的力量对农业进行干预成为应对受经济危机影响的国家的共同选择。因此，一些西方国家就开始普遍运用国家干预的方法对农业采取特殊的支持和保护政策，并通过农业立法，以促进农业经济的发展。例如，1933 年美国国会通过了关于农业生产的《农业调整法》，实现了对农业的指导并采取相应的政策对农业生产予以干预。第二次世界大战后，为加大对农业的保护力度，日本和欧洲各国都施行了《农业法》或《农业基本法》，并提出了保护农民利益的具体目标，以德国和日本两国为例，其将农民收入实现和城市职工相同的水平设定为基本目标。在我国农村，农民日常最关心的基本就是自家的“一亩三分地”及其收益，因此增强农村经济实力应围绕实现农业发展、提高农民收益问题。但是，由于农业法治建设滞后，导致当前农业基础依然薄弱，实现农民增收仍然较为困难。因此，必须发挥法治在促进农业发展中的巨大作用。总的来说，加强农业法治建设就是要构筑起对农业支持保护的法律制度。

1. 完善农产品价格保障法律制度

在对农业的支持和保护方面，完善农产品价格保障法律制度可以起到推进农村法治建设的作用。在推进国家工业化的进程中，不少国家都意识到农业为工业化背负的重担、付出的代价，因而将加强农村法制体系建设的宗旨贯彻于制定系统的法律过程中。例如，美国在 1996 年施行的《农业自由法》规定了政府对农业的支持、补贴与农业商品价格脱钩，即无论农业商品价格如何变化，农业生产者都将得到相应的补贴，从而增加了其收入，降低了风险。毫无疑问，我国农村法制体系建设有利于促进农村法治化进程，会为进一步促进农村经济社会发展保驾护航。在农村，获取粮食等农产品是农民生产劳动的直接目标，农产品价格的高低也直接关系到农民的利益。因而，有必要转变当前主要依靠国家政策的方式，从法律规范的层面（如立法或修法）确立农产品价格保障制度，调动农民的积极性，实现农产品增产与农民增收的有机结合。此外，为更好地引导生态农业与循环经济的壮大，需通过颁行相关法律的形式协调农业与工业的发展。综合看来，农业法制体系是否完善直接关系着农业保护的效果，通过相应立法来保障农民利益，能有效地利用法律调控达到农业可持续发展的目标。

2. 出台专门的《农业投资法》

1979 年，英国政府出台《农业与国家白皮书》。这是一部在《农业法》基础上颁布的法律。同时，为了运用工业力量的来支持农业发展，还陆续颁布更多法律法规，如《农业机械化促进法》《农业投资法》等。这些法律无疑给农村的经济发展和农村的发展利益提供了保障。人们可以运用这些法律来做好下面的工作：在法律支持下，提高农业的机械化程度，加快农业现代化的发展；可以提升劳动者素质，提高农产品技术含量，采取农业技术培训和推广，提升了科技在农业生产领域的利用率；调整农村的产业结构，保障农业生产的安全，也可以在此基础上扶植第三产业，促进农民及相关人员就业，增加农民收入；可以建立农业投资发展的长效机制，加强顶层设计，创新农村的金融体制，使金融和农业的结合更加密切。

3. 完善农业保障法律制度

今后应制定农业保险法律，从法律层面确保农民利益，从而建立与农业相关的科技、法律、信息等服务性产业。要达到这一目的，可以从配套措施方面推进农村法治建设。在农村法治建设时注重采取配套措施，不能把农村法治置于孤立的环境之中，而应认识到其与整个法治系统中的其他子系统是相互交织、共同起作用的。这些配套措施主要体现为：首先，完善保护私权利的法律制度，出台一系列有关保护私有财产的法律，特别是要制定民法典，从而为农民的生产生活提供保障。其次，进一步使自由、平等、法治等思想观念深入人心，使人们在具体的经济交往及日常生活中倾向于通过法律途径保护自身权益。因此，思想理念的优势为农村法治建设夯实了思想基础，这有利于农村法治的发展。最后，重视公共教育及提高人口素质，丰富的人才资源为推进农村法治建设、实现农村和谐奠定了坚实基础。总之，上述各种配套措施的存在，为农村法治建设营造良好的外部环境，客观上会发挥推进农村法治建设的重要作用。

4. 制定《农业发展法》

今后应充分发挥农村土地与劳动力资源丰富的优势，适当开办符合当地环境要求的各类企业，达到工业与农业相辅相成的良好效果。在发展农村多元经济方面，应大力推进田、山集体开发，可采取对外承包、租赁或者由自身组织经营，提高村集体经济收入，进而拓展农民创业创新的新领域。如今，国家大力提倡创新创业活动，农村自然涵盖其中。因此，各村可以结合自身实际情况积极引导农民发展多元经济，结合自身实际情况，以农户、农户＋企业、合作社等形式发展现代养殖业、家庭工业，举办“农家乐”休闲旅游等多元经济模式，实现农民收入来源多元化。

5. 从农业组织建设方面推进农村法治建设

这主要体现在有关农业合作社的法律制度上。作为农业组织化的一种主要形式，农业合作社对美国、日本及欧洲的农业现代化进程起到了十分重要的作用。例如，1922 年美国通过了被称为“合作社大宪章”的《帕尔·沃尔斯太德法》，该法对合作社的法律性质、组织机构、资助机制等做了较为细致的规定。由于美国的农业合作社是一种以促进农业发展为宗旨的非营利性组织，因而政府给予合作社较多的优惠待遇，这种支持常常通过法律的形式规定下来，通过恪守组织的非营利性质，达到保证农业合作社高效与规范的目的。[①] 日本在 1947 年颁布了《农业协同组合法》，从此日本农业协同组合（简称“农协”）宣告成立。该法同样规定，农协是一个以提高农业者地位、促进经济发展为目的的非营利组织。此外，作为现代农业合作社发祥地的欧洲，亦有若干国家颁布过类似法律。例如：德国在 1867 年就制定过一部虽经多次修订但沿用至今的《合作社法》；法国法律规定，农业合作社是一种法定资本由合作社股东认购，股份记名且不可分割的股份制企业。[②] 由此可见，

①米新丽. 美国农业合作社法初探 [J]. 江西社会科学. 2004（03）：139-141.

②李昌麒. 中国农村法治发展研究 [M]. 北京：人民出版社，2006.

其他国家建立起的较完善的合作社法律制度值得我国借鉴，这种做法可以为农业合作社的发展提供法律保障，最终使我国农业合作社充分发挥促进农业发展、维护农民利益的作用。

（二）健全农村利益协调机制

经济发展是农村发展的重中之重，发展之后的利益分配也不能忽视。从某种意义上来说，蛋糕的分配和做大是同等重要的。利益分配就涉及农村利益的协调问题。我国社会结构的变化导致利益格局的变动，相配套的利益分配机制就显得异常重要。农村利益分配机制和公共政策是相关的。利益主体的多元化，导致利益的追求上也呈现出多样化的情况。利益分配不合理，就会出现纠纷。农村纠纷就是利益分配机制落后的外在表现。只有建立完善的利益分配和协调机制，才能够从根本上保证农村社会的和谐稳定。利益分配机制可以分为两个方面，即初次利益分配公平和再次利益分配调节。

1. 建立健全利益分配机制

完善社会分配制度，才能从根本上实现社会资源分配的公正和公平。我国农村发展正处于关键阶段，政府应该在利益分配机制上下功夫，通过提高劳动报酬来调节初次分配的公平性，也可以解决收入差距过大带来的问题，具体做法就是提高农产品的收购价格。为提高农民种粮的积极性，政府应该千方百计从立法上保护农产品价格，给予相关农产品一定的补贴金额，扩大农产品的补贴范围。当然也要充分利用市场对农产品价格的调节作用，政府机制和市场机制并用，才能确保农产品价格处于合理的运行区间。具体来说，当农产品价格过高时，可以运用市场机制调节，当农产品价格过低时，可以通过政府干预来调节。收入差距自古以来就是引发社会矛盾和社会纠纷的主要原因之一。我国已经建立起按劳分配为主体、多种分配方式并存的收入分配制度，但是目前的关键在于收入差距过大，可以通过提高劳动报酬在初次分配中的比重，确保劳动收入和劳动贡献的一致性。还要建立利益的统筹机制，采取一切措施，将农民的生产积极性调动起来，缩小农民之间的收入差距。

2. 建立健全利益补偿、平衡机制

在利益协调和分配过程中，利益的补偿机制十分重要。国家在进行宏观的社会建设和社会改革过程中，难免会妨碍和损害到不同主体的利益。这时候利益补偿就显得十分重要。拆迁和安置纠纷的产生，都是利益补偿不到位或者不合理造成的。可以提高利益补偿的标准，确保利益受到损害的群体能够满意。不论是国家、集体，还是个人，如果有侵害到别人权益的行为，都应该给予适当的补偿。必须明白的是，利益补偿并不是没有条件的，必须是合理合法的才行。同时，利益补偿也不一定都是物质上的，还可以通过多种方式来展开，比如权利机会的补偿，经济利益的补偿。通过利益补偿，可以确保利益平衡，但是利益平衡不是平均主义，旨在将收入差距保持在合理的范围内，实现财富共享，减少财富差距。具体原则应该是取缔非法收入、保护合法收入、扩大中等收入。当然，确保利益平衡是多方面的，关键是法制和行政结合。其中最重要的是税收制度的改革，必须加大税收调节力度，完善个人所得税制度。另外，利益平衡机制还体现在农民的社会保障之上。鉴于原来中国社会的城乡二元结构，在经济发展和社会保障上始终存在不平衡。我们应该尽力促进农村社会保障和城市接轨。通过建设完善的农村保障制度，平衡农民的利益。

（三）完善农村利益表达机制

利益表达指的是公民向政府提出的利益要求，并且这一要求得到满足的行为体现。利益表达往往是通过一定的机制实现的，因此表达机制就是让不同的社会利益群体有表达自己利益诉求的正常途径。在农村无形公共物品（特别是公共政策）引发农村纠纷的情况下，特别是在社会剧烈转型的当下，恰当的利益表达机制尤为重要。然而，客观地讲，当前利益表达机制的建设还滞后于社会成员各异的实际利益诉求，这给保持社会稳定带来了障碍。因此，建立有效的利益表达机制，既是我国深入推进各项改革的必然需要，也是实现农村善治构建和谐农村的关键步骤。尽管当前各利益主体、社会阶层之间的利益冲突大多属于人民内部纠纷，属于非对抗性的。但是，新形势下社会纠纷具有相当的复杂性，波及面广，如果这些纠纷得不到及时处理，就有可能演变为对抗性的纠纷。正如前述，和谐社会也不是没有纠纷的社会，而是一个不断化解纠纷的社会，利益表达机制正是能为消解纠纷发挥作用的一大力量。

当下社会正处于转型期，社会阶层地位和利益关系主体都在发生深刻的变化，由此带来的利益冲突在所难免。应该说，社会结构性变化带来的纠纷与问题主要集中体现在利益的差别、纠纷上，这就使各利益主体的诉求需要得到充分表达。特别是弱势群体的利益表达问题，已经是一个无法回避的问题。消解农村社会纠纷，应当积极完善农村的利益表达机制和政治参与机制，特别是弱势群体的利益表达机制和政治参与机制。因此，要引导群众以合理合法的方式表达自身利益诉求，理性地处理各种利益关系，维护社会稳定。要进一步完善人民代表大会制度和政治协商制度，加强人大代表、政协委员与一般民众的联系；适当增加农村代表的名额，让他们代表农村民众表达诉求，以疏通弱势群体的利益表达渠道；充分发挥工会等带有官方性质的群众团体在利益表达、维护包括农民工在内的职工合法权益、参与劳动纠纷调处等方面的功能和作用；加强不具有官方性质的社会组织建设，为一般民众提供更多、更直接的利益表达平台；改革完善听证制度，扩大听证适用范围，完善听证规则和程序，增加听证代表特别是弱势群体的代表。当然，在用制度安排来容纳和规范利益表达的同时，从利益表达者来说，提高利益表达的理性化程度也是至关重要的。此外，还应研究如何提高社会的组织化程度，建立更多的经常化、制度化的利益表达渠道。如建立健全信访、社会协商、对话、听证等法律法规制度，形成畅通的社情民意反映渠道，健全人民群众利益表达机制，引导人民群众以理性的、合法的形式表达其利益要求。坚持“倾听”与“疏导”的原则，尽可能地把纠纷化解在基层，把问题解决在萌芽状态。依法、及时处置群众的合理诉求，平衡群众心理，理顺群众情绪，化解群众怨气。物质财富的极大丰富是构建和谐社会的经济基础，人们的心理平衡、情绪顺畅、道德规范则是构建和谐社会的思想基础。因此，只有重视群众的心理和情绪问题，建立健全人民群众的利益表达机制，才能制定好农村公共政策，并及时处理人民群众中出现的各方面的问题，才能凝聚人心与力量，实现社会和谐。[①]

（四）引导农民自觉践行法治

法治的最重要体现为法律制度，也表现为人们对法治精神的遵守和对法治的信仰。如果没有信仰作为精神支撑，法治社会将会固化为制度模式，陷入僵化的境地。法治信仰对于农村基层的治理实践有重要作用。人们对法律缺少信仰，就会使农村陷入纠纷之中，影响基层农村的和谐稳定。法治信仰是公共政策制定和执行的前提。具体来说，法治信仰的培育可以从知和行两方面入手。

1. 重塑法治之“知”

我们必须看到人们对于法治的认识是非常片面的。尤其是农民对法治的认识，只停留在法律知识的层面上，没有对法律形成深深的情感认同。因此，人们只有通过重新建构自己对法律认知，并且形成坚定信仰，才能使农民养成法治信仰。这样他们在遇到纠纷时就会第一时间想到法律援助。经过长期基层普法工作之后，农村法律知识的宣传教育依然还存在较大差距。法律宣传过程中，不仅要重点宣传那些与农民利益密切相关的法律，如宅基地、土地承包等，还要重点引导农民树立法治意识，使他们能够积极主动地运用公权力保障自身的合法权益。通过法制教育和宣传，可以让村民明白法律的强制性作用，也可以使他们明确自身拥有的权利，纠正以往对法律的冷漠、怀疑态度。从普法实践活动来看，村民对法律的学习兴趣和该法律是否关涉切身利益紧密相关。这就要求我们在进行法治宣传时，必须采用多种多样的教育形式，用群众喜闻乐见的方式进行，让他们认识到法律在社会经济生活中的重要作用。从根本上来看，农村法治化建设是一个从传统的由熟人构成的人治社会向由陌生人构成的法治社会的转变，这必然引起思想和观念的变动。

---

①张宝林. 构建社会主义和谐社会视野中的利益均衡机制 [J]. 江西社会科学，2006（06）：116-119.

2. 示范法治之“行”

法律实施是法治建设的必要的最重要的阶段。法治行动是指官方和民间都必须实现依法办事，农村基层领导干部要知法守法，对农民形成示范指导作用，以此推进农村法治工作和法治建设。在这一过程中，发挥基层干部的带头示范作用非常重要。可以从以下几方面做起：一是要端正对法律和法治的态度，认识到法律在农村基层治理中的重要作用，并且坚决将法律作为行动的准则，以此在农村营造出良好的法治氛围，对农民起到示范带头作用；二是对农村的干部队伍加强培训，并对他们进行定期的考核和监督，从而增强其法律的实践能力，探索一条法律素养的培养途径，建立起一套基层干部人员法治水平的考核、评价机制。让遵纪守法成为他们心中不可跨越的红线。另外，农民自觉践行法律的行为也很重要，这表示农民真正开始认同法律，可以促使基层农村矛盾的化解。一般来说，农民很少主动关注法律，只有遇到具体问题才会想到向法律求助。农民对法律的冷淡，原因在于没有看到法治为自己带来的切实利益。因此，基层干部要充分发挥自身的带头示范作用，通过评优评奖和法律知识普及的活动来向农民宣扬法治精神。

综上所述，法治信仰对于农村基层法治建设有着基础性的支撑作用。信仰缺失会对农村依法治理产生巨大的障碍。所以，我们必须培育公民的法治信仰，从而强化农村依法治理的现实基础。法治建设只有进行时，没有完成时，不会一劳永逸。这也注定农村法治信仰工作要常抓不懈。法治信仰只是农村基层有序治理的基础条件，此外农村基层治理还受到多方面因素制约。

二、盘活农村基层治理的公共资源收益

农村地区的公共资源对农民的生活具有非常重要的作用，也是长期以来引起农村纠纷的主要原因之一。产权问题和环境问题是造成农村公共资源纠纷的主要因素。产权与农民的致富、贫困息息相关，直接影响到农村地区的社会稳定。农村产权制度涵盖的对象主要有承包地、宅基地、林地，以及各种集体建设用地。必须构筑归属清晰、权责明确的产权体系，才能拿确保农

民在完整产权基础上获得切实的利益。农村产权制度改革是解决农村资源纠纷，保障农民利益的重要举措。

（一）落实农村土地依法登记

基层治理法治化的根本目的是保障人民的权益，那么农村基层治理也应该如此，这和农村不动产登记的目的相一致。作为国家整体登记制度的重要构成部分，农村不动产统一登记与农村基层依法治理之间关联度高，将使更多的经济要素更易在市场上自由流通，客观上有利于农村法治经济的壮大，从而加快农村基层治理法治化。农村不动产主要包含但不限于农村各类承包的土地。中央提出的完善农村土地承包经营权分置制度，同样也需要对土地进行登记。因此，有必要从完善相关制度与规范主体行为两方面着手推动不动产登记，进而推进农村基层依法治理。

1. 施行现有不动产登记法律制度，适时推出专门的不动产登记法

目前来看，与农村不动产登记相关的法律法规主要有《土地管理法》《土地登记办法》《不动产登记暂行条例》《物权法》。《不动产登记暂行条例》的颁布和实行无疑给农村产权制度改革带来了好消息。但是，农村地区的产权登记具有特殊性。在不动产登记工作开展过程中，必须依照农村地区的具体情况来进行登记，不能将城市不动产登记的方法照搬到农村，否则会受到产权主体的抵制，进而造成农村产权纠纷。因此，必须在实际工作中积累经验，吸取教训，对登记地区展开深入调查，做好理论准备。政府要将《不动产登记法》的审议和出台列入工作日程，在时机成熟时可以将《不动产登记暂行条例》升级为《不动产登记法》，以法律的形式将农村的不动产登记规定下来。从效力层面来看，《不动产登记暂行条例》只是行政法规，没有《不动产登记法》的效力高。通过升级法规的规格，能为农村不动产登记提供坚实的法律基础。

2. 整合登记机构职能，引导农村不动产权利主体依法登记

从具体情况来看，我国的不动产登记形式经历了从分散到集中的变化。从分散登记到统一登记是党和国家全面深化改革的表现，也是不动产登记与

时俱进的体现。不动产登记制度对农村经济改革具有重要作用，可以兼顾现阶段的城乡协同发展，切实保障农村利益不受侵犯。当前，我国不同地区都在按照《不动产登记暂行条例》进行农村不动产的登记工作，尽管取得了重要突破，但还是在人员机构设置的问题上出现了争议。因此，全面改革登记机构的登记职能和制度是当务之急。

可以建立不定期的学习交流制度，引导登记机构和农村权利主体参与不动产登记。当前全国各地统一登记工作的执行和落实情况并不一致，一些地方陷入困境，工作难以推进，也有些地方形成了独特的登记模式。这些独特的模式借鉴价值极强，可以尝试在更大的范围内推广。加强登记机构之间的学习是很有必要的。对登记人员和不动产主体的行为也要加强规范。登记人员要切实认识到推进不动产登记工作的重大意义，在农村地区加强宣传，采取多种方式让农民意识到登记的重要性，确保农民踊跃自觉参与登记。农民作为不动产权利主体，应该明确登记工作所牵涉的切身利益，自觉学习相关不动产登记的法律法规，一旦在登记过程中产生纠纷，就可以寻求法律帮助，以法律武器来捍卫权利。

总的来说，依法对农村不动产展开确认和登记工作，有利于城乡产权交易市场的统一发展。实际工作显示，农村地区是不动产登记的难点所在，然而农村产权的登记不仅是我国基层法治建设的需求，而且也有利于此后农村市场经济的发展壮大，解决今后农村土地流转过程中的潜在纠纷，为法治农村、和谐农村建设打下坚实基础。

（二）改革农村集体产权制度

现阶段农村地区深化改革的一个重要方面就是集体产权制度改革。农村地区的集体产权制度由来已久，如今已经不再适宜农村经济发展状况。改革农村集体产权制度有利于农村集体经济的快速发展，可以大幅度提升农民收入，保障农村地区利益分配的均衡性，可以降低农村基层社会纠纷发生的概率。十八届三中全会提出，要完善产权保护制度。尽管目前已经在产权制度改革上取得了一些成绩，但是受到政策环境和制度法律的影响，有的地区在执行改革时出现了阻碍。据此，我们必须在制度层面做好安排，以切实保障农民的产权权益，可以从以下工作入手。

第一，合理明确农村集体经济组织的成员资格。集体产权改革与农村集体成员有莫大关系，推进改革时要处理好成员的权益问题，明确成员的权利和义务，确定土地关系、户籍关系的存留情况，最终经过民主程序确定成员的资格。值得注意的是农村的“外嫁女”情况，要对她们的利益进行切实关怀和保障，防止利益分配的不公而导致纠纷的产生。

第二，强化农村集体资产股权的管理。资产变为股权是农村集体产权改革的重要成果，也就是原来农民的资产变为个人的股权和股份。于是，农民就变为了股民。这样一来就意味着必须要强化股权管理，按照农村资产的多少来分配股份。当前很多地区已经制定了相关的指导意见，以确保股权的规范化管理。运用股权管理来推动农村的集体经济发展，必然会大大提升农村公共资源的利用效率，从而增加农民的公共利益，减少农村社会的纠纷。

第三，构建集体建设用地的流转制度。将集体经营性建设用地划入市场是农村产权改革的重要内容，和农民自身的权益密切相关。农村建设用地入市有利于激活农村经济，提高农民的权益保障。但是，这一目标实现还面临很多制度障碍。《宪法》第十条规定：“农村和城市郊区的土地，除由法律规定属于国家所有的以外，属于集体所有；宅基地和自留地、自留山，也属于集体所有。”要实现土地同等水平的入市，必须在法律上给予保障。其中的重点是要修正不利于农村集体建设用地流转的法律条文，激活农村土地入市，实现农村土地的有序、公平流转。

第四，利用集体建设用地建设租赁住房。盘活农村基层社会经济的另一个方法是，村镇可以自行成立集体经济组织，通过联合经营和入股经营的方式建设集体租赁住房。这种方式不仅能够兼顾政府、企业、村集体、个人利益，还可以让项目的收益和用地成本之间达成平衡。国土资源和城乡住房建设部门应该着重完善合同监管机制，保证土地所有人、土地使用人、承租人、使用人之间的权利和义务关系得到妥善处理。运用集体土地建设和租赁住房是我国土地制度的又一次重大变革，是新时期的土地改革。这种措施意味着政府将土地红利开放给了社会，也说明低价土地入市可以带来一大批的低成本房屋，对于缓解我国的住房压力具有重要作用。

（三）完善农村土地征收制度

农村土地登记可以明确土地所有权归属，土地征收制度改革则关系到农民的切身利益的保障和农村纠纷的解决。土地征收制度的改革是当前政府极力推进的农村土地改革的重要内容。目前的实践证明农村土地登记能够帮助农民获得更多红利，提高农民的收益，具有极强的可行性。具体征收过程中，农民也有无法获得相应收益的时候，有时补偿不足，无法保障失地农民的权益，故而导致农村土地纠纷时有发生。对于这些问题，我们必须着力完善农村土地征收制度，从制度层面来化解纠纷。

第一，严格界定征收范围。征收范围的确定十分重要，可以减少不必要的纠纷。当前的法律体系将土地征收分为两种，即公益性征地和营利性征地。不论是《宪法》，还是《土地管理法》和《土地承包法》都将征地的目的严格限定在增强公共利益上面。但是这种笼统规定还不够，必须明确规定征收的方式和用途，以及详细的征收范围，才能避免因规定模糊而带来问题和纠纷。

第二，严格界定征收补偿标准。土地征收之后必须有一定的补偿，补偿标准的制定要严格按照市场价值规律进行，并且要将补偿方式详细列入土地征收文件之中。一般来说，土地征收补偿以市场价格为标准，是一种基于市场经济条件的等价交换过程。补偿标准的改革并不是说要立即提高补偿的费用，而是要在补偿机制上确保合理，确保补偿机制能够生效。这对于失地农民是很重要的，也是他们关心的问题

第三，慎重对待宅基地的征收。宅基地是农民住宅占地，其使用权具有私人财产权的性质，是一种有严格法律规定的物权。宅基地征收过程中，要注重其特殊性，不仅要确定征收范围和补偿标准，也要对地上的房屋拆迁进行补偿。目前常有农民将宅基地换成了楼房，却没有获得补偿的情况，于是

出现了纠纷。另外，程序公正也非常重要，是实体公正的重要基础。程序公正体现在给予农民一定的参与权和救济权。要建立公开听证制度，确保程序公正，逐步改变传统的做法。

（四）积极推进农村环境治理

农村环境资源保护不到位，让农村环境保护法治建设显得更为必要。农村环境保护的法治建设，既要做好顶层设计，加强国家环保法律制度建设，又要着重提升村民的环保意识，在农村环境保护主体的身上下功夫，促进基层农村环境建设法治化，实现美丽乡村的乡村振兴总目标。

1. 完善农村环境保护法律制度

在建设法治农村、美丽乡村过程中，完善的农村环境保护法律制度是推进农村环境保护法治建设的基本要求之一。就目前而言，主要从施行并健全我国现有环境保护法律制度和建立健全农村环保法律体系两方面着手。

我国现有的环境保护法律制度，是以《环境保护法》为核心构筑起的法律制度，它针对的是涵盖了农村在内的全国环境保护问题。2014 年修订通过的《环境保护法》以三个法条对农村环境的保护做出了专门规定。例如，《环境保护法》第 33 条规定："各级人民政府应当加强对农业环境的保护，促进农业环境保护新技术的使用，……推动农村环境综合整治。"第 49 条规定："各级人民政府及其农业等有关部门和机构应当指导农业生产经营者科学种植和养殖，……县级人民政府负责组织农村生活废弃物的处置工作。"第 50 条规定："各级人民政府应当在财政预算中安排资金，支持农村饮用水水源地保护、生活污水和其他废弃物处理、畜禽养殖和屠宰污染防治、土壤污染防治和农村工矿污染治理等环境保护工作。"由此可见，与修订前相比，新实施的《环境保护法》（以下简称《环保法》）对农村环境污染的治理具有一定的积极意义。然而，这并不能改变重工轻农、重城市轻农村的环保立法基调。前述三个条文对现今农村环境污染治理的作用甚微，《环保法》与农村环境保护的需求之间存在很强的不适应性。因此，应积极发挥《环保法》对治理农村环境污染问题的重要作用，同时应完善《环保法》关于农村基层治理农村环境污染问题的规定，逐渐扭转轻视农村环保立法的传统。总而言之，施行并健全我国现有环境保护法律制度，有利于从顶层设计着手依法治理农村环境污染问题，构筑一个较为完善的、独立的农村环境保护法律体系。

农村环境保护专项立法空白是当前我国环境保护法律制度的一大现状，为此，将农村环保从整个环保法中独立出来，进而建立健全农村环保法律体系是解决农村日益复杂的环境污染问题的应然之举。具体来说，应在国家层面出台一部专门调整农村环境保护事务的《农村环保法》，以解决前述农村环保法律缺失的问题。作为调整农村《环保法》，《农村环保法》必须明确政府在环境保护中应发挥的职能，以及农民在环境保护中的义务；同时，对《环保法》中不能解决实际问题的条款进行修订，制定合理的环境标准，完善农村环境标准体系，如增加制定关于农业植物品种保护的法律，关于对土壤污染、化肥农药的污染，以及禽畜污染的防治保护标准。此外，各地方立法主体应依据自身职权制定更具针对性、操作性的地方法规、政府规章等，为本地区农村环保问题“开药方”。以各省市、设区的市的人大及其常委会、人民政府为代表的地方立法主体，应在深入调研本地区农村环保实情的基础上，依据法律授权就环境保护问题制定符合本地区实际的地方法规、政府规章，为推进农村环保提供强有力的法律支撑。这样既保证了农村在环境保护法律制度设计上与位阶最高的法律在原则上形成高度的统一，又合理区分了各农村区域发展不平衡、环境污染程度和方式不一所导致的治理模式与治理结构上理应有的不一致。需要注意的是，在制定地方法规、政府规章的过程中，要贯彻“宜细不宜粗”的立法理念，做到能够直接依据法规解决农村环保中的各类问题，以更好地服务于农村环境保护法治实践。

2. 提高村民环境保护的法律意识

“法律意识是人们对于法（特别是现行法）和有关法律现象的观点和态度的总称，它表现为探索法律现象的各种学说，对现行法律的评价和解释，人们的法律动机（法律要求），对自己权利和义务的认识（法律感），对法、法律制度的了解、掌握、运用的程度（法律知识），以及对行为是否合法的评价等。”[①] 农村环保法治实践，既需要较为完善的环保法律制度做支撑，又离不开村民的积极参与。如前所述，一些村民的不良行为诱发了农村环境问题的产生，村民反过来又成为最终的受害者。村民的行为深受习惯和传统的影响，与城市环境治理相比，农村环境难以监管的特性更为明显，这就意味着农村环境保护离不开村民的认同与自愿。就此而言，提高村民的环境保护法律意识是今后依法治理农村环境问题的重要措施。一方面，应加强村民普法教育及环保宣传。在保护农村环境中，村民是最广泛的主体，因此，假若村民接受过到位的普法教育及环保宣传，广大群众认识到保护生态环境的重要性及其相关权利义务，那么就有利于激发村民自觉保护农村生态环境的积极性。基层政府及其职能部门要树立农村生态环境保护与经济发展同等重要的可持续发展理念。

在解决农村环境污染的过程中，必须重视村民自身的意见，和他们进行充分沟通之后再采取相应措施，从而找到农村经济发展和环境保护的结合点。最好不要采取粗暴的方式，以免干预村民的正常生产生活。在对村民进行普法教育及环保宣传的过程中，应采取有效、恰当的方式方法，例如，通过电视、广播、报纸等传统媒介，推进环保与环境法律知识的宣传。以农村发生的环境污染具体事件为例，可运用图片、实地指导等宣传方式，更好地指导农民做好污染防范。应引入村民参与农村环境保护的利益机制。毫无疑问，利益机制的引入有助于调动村民投入环保的积极性，对利益的追求构成了村民参与环保的根本动力。鉴于各地农村环保存在的差异及地方立法主体拥有的环境保护立法权限，建议由各地的立法主体（如各省市、设区的市的人大及其常委会、人民政府）制定出适合本地区实际的环境保护利益分配与再分配规定，以地方法规规章的形式实现该利益的统一调整。

综合而言，加强村民普法教育及环保宣传，引入村民参与农村环境保护的利益机制，分别从村民内在的心理认识与外部的利益刺激两方面，致力于

①中国大百科全书出版社编辑部．中国大百科全书－法学[M]．北京：中国大百科全书出版社，1984.

提高村民的环境保护法律意识，进而实现依法治理农村环境问题，推进农村基层治理法治化，建设美丽乡村。

三、保障农村基层治理的公共服务供给

农村基层社会公共服务体系的建设，最重要的就是要加强农村的法律体系建设，强化村规民约在民众纠纷化解之中的作用。要实现基层农村社会的善治，必须设立完整的法律制度，在法治框架之下进行治理，农村纠纷将会得到很好的化解，农民的权益也会在保障上有法可依。

（一）加强农村自治组织的制度建设

《中华人民共和国民法典》于 2021 年 1 月 1 日起正式施行。第九十六条规定：农村集体经济组织法人、城镇农村的合作经济组织法人、基层群众性自治组织法人，为特别法人。尽管从法律层面对农村基层建设进行了规定，但是仅仅给予一个法人的资格是远远不够的，必须加强村民自治，可以从村规民约的契约化治理开始，探索一条适合农村现状的自治模式。

1. 完善村民自治法律制度

村民自治法律制度的完善，离不开相关立法。客观地讲，当前的村民自治法规中仍然有着治理不彻底的问题，如前所述，存在村民自治权的相关内容不清晰、“两委”不协调及“乡村”关系不协调等问题。这既与农村基层依法治理不相谐和，也不利于农村基层依法治理的深入推进。例如，村民自治权的性质、主体定位等不明确的问题，容易使得该项权利缺乏宪法性依据，易导致农民权益受损而无法救济。因此，从解决具体问题着手，应完善村民自治法律制度。具体而言，就是要完善相关法律规定，出台专门的村民自治法规，理顺村“两委”之间、“乡村”之间的关系。

（1）出台《村民自治法》

应当看到，专门的村民自治法是保障村民彻底自治的法律基础。为此，有必要出台专门的《村民自治法》，以解决村民自治不彻底的问题，从而满足村民自治实践的需要，促进农村经济社会发展。

一是将村民自治权定位为宪法性权利，明确它的宪法权利性质。2004 年以来，《宪法》尚未产生新的修正案，今后可以通过修正案的方式将村民自治权明确为公民的一项宪法性权利。此外，由于村民自治权在权利属性上主要是一种私权利，因此将其置于《宪法》“公民的基本权利和义务”一章中更加合适。如此一来，村民自治权的性质得以明确，将为制定《村民自治法》提供强有力的宪法依据。

二是规范村民自治的基本制度。村民自治制度是一项最基本的制度，必须从概念、主体、程序等方面来进行全面规定。一般认为，村民自治是指在法治运转模式之下，村民通过村民会议来决定村内的重大事务，制定村规民约，并选举相应的村民委员会来执行村务的具体的工作。《村民自治法》规定了村民主体的权利和责任，也对相应的程序进行了明确规定。然而，还有一些不够完备之处，如村民代表会议的组织和召开，村干部的罢免和选举等。

三是明确救济制度。我国的法律制度对于救济问题并没有做出完备的规定，致使基本的权利得不到保障。当面对违法选举时，在法律上就无法进行及时应对。从良法的角度看，法律赋予公民权利，如果受到各种因素的侵害，就要得到一定程度的补偿。从这一角度来看，法律条文中应该规定清楚相应的救济方式，以切实保障公民的自治权。

（2）和谐村“两委”关系

村“两委”关系是否和谐，直接影响农村依法自治的效率。针对前文所述问题，本书就如何构筑和谐的村“两委”关系提出相应的解决之道。

一是明确村“两委”的职权范围，坚持村党组织领导下的村委会自治。在村民自治的实践中，导致“两委”关系不协调的主要原因就是《村民委员会组织法》对二者职权范围的模糊规定。因此，今后修订《村民委员会组织法》时，应明确“两委”的职权范围。一方面，村党组织的领导地位是由《村民委员会组织法》确认并保障的，村委会应自觉接受村党组织的领导，以保证村民自治的正确方向。另一方面，村委会的自治职能也应得到保障，村党组织不能包揽具体村务，也不能限制村委会作用的发挥，干预村民自治权。

村党组织对国家的路线、方针、政策发挥着宣传导向作用，其在村民自治过程中的领导主要是政治、组织及思想方面的领导，不应干涉村委会管理村的具体事务，而应致力于彻底实现村民自治，将工作重心置于指导村委会的建设与协调各自治组织之间的关系上。村委会则应服从党的领导，加强与村党组织的沟通、交流，实现互相配合，通力协作；在管理村的具体经济事务和其他公共事务时，注重召开村民会议，提高村务工作的参与度、透明度。

二是加强村“两委”能力建设。村务不能离开两委的积极支持，加强两委班子建设，必须从法治意识的加强上着手。两委班子是沟通政府和群众的重要桥梁，也是农村基层社会治理工作的领导核心。必须经过严格选举，将能力强、法律意识强的农民选入村委会。一方面，要加强农村治理的法律制度，增强农民的法律意识，完善农村行政问责制度，保证对基层行政的监督。另一方面，要着力提升两委干部素质，只有领导者自身素质高，才能将农村基层的治理工作做好。支部书记应该以身作则，不断提升自身综合素质，在群众心中树立良好的领导形象。村委会要承担起村里的具体工作事务，提升委员的法律素养和民主自治的能力，同时要保持高度的政治觉悟。乡镇党委要组织村委会主任、党支部书记集中培训，使他们对村民自治以及“两委”关系形成正确认识，教会村干部在实践中正确认识、把握和处理“两委”关系，从而有效地避免实际工作中的不协调。总之，由于我国农村“两委”干部素质总体不高是个不争的事实，因而既要注重加强业务素质和政治素质培训，也应把好“两委”干部的选任关，为村民自治选出合格干部。这样，可以在较大程度上缓解“两委”的矛盾，使“两委”关系走上良性发展的道路。

（3）和谐“乡村”关系

做好基层乡村社会治理工作的前提是乡镇政府和村委会之间的密切配合。需要明白的是，政府和村委之间必须双向互动，而不能是单向的命令传达。只有二者之间的信息沟通是通畅的，才能在具体的治理工作中做到信息对称。在乡村自治过程中，镇政府有依法指导的责任，村委会也有配合政府开展基层工作的义务。

一是明确“乡村”各自的职权范围。如前所述，按照《村民委员会组织法》的规定，乡镇政府与村委会的关系并不是上下级的行政隶属关系，基层政府不得干预村委会对村务的自我管理。该规定过于粗线条，导致现实中二者关系不尽和谐，因此必须从制度层面将二者的职权范围界定清楚。可以采取国家与地方共同立法的方式，以达到明晰乡镇政府与村委会职权范围的目的。一方面，通过完善国家层面的法律制度（如《村民委员会组织法》），尽可能从整体上对“乡村”各自的职权范围做出更为细致的规定，方便各地适用相关法律。另一方面，各设区的市权力机关、行政机关依据《立法法》第 72 条、82 条等条款的授权，在不与上位法冲突的前提下，对乡镇政府与村委会的职权范围做出明确具体、可操作性强的规定。如此一来，既有助于解决“乡村”职权无法可依的问题，也有利于构建起体系更加完备、针对性更强的法律制度。特别需要注意的是，在立法时要增加相应的问责条款，使其成为一柄“达摩克利斯之剑”，敦促二者履行各自的职责，以防止前文所述村委会“乡政”与“过度自治化”的两种不良村治倾向，保证村民自治的有效性。

二是转变政府职能。“小政府、大社会”的治理模式要求政府在社会治理过程中充分发挥社会的作用。具体到村民自治中，政府就应由过去的过多干预向尊重、指导村委会转变。一方面，为了有效地进行自我管理，村委会在自治过程中必然会遇到一些需要乡镇政府加以指导的事务，但是这种指导并不是将村委会看作下属机构而下达的行政命令，而是在尊重村委会自治权的基础上，对村委会独立开展群众自治工作进行指导。另一方面，村委会应加强自身建设，积极履行协助乡镇政府工作的义务。村委会在依法行使自治权的过程中，要积极协助乡镇政府开展工作，向村民传达并保障落实相关方针政策。这就对村委会自身能力提出了要求，广大村民及村委会干部应学会如何行使公民权利，为乡镇政府开展工作提供支持。

综上所述，在推进农村法治建设的进程中，需要理顺“乡村”关系，假若“乡村”关系持续不和谐甚至矛盾尖锐，就不可能真正实现村民自治，进而导致包括农村法治建设在内的各项变革都将难以有效推进。当然，需要认识到的是，完善村民自治法律制度是契合农村法治建设要求的渐进的过程，需要付出巨大的努力，而不可能一蹴而就。

2. 重构村规民约

村规民约以农村地区长期形成的风俗习惯为主要内容，对于基层乡村社会的治理、解决具体的村民之间的纠纷具有不可替代的意义。《中华人民共和国民法典》第10条明确规定："处理民事纠纷，应当依照法律；法律没有明确规定的，可以适用习惯，但是不得违背公序良俗。"由此可见，以风俗习惯为主要内容的村规民约受到了法律的间接认定，是村民自治的基本方式。从狭义的角度来看，村规民约就是农民在农村所要遵守的行为规范。这些行为规范是长期以来通过不断的历史实践形成的，在解决农村纠纷、保障农民权益、维护农村稳定等方面发挥着重要作用。

但是，在某些层面上，村规民约与很多成文法律之间有一些冲突，可能包含一些陈规陋习。要推进基层农村治理的法治化，必须将现代法律与传统的村规民约相结合，形成新时期的村规民约，为基层农村治理提供制度保障。如何处理村规民约中与法律冲突的部分，是一个重大问题。农村自治尽管首先要考虑农村本身的情况，但是针对一些落后的规范，要主动修正，以确保不违背现代的法治精神。村规民约要发挥效力，必须进行归责，对于那些违反村规的行为要施以适当惩治。

3. 推广村务契约化治理模式

契约化治理模式是指运用合同、协议等方式，遵守一定程序，明确规定村民、村干部和村组织之间关系的一种农村治理制度。契约化模式符合现代法治精神，对于村级事务中各个主体的权利和义务进行了明确规范。该模式将农村社会治理中涉及的权利和义务确定之后，就为基层治理提供了平等互利且相互制约的平台。然而，我们在采用该模式时要注意以下问题。

一是要规范契约文本。契约文本是契约模式得以展开的重要标准。但是在治理实践中，契约文本往往存在不规范，内容程序不够完整的问题。一般来说，农村基层工作和事务的契约文本也要遵守国家法律和国家政策的规定。例如，在农村土地资产流动的相关契约中，可以邀请相关政策法律的专家人员参与契约制定，确保成文的契约文件能够符合国家的政策和法律规定，在日后化解纠纷时也会容易很多。

二是要完善村务公开制度。农村基层社会治理的工作对象关系到广大村民切身利益的公共事务，一定要定期公开，甚至是实时公开，确保农村工作在阳光下运行。只有加强监督，才能确保村务契约化管理收到应有的效果。因此，“两委”要切实完善村务公开的机制、内容和程序，可以通过财务上墙、群众例会的方式来公开村务。尤其是在农村基层公共服务和基层设施建设过程中，要遵守公开制度，将扶贫资金和财政拨款的项目使用明细上墙公布。

三是要提升农民的参与能力。农村的主体是农民，以往的农村治理多是由农村地区的精英群体负责进行，农民只是被治理的对象。契约化治理模式不是如此，而是要将农民吸纳进来，确保村民对村务的参与。只有提升农民的参与感，才能让他们体会到获得感。需要注意的问题是，农民往往由于自身能力不足，无法很好地参与农村事务。这就需要基层政府在推广契约化模式的同时，有针对性地提高农民的素质，加强他们的技能教育和培训，不仅要确保农民切实理解契约模式的内涵和运作规则，还要提高他们的参与热情，确保他们都能够参与农村公共事务的治理。

4. 建立村务监督委员会

农村自治不能不考虑权力制衡制度的完善。在具体的机构设置中要将权力、执行和监督分开。村民代表大会是权力机构，村民委员会是执行机构，村务监督委员会是监督机构。如此一来，就在权力、执行和监督之间形成制衡的态势。其中，村务监督委员会的设置十分重要，是民主管理机制在基层社会的实践，有利于遏制农村的腐败问题和不正之风蔓延。需要明白的是，制度设计并不是一朝一夕就能够完成的，必须不断总结经验，完善主体的权限和工作的程序，才能形成切实保障村民权益的村民自治机制。

（二）提高农村民间组织的服务能力

根据现行法律的规定，村委会是唯一的组织载体。由于该规定的国家强制性明显，因而不具有自治的根本功能——自我选择。换言之，村民很有可能无法按照自身的利益诉求选择契合自己的自治模式。为提高自治的效率与灵活度，应在坚持将村委会作为村民自治基本载体的基础上，允许农民认可的民间组织以非基本载体的形式出现。因此，在宪法层面，应明确村委会作为基本的主要的基层群众性自治组织，实现村民自治多元化。《村民自治法》则进一步就此类组织的设立、权利、义务及责任等做出规定，实现有法可依。

经济社会快速发展的结果是农村地区大量的民间组织开始出现，包括各种公益性的社团、理事会等。农村民间组织有利于推动农民合作化的治理实践，促进农民增收。然而，民间组织所面临的法律和法规不完善，政府控制和管理能力不足，都严重影响着农村民间组织的发展壮大。作为基层社会治理的第三种力量，民间组织运用法律规定的契约方式来化解纠纷非常重要，所以有必要提升民间组织服务的能力。民间组织参与农村基层治理的前提是完善法律法规，在此基础上发挥其广泛的服务功能，政府还要加强引导。法律制度建设是当前农村民间组织发展的短板，存在着注册登记不合理，受到全国统一制度的约束等问题。我们可以从以下几方面入手来完善法律法规：一是要制定专门针对农村民间组织的独立法规，从而建立完整的农村民间组织法规规范体系；二是要改革管理体制，降低民间组织登记准入门槛，同时设立民间组织监督委员会，激活民间组织；三是要从提升民间组织的服务功能入手，降低服务成本，提升服务效率，同时在服务方式上倡导个性化，确保在服务农村产业发展中收到实效；四是要加强政府对民间组织的引导和扶持。民间组织在成立和运作过程中不可避免会遇到很多问题，如资金不足和发展散漫。这就需要政府在资金上提供支持，在政策上进行引导，同时加强对民间组织服务的购买，以此促进民间组织的逐步完善。

另外，要搭建平台，充分发挥民间组织在协调基层社会纠纷中的重要作用。农村可以建立专门解决村务纠纷的新组织理事会，将农村地区的精英和知识分子都吸纳到理事会中来，制定运行章程，选举理事长。理事会作为一种非常重要的民间基层组织，可以在处理农村基础事务、协调农村纠纷上发挥重大作用。也可以在行政村设立党政公共服务站，专门解决农村公共服务纠纷，切实满足农村基层治理的需要。总而言之，政府要对民间组织加强扶持和引导，将农民吸纳到民间组织中去，激活农村发展，实现基层政府和民间组织的沟通，实现农村基层社会的真正善治。

（三）完善农村法律服务的体系建设

法律服务是农村公共服务体系的重要部分，决定着依法治国的成效。但是目前我国农村地区的公共法律服务体系还没建立，存在诸多缺陷和不足，司法机构不健全，工作服务人员欠缺，行政和审判机关的支持力度低。农村基层司法服务机制落后也是农村纠纷普遍存在的一种原因。法律的缺位，使农村社会纠纷的解决多采取非理性的方式，从而让纠纷更加复杂。从这一层面来看，建立完善的农村法律服务体系是缓解农村基层社会纠纷的最基础，也最有效的方法。

1. 完善农村法律机构设置

农村的法律服务主要表现在法律机构的设置上，具体来说就是法庭、派出所、司法所等机构是否完备和健全。可以将农村司法机构和自治组织连接起来，发挥司法机构处理纠纷的优势，适当将司法机构的职能下移到村组织，具体协调工作由基层党政机关负责。当前，我国很多地区正在开展这项工作，在村委会设立简易的法律服务站，将司法延伸到基层和村民的家门口，既可以为村民普及法律知识，又能够就地解决村中的纠纷问题，保障农村和谐平安。另外，也可以在农村建立法律事务所，律师就可以为农村提供法律咨询服务，从而构建起完整的农村法律服务体系。

2. 加强农村公共法律服务队伍建设

农村公共法律服务体系构建离不开一支专业高效的法律队伍。我国农村法律服务人员的素质需要提高，法律服务人员的不足也是非常重要的问题，可以利用社会资源，吸纳相关专家和志愿者，组建一支多元化的法律队伍。基层政府也要尽力将律师等法律工作者吸纳到农村公共法律服务体系中来，对于那些参加法律志愿服务的人员，要及时给予表彰。在此基础上，政府也可以牵头成立农村法律服务志愿者协会，各个会员可以通过公开竞争的方式入会，确保人员的多样化。农村执法队伍建设也非常重要，可以尝试建立专门的农村治安调解队，定期对农村周围进行巡逻，以威慑那些潜在的犯罪行为，维护农民的权益。

3. 整合资源，完善农村法律援助制度

农村法律援助制度是一种救济制度，可以最大限度保护农村弱势群体的权益，化解基层农村社会的纠纷，维护社会公正。这项制度的完善离不开政府财政的支持，为提高办案效率，可以将程序简化，实现专款专用制度。政府在一切法治建设的政策支持上要向农村倾斜。基层政府也可以牵头组织由司法、律师、公安组成的义务支援团，确保法律援助的常态化发展。

四、完善农村基层治理的多元解纷机制

农村基层社会治理应该建立一种多元化的纠纷协调机制。法治的本质就是程序化。当前社会矛盾呈现出复杂化和尖锐化的特征，既定的农村社会纠纷解决机制正面临着多种困境，只有建立多元化的解决机制，才能确保农村基层政权的稳定，平衡各方利益，消解不断出现的纠纷。我们不能再用“先冲突、后治理”的方式来应对农村基层的纠纷，而要形成一套能够有效防范纠纷发生的完整方案。

（一）发挥农村党政机关引领作用

推进农村基层法治建设是完善党的基本执政方式的体现，是法治中国建设的重要内容。全面推进依法治国，必须要推动顶层设计和基层探索良性互动、有机结合，这既表明顶层设计在推进依法治国中的重要性，也宣示了基层的“先行先试”对法治中国建设的重要作用。

1. 完善党的领导

党的领导是我国法治建设最根本的保证，是全面推进依法治国必须坚持的一项基本原则。党的领导和社会主义法治是一致的，后者必须建立在坚持前者的基础上，而前者又必须依靠后者，因而要把前者贯彻到依法治国的全过程和各方面。作为法治中国的重要组成部分，法治农村亦应当毫不动摇地贯彻党的领导，自觉接受党的领导。中国革命和建设的实践反复证明，党的

领导是各项事业繁荣发展的根本保证。以往的历史实践也为推进农村基层治理法治化离不开党的领导提供了佐证。综合而言，历史、实践、目标、宪法等维度共同决定了我国法治建设必须坚持党的领导。

党的基层组织是团结带领群众贯彻党的理论和路线方针政策、落实党的任务的战斗堡垒，要健全党的基层组织体系，加强基层党组织带头人队伍建设。在农村基层治理法治化场域中，完善党的领导直接体现为加强农村法治型党组织建设、提高党员干部的法治素养，表现为组织建设与队伍建设。农村基层党组织不仅是推进农村基层依法治理的领导者、实践者和示范者，而且是贯彻落实党关于法治的路线方针政策的战斗堡垒，更是党转变执政思维和执政方式，实现依法执政和提高执政水平的基层承担者。只有将农村基层党组织打造成法治型党组织，才能切实提高农村基层依法治理的水平。同时，农村基层党员干部的法治素养直接关系着基层党组织领导、示范农村依法治理的质量、效率、水平，是全面推进依法治国的决定性因素。

（1）建设农村基层法治型党组织

农村社会法治建设的第一步就是要推进农村基层领导组织的法治化建设。党组织的法治化是基层社会法治化的先导。从一定程度上来说，建设法治型的党组织就是要求党组织严格遵守依法执政的原则，坚决维护宪法和法律的尊严，确保党组织在党规法规体系内运行。运用党纪国法来约束党员干部，提高基层党组织干部队伍的法治素养，使他们切实在基层行政活动中维护农民的权益。党组织的法治化对于基层社会法治化建设具有引领示范作用，是基层农村法治化的根本保障。我们可以从以下几个方面来建设法治化的党组织。

一是强化法治思维。这是打造法治型党组织的前提与基础，有利于在思想建设中更高效地发挥领导、示范作用。农村包含乡镇与村两级基层党组织，是强化法治思维的对象。乡镇与村党组织在推进农村基层依法治理中应做到带头守法，自觉地运用法律约束与审视自身的行为，自觉地提高运用法律规则解决问题的能力，自觉地增强约束权力保障村民权利的意识，以依法、公开、透明的姿态致力于捍卫群众的根本利益。应该说，在农村基层依法治理中起统领作用的乡镇党委更需符合前述要求，因为乡镇党委是农村基层依法治理的总领者，对其他主体具有强大的示范效应。

二是优化工作机制。这是建设农村基层法治型党组织的应然要求。在此之前，我国推进法治建设的重心更多地集中在城市及上级机关，这就导致了农村地区缺乏推进法治建设的各类资源，在很大程度上影响了法治农村建设的进度，也影响了法治型党组织的建设。因此，需要建立重心下移、力量下沉的法治工作机制，以适配法治型党组织建设。例如，在矛盾、纠纷多发区域设置法律服务中心，开辟一条及时反馈村民民意，化解矛盾纠纷的法治新路径。可以肯定的是，这种工作机制的建立健全，将为法治型党组织建设提供不竭的动力支持。总的来说，农村基层法治型党组织的建设，既要注重法治思维的培育，又离不开法治工作机制的优化。

（2）提高党员干部的法治素养

如果说建设农村基层法治型党组织体现的是完善党领导农村基层依法治理的组织体系，那么提高党员干部的法治素养则是加强农村基层党组织人才队伍建设的表征。完善党对依法治村的领导，既需要抓组织体系建设，也离不开党员干部自身法治素养的提高。只有组织体系建设到位，才能为完善党对依法治村的领导奠定组织、制度保障。党对依法治村的领导最终仍要具体化到每一党员干部身上，这意味着党员干部是否具有较高的法治素养直接关系着党领导依法治村的成败。因此，在推进农村基层治理法治化进程中，作为带头人、实践者的农村基层党员干部务必提升法治素养。具体而言，为更好地发挥党员干部在推进农村基层依法治理中的示范带动作用，可以主要从以下几方面着手提高党员干部的法治素养。

一是领导干部带头践行法治。领导干部是推进依法治村的“关键少数”，倘若其真正践行法治、树立正确的权力观，就能对党组织乃至整个乡镇党政系统形成强大的示范效应，有助于促使依法治村落到实处。例如，每年组织乡镇级村党组织领导干部参加县级或市级领导干部法纪知识考试，并将成绩纳入专门档案与年度考核，以此作为评优、职位晋升的重要依据，使领导干部把法治素养真正内化于心、外化于行。

二是开展各类干部培训班（如党组织书记依法治乡专题培训与其他培训）、进行定期法律知识考试与实践操作技能测试。在通过考核的党员干部中遴选出部分同志，组成“送法下乡团”，为村民提供优质法律服务，有助于增强党员干部法律理论联系实际的能力。如此一来，党员干部的法治素养在不知不觉中得以提高，党领导依法治村的队伍建设得以加强。

三是积极开拓将优秀法治型人才发展成党员的通道。从外部视角看，完善党对农村基层依法治理的领导离不开积极吸收优秀人才入党，尤其是吸收法治型人才加入党组织，以夯实党组织队伍建设。毫无疑问，伴随着优秀法治型人才的加入，党员干部之间必会形成帮带关系，法治素养将在不知不觉间得以提升。总之，只有具备法治素养，党员干部在农村基层治理实践中才能做到合乎法治要求，才能无愧于“带头人”的称号。

2. 建设乡镇法治政府

党的十八大及其四中全会均对建设法治政府提出了要求，为今后法治政府的具体建设指明了方向。在现代社会，随着政府职能的不断扩张，法治更加注重对行政权力的控制，目的在于将行政权力控制在宪法和法律的范围内，以防止行政权力的滥用。总之，政府是社会治理众多主体中极其重要的一员，加强法治政府建设是当前法治中国建设的重中之重。乡镇政府作为直接面对群众、与群众接触最多的行政机构，是厉行法治的重要场域，它是否讲法治及其法治化水平直接关系到群众的切身利益。在推进农村基层治理法治化中加强乡镇法治政府建设，要求乡镇政府在法治的框架内发挥社会治理的职能，按照法治政府的要求推进各项工作，坚持依法行政、依法治理。如前所述，政府权力失范是农村基层治理的一大现状，并因此在行政决策、行政执法、责任监督等方面暴露出诸多与法治政府相悖的问题。

加强乡镇法治政府建设的途径主要是依法全面履行政府职能、健全依法决策机制、规范乡镇执法行为、健全政府责任体系、全面推进政务公开。具体而言，主要是要做到依法全面履行政府职能。应该说，这是法治政府的第一要义。“法定职责必须为、法无授权不可为”是对法治政府要求下依法全面履行政府职能要求的概括。这既表明政府不得逃避履行法定职责，也禁止政府擅自法外设权，体现了对法治政府的“得为”与“不得为”的双重要求。从另一个角度看，依法全面履行政府职能意味着法治状态下的政府不但要积极履职，而且要全面履职，凡是政府职责范围内的事项就不允许选择性履职。事实上，依法全面履职历来是基层政府的一大短板。有的方面，政府履职不到位甚至缺失，如农村公共服务建设滞后；而有的方面则过了头乃至形成行政入侵，如村民自治权遭受入侵。为依法全面履职，乡镇政府应严格遵守法律规定。全面正确履行政府职能，必须把该放的权力放开、放到位，把该管的事情管好、管到位。一个不争的事实是，在基层政府具体履职实践中，行政权力往往不愿离开有利益的领域，对无利益的事项则不愿管或管得不到位，这些都与政府依法全面履职的要求相悖。因此，乡镇政府在履职时务必以生效的法律法规为准，该放的放、该管的管，做到以法律为准绳。

（二）建立健全农村纠纷预警机制

从整体上看，农村基层政府在构建农村纠纷预警机制时应以尽早发现、及时化解农村纠纷为目标。主要说来就是要做到以下几点。

一是农村基层干部必须在思想上高度重视这一机制。现实中农村基层干部往往倾向于依靠人治等传统的方式，以解决村民的诉求。殊不知，长此以往将可能强化村民“走后门”“找关系”等传统观念，最终反而增加未来处理类似纠纷的难度。

二是建立科学的纠纷预警系统。该系统应当具备高水准、可操作性强等特征，这样才有利于做到在纠纷潜伏时期就能及时察觉、预告，使纠纷在萌芽状态就得到有效遏制。该系统主要包括指标体系、分级管理、信息收集和数据分析等内容。所谓指标体系，主要是指影响社会纠纷发生的主客观因素，重点做好涉及农村群众切身利益的征地拆迁、土地承包、涉法涉诉、弱势群体等问题的分析研判工作。所谓分级管理，是指在对指标体系进行科学分析的基础上对社会纠纷进行分级管理，将那些冲突程度明显、对社会稳定影响大的纠纷问题列为首要的问题，以便及时准确地抓住主要纠纷，分阶段、分等级进行化解。所谓信息收集和数据分析，是指安排专门的机构和人员进行社会纠纷信息的收集和数据分析，收集的信息务必做到准确和及时，在此基础上对这些信息进行科学的分析和预测，以便尽早、及时化解纠纷。

三是建立健全重大事项稳定风险评估制度。按照党的十八届三中、四中全会精神要求，对关系人民群众切身利益、牵涉面广、易引发不稳定问题的公共事务进行决策时，要对该决策的合法性、合理性、可行性和可控性进行科学的评估和论证，并制定相应的措施以应对不稳定因素。重大事项稳定风险评估制度应当包括评估的原则、机构、程序和内容，应保证这一制度的常态化运行。四是建立健全社会纠纷排查制度，以最大限度地减少消极因素，最大限度地调动积极因素，最大限度地把纠纷解决在萌芽状态，最大限度地减少对公民和社会的实质性伤害。农村基层政府要完善政府公共机制，加大政府在农村医疗、保险和农民工就业等方面公共政策的投入力度，从源头控制农村纠纷的产生。

（三）完善农村多元便民调解机制

调解是借助说服教育的方式，使纠纷当事人达成协议，进而化解纠纷的一类活动。为了高效地化解农村纠纷，需要大力进行多元调解体系建设。

第一，积极推动农村各类调解组织的发展。只有在存在较多调解组织的基础上，才能为发挥调解的重要作用奠定基础。目前来看，达成的调解协议的法律效力不强是一大制约因素。因此，针对达成的协议，可通过法院开展司法确认，赋予相应的强制执行力。

第二，完善农村多元化调解的规则制度。该纠纷化解机制应该涵盖程序与规范，但现实中基层司法机关与村委会等组织都确立了独特的调解制度规定。因此，面对类型持续变化的农村纠纷，需要加强实践经验的总结工作，补充并确定新的调解形式与规则制度，以满足纠纷化解的需要。

第三，根据每一农村实际状况的不同，应该积极关注民间化解方式的可取之处，从而保持其和当今法治的整体谐和性。推动国家法制与民间纠纷化解方式的协调统一，发挥二者保持社会秩序的共同作用，有利于更加高效地化解农村纠纷。

第四，还应积极运用和解方式来消除纠纷。针对和解方式的约束力不足的现状，可以考虑采取书面形式的方式将和解结果确定下来。假如该纠纷又一次爆发，那么基层政府或村委会先行对纠纷双方此前达成的和解协议进行相应审查，对该协议的合法性与有效性做出判定，再根据情况决定是否予以强制执行。

由此可见，形成书面的和解协议是必不可少的，如此必然要求纠纷双方具备一定的素养。但是，由于大多数农民都不具备法律专业知识，所以需要着力推进农村公共法律服务建设，这与前文所提对策一 致。前文所述的法律援助，援助人员仅扮演辅助者的角色，为当事人化解纠纷提供法律便利，而不对具体纠纷的化解造成实质的影响，所以和解协议仍然是纠纷当事方自由意志的体现。

（四）建立农村便民诉讼联系机制

法治是社会纠纷化解的最佳方式，也同样是消解农村各类纠纷的最佳方式。与具有解决纠纷成本小、处理结果预见性强、稳定性与可操作性强等特点的法治方式相比，政策方式化解社会纠纷的效果比较差，容易造成“闹才能解决纠纷”的不良印象。为此，应该充分发挥司法诉讼作为法治的最后救济手段的作用。然而，农村大多数地区远离法院所在地，这就必然导致农民诉讼的不便。因此，为更好地解决纠纷，需要加强农村便民诉讼联系机制建设。

1. 建立农村便民诉讼联系点

在农村建立便民诉讼联系点，对于解决农村因法院“真空”带来的起诉不便无疑具有重要意义。当然，该联系点的作用仅在于便于起诉（例如提交诉状），而不是代替法院审判。因此，在没有法院或派出法庭的农村可设置一个方便群众的联系点，通过邀请本地威望较高的人出任联系人的方式，打造基本的便民诉讼网络。

2. 关注诉讼举证指导的技巧性

农民的文化素质不高、处理问题的能力不足是当前社会的一大客观现象。

因此，针对这些纠纷当事方，相关工作人员要有足够的耐心，通过通俗易懂的交流表达，持续地指导当事方举证。举证确有困难或不便由当事人举证的，可以通过审判人员调取证据。

3. 发扬马锡五审判方式

马锡五审判方式与农村具有很强的契合性，既解决了案件纠纷，维护农民权益，又不耽误农时。在农民院落或者田间地头开展审判，通过观看庭审的直观方式，并且用身边熟悉的人和发生在身边的事进行教育和感化，这种以案释法的效果会比其他普法宣传更好，有助于进一步增强农民的权利意识，推进农村基层依法治理，可谓一举多得。

4. 强化农村便民诉讼教育

开展专门的教育活动是强化农民运用法律进行救济的能力的需要。例如，举办“送法进屋”“送法进校”等实践活动，设立有关诉讼知识的宣传栏，定期更新并派发载有审判流程、诉讼费收取标准、起诉及举证时效等内容的宣传资料。此外，在农村固定区域（如村委会）成立诉讼指导室，组织法官等专业人士坐班接待，解答农民的法律咨询，从而增强其诉讼能力。

综上而言，农村社会纠纷消解法治化机制的完善是系统复杂的长期工程，需要国家各级党委与政府社会、普通公民等各个层面的努力，也需要从不同视角进行探索与尝试。全面依法治国为这一机制的完善创新提供了全新的视角与思路。就此而言，为推动农村基层治理法治化，我们要主动适应法治建设和依法治国的要求，积极吸取该机制运行的经验教训，努力完善好社会纠纷消解机制，全面、有效、及时地预防与化解农村社会纠纷，让以法治思维和法治方式消解农村社会纠纷成为常态化的运行机制。

第四节　农村基层治理的县域实践

最近几年，党和国家屡次对社会治理创新进行阐述，不断完善新时代社会治理理论。强化基层社会治理，努力化解基层社会矛盾，及时解决群众关心的问题，是新时期社会治理模式创新的重要基础。农村基层治理就是指县级治理，从国家治理体系的层级划分看，必须以县域社会治理为中心，才能促进农村基层治理的整体化发展。从具体实践方略来看，要明确县域社会治理的最核心问题、最基本力量、最紧迫任务和最重要工作。

一、县域社会治理规划的原则问题和工作内容

社会治理是一项牵涉范围广泛的系统工程。与城市治理比起来，拥有自身的独特性。推进县域农村基层治理法治化的进程要明确主次和原则问题，对于基层农村工作的基本方向要时刻做到心中有数。农村基层法治化实践要做到重点明确和有的放矢，统筹兼顾各方面的工作。核心原则问题是指农村基层社会的最核心的问题、最基本的力量、最急迫的任务、最重要的工作，这也是县域社会治理规划有必要予以明确的工作内容。

首先，最核心的问题是要解决人民群众最关心、最直接、最现实的利益问题。正如马克思所言，整个世界是由各种各样利益组成的，这清楚地表明，众多利益主体被涵盖于复杂的社会之中。如前所述，农村基层治理的核心就是通过治理活动以维护农村利益的大体均衡。应该说，之所以将解决人民群众最关心、最直接、最现实的利益问题归纳为最核心的问题，是因为农村具备引发利益失衡的自然与社会因素。稍有不慎，农村基层治理就有可能面临纠纷井喷、利益失衡的不利局面。因此，县域社会治理规划需要明确利益问题是最核心的问题，这样才契合农村基层治理法治化的实际需要。具体而言，解决利益问题就是要认真落实中央的各项惠民政策，着力保障和改善民生，解决好教育、就业、收入分配、社会保障、医疗、住房，以及食品药品安全等方面涉及群众利益的问题，扎扎实实为群众办实事、办好事，让群众的收入更多一些，安全感更强一些，幸福指数更高一些。以新型农村合作医疗为例，由于其涉及面极其广泛，几乎所有利益主体都涵盖其中，因而它的落实与否直接关系到农民安全感、幸福指数的高低。

其次，最基本的力量是基层组织。基层组织是农村社会治理中的重要参与主体，是最基本的力量，它在社会治理中具有独一无二的重要作用。从实际来看，基层组织主要包括基层党组织、自治组织、民间组织等。基层组织

在社会治理过程中扮演了与群众直接接触的角色，它的作用的发挥好坏直接关涉着是否打通了社会治理的“最后一公里”。就此看来，县域社会治理规划必然要重视发挥好基层组织作为最基本力量的作用，为农村基层治理法治化提供力量源泉。因此，县乡两级党委和政府要把工作精力和注意力更多放到基层，把人力、财力、物力更多投到基层，努力夯实基层组织、壮大基层力量、整合基层资源、强化基层工作。以基层党组织为例，鉴于农村基层党组织是推进农村基层依法治理的领导者、实践者和示范者的事实，只有将农村基层党组织积极打造成法治型党组织，才能更好地满足群众的期待，符合法治的要求。

再次，最迫切的任务是解决影响县域基层社会稳定的突出问题。着重加强社会治理创新，巩固党的执政地位，促进国家长治久安，人民安居乐业。我国目前处于非常重要的战略机遇期，矛盾凸显是基本特征，社会治理的任务更加繁重。拆迁和土地产权是农村基层社会存在的主要纠纷，影响着农村的和谐稳定。要以解决这些影响基层社会和谐稳定的问题为重要突破口，将其当作现阶段县域治理的最迫切任务，切实化解社会纠纷，保障农民权益，实现县域基层农村社会的公平正义。

最后，最重要的工作是继续加强和完善县域社会治理格局。县域基层社会稳定的社会治理格局形成并不是一朝一夕的事情，需要不断完善。一是继续加强党委的领导，强化县乡两级政府的具体社会治理职能，引导企业单位和社会组织参与社会治理，发挥人民群众的参与作用；二是继续完善基层群众的权益维护机制，协调不同群体之间的利益，统筹各方面关系，形成稳定的矛盾调解机制、诉求表达机制和权益保障机制，正确处理人民内部矛盾，从源头上保障群众的合法权益不受侵害；三是继续加强流动人口服务机制和农村社会的服务体系建设，将流动人口纳入特殊的管理机制，对于农村基层社会治理要加大投入，整合农村资源，壮大基层党组织，加强农村社区自治和服务功能；四是继续完善基层农村社会的公共安全体系，不断强化生产安全、食品药品安全，加强社会治理的应急方面的管理；五是继续完善县域社会的非公有制经济组织，推动社会组织的健康发展；六是继续完善基层社会的信息网络建设，加强舆论控制和引导，深入开展思想道德建设运动，加强社会诚信，树立榜样，带动基层社会风气向着文明和谐的方向发展。以上六点是县域农村基层社会治理框架完善的重要抓手，只有从这些基本的架构入手，才能确保农村治理的法治化。

二、县域社会治理实践的根本思路和具体策略

县域社会治理实践的主要思路是十八届三中全会确定的社会治理总格局，即党委领导、政府主导、社会协同、公众参与、法治保障。我们可以从以下七个方面入手，一是关注民生发展，二是坚定政府治理，三是注重社会力量，四是激发公众参与，五是共建安定社会，六是加强法治建设，七是强化制度保障。需要注意的是，法治建设和制度保障是前面五项工作的基础和主线工作，需要常抓不懈。下面对每项工作的具体路径进行阐述。

（一）关注民生，夯实社会治理基础

社会治理的基础应该是改善民生，民生是一切社会治理工作的出发点和落脚点。尤其是县域经济，必须将民生工作放在首要的位置，不断完善农村基层的社会服务体系，大力创新社会服务的提供方式，满足村民的物质文化和精神文化需求。只有这样，才能够符合农村基层治理的本质要求，确保农村利益分配的均衡，夯实农村法治化建设的基础。

1. 提高基本公共服务水平

（1）基本公共服务全覆盖。县域各级政府要加大对公共服务的购买力度，强化基本政策和项目化管理模式，以户籍制度改革为突破口，建构覆盖所有常住人口的公共服务体系。要创新探索各种公共服务模式，吸纳社会资本进入公共服务，建构多元化的公共服务体制，为社会服务活动建立专项资金，不断提升政府对社会组织提供服务的购买力。

（2）大力发展社会服务业。发展服务业是吸纳就业人口，维护社会稳定的重要举措，县域政府要秉承公共服务的理念，加强基层社会服务业的发展，促进社会服务方式的智能化、规范化，并为社会服务人才培养提供教育

培训平台，同时要极力完善政府对社会服务的购买机制。将民间资本吸纳到社会服务工作中来，完善社会组织参与社会服务的基本政策。对于从事社会服务业的企业，政府要进行专项政策和资金支持。

（3）不断促进教育事业进步。县域应当坚持优先发展教育，提高教育质量，维护教育公平；推进义务教育优质均衡发展，加大对薄弱地区、薄弱学校投入力度，做好农村义务教育薄弱学校改造工作；完善家庭经济困难学生资助政策，特别关注留守儿童的教育问题；加强特殊教育，切实保障弱势群体接受教育的权利；建立城乡统一的义务教育体制，促进城乡义务教育均衡发展，使城乡孩子享有均等的受教育机会。

（4）提高公共健康和养老水平。县域应当引导居民养成健康生活方式，加强慢性非传染性疾病和重大传染病预防控制，完善突发公共卫生事件应急机制，健全覆盖城乡的急救网络；优化医疗资源布局和结构，解决重点功能区、大型居住区、边远山区医疗资源不足问题；完善社区卫生服务体系，提升基层医疗卫生机构服务能力，形成分级就诊、双向转诊的有序就医格局。

（5）城乡劳动者充分就业。县域应当坚持积极的就业政策导向，实施就业优先战略，不断完善就业服务，建立健全县域城乡统一的就业管理制度，构建城乡一体化充分就业新格局；深化收入分配制度改革，探索建立居民收入增长和经济发展同步、劳动报酬和劳动生产率同步增长的长效机制；实施富民计划，完善最低工资和工资指导线制度，促进低收入职工收入增加，促进城乡居民尤其是农村居民的财产性、转移性、经营性和工资性收入。

2. 扩大社会保障覆盖面

县域基层农村社会治理应该遵守一定的原则，即广覆盖、保基本、多层次、可持续，尽最大可能完善社会救助制度，做到贫有所济、困有所帮、残有所助、孤有所托、灾有所救。促进全城一体化的全面覆盖、服务均等的社会保障体系的建设。

（1）人人享有社会保险。县域应当逐步打破户籍、地域、身份界限，完善职工和居民社会保险体系，实现社会保障人群全面覆盖、待遇水平不断提高；提高医疗保险统筹层次，建立和完善异地就医医疗费用结算制度；完善失业工伤、生育保险制度体系，建立健全社会保险关系无障碍转移接续制度；尝试建立统一的社会保险信息平台、城乡居民社会养老保险信息系统，增强便捷服务能力；着力加强街道（乡镇）社会保障所建设，将社区（村、居）社保工作纳入社区（村、居）服务站服务范围，加快实现社会保障管理服务社会化、社会化管理服务网络全覆盖。

（2）社会福利适度普惠。县域政府要注重社会福利制度的完善，确保社会福利的全覆盖，充分调动各方资源，制定相应政策，建构起完善的普惠型的基层社会福利制度。可以先从养老、救济等重点方面入手，逐渐扩大社会福利的保障范围。在专项福利项目建设基础上，政府要全面考虑财政状况和社会经济发展的水平，将钱用在刀刃上，按部就班提升全民福利水平。对于残疾人的社会福利政策，政府不仅要建立专业的护理津贴制度，还要采取治疗、康复和住房支持等方面的措施，确保残疾人生活无忧。

（3）加大社会救助力度。社会救助应该是基层政府重点考虑的问题，基层农村的困难群众很多，一些地方山高路远，交通不便，自然环境恶劣，人民生活异常困苦。政府要及时建立全县人民最低生活保障制度，加强对农村五保户的救助力度。低保标准要根据当地的物价水平进行动态调整，在具体的救助工作上要细化和分类，实施低收入家庭救助制度，针对住房、教育、医疗设立专项救助制度，同时要对低收入人群采取全方位保障的措施，做好临时救助工作。

3. 加强社会主义精神文明建设

（1）深入开展思想道德建设。思想道德是精神文明建设的重中之重，县域政府必须将社会主义核心价值观教育落实到基层，大力弘扬公民道德、中华传统美德，全面推进职业道德、社会公德、家庭美德、个人品德的四德建设。基层政府可以定期组织群众性的精神文明建设活动，加强公民道德教育，建设诚信友爱、和睦安乐的邻里关系，引导人们自觉遵守社会规范，弘扬社会正气，承担社会责任。

（2）推进社会诚信体系建设。县域政府要将诚信建设放在工作的首要位置，不仅在日常行政工作中注重诚信和操守，还要在社会中大力弘扬诚信为本的理念。建立覆盖全社会的诚信系统，要从政府、企业、个人、司法等各个层面入手，加强诚信思想的宣传，开展弘扬诚信的基础活动，形成社会诚信的好风尚。在信用记录建设上，政府要全面登记身份证和组织机构代码，实现信用全覆盖。

（3）积极培育良好的社会心态。社会心态是人们的精神文化状态，展示出一个社会的精神文化面貌。良好的社会心态应该是开放包容、理性和平的，同时也是积极向上、奋发有为的。社会公益精神的强弱是社会文化心态的显示剂。县域政府要在慈善活动宣传上下功夫，促进人们全面自觉参与慈善活动和救济活动，同时要培育专业的慈善组织，推进组织人员的专业化发展。

（4）成立见义勇为基金会。县域内尝试设立见义勇为基金会，以发扬中华民族传统美德、弘扬社会正气、倡导见义勇为、促进社会主义精神文明建设、加强社会治安综合治理为宗旨，以表彰奖励见义勇为先进分子、宣传英雄人物和英雄事迹为主要任务，形成为见义勇为人员服务的长效机制，对见义勇为人员和家庭经济困难的牺牲者家庭进行定向帮扶，促进社会稳定，为社会主义现代化建设创造良好的社会风尚。

（二）以人为本，创新政府善治体系

农村地区依法治理的实践，本身也是一个围绕以民为本、保障并增进群众权益的活动。县域应当发挥政府在社会治理中的主导作用，坚持以人为本，牢固树立社会治理一切为了人民的理念，始终把实现好、维护好、发展好最广大人民根本利益作为县域社会治理的出发点和落脚点。县域在创新政府善治体系方面应重点做好以下几项工作。

1. 加快服务型政府建设

县域应当通过加快服务型政府建设，促进政府观念、职能、作风转变，从而推动政府工作在法治轨道上提速、提质、提效，不断提升政府服务和治理能力。

（1）加快转变政府职能。县域应当积极稳妥推进政府职能转变和机构

改革，优化政府组织结构，依法规范县乡政府层级之间、部门相互之间的职能、权限、责任，推进事权、财权相配套的综合改革，实现机构、职能、权限、程序、责任规范化、法定化、程序化，做到“法定职责必须为、法无授权不可为”；加大简政放权力度，最大限度向市场、社会、基层放权；推进扩权强县、扩权强乡改革试点；全面深入落实三张清单（权力清单、责任清单、负面清单），不断强化政府权力的制度约束；健全审批管理制度，重点完善行政审批事项目录清单、行政权责清单、电子监察及事中事后监管等制度。

（2）健全和规范各级政务服务体系。县域应当健全和规范各级政务服务体系建设，大力推进县、乡、村三级综合服务平台建设，所有乡镇建立便民服务中心，村建立便民服务站，建立健全管理规范、机制优化、功能完备运行高效的政务服务体系。

（3）建立健全政府购买社会服务制度。县域应当坚持公开、公平、透明择优的原则，建立健全政府购买社会服务制度，出台政府购买公共服务的具体实施办法，制定并公布县乡两级政府年度购买社会服务与管理事项目录，重点在公益服务类、工商经济类、学术联谊类、咨询经纪类、鉴定评估类、公证仲裁类社会组织率先开展政府购买社会服务；在慈善、教育养老、扶幼、助残、社区矫正、心理调适等领域积极引入专业社工服务。

2. 实现各类人群服务管理全覆盖

为了充分发挥政府在社会治理中的主导作用，县乡两级政府应不断提高各类人群服务管理精细化、信息化、科学化水平，努力做到社会服务管理城乡一体、各类人群全面覆盖。

（1）创新流动人口服务管理。县域应当依托县域社会治理网格化信息化平台，推动流动人口信息化建设；建立以居民身份证号码为唯一代码、资源共享的县域人口综合信息服务管理平台，即建立健全公安、人力资源、社会保障、卫生计生、住建和教育等部门资源整合、协调配合、信息共享的长效机制，以形成流动人口服务管理合力，改变过去各部门各自为战、信息不通、沟通不足的管理局面；完善流动人口服务配套政策，全面落实流动人口居住证制度，实行融登记、社保租房、教育、医疗、就业、计划生育等多种功能为一体的“一卡通”，逐步实现基本公共服务由户籍人口向常住人口全覆盖；健全实有人口动态管理体系，推进房屋租赁制度化、信息化建设，全面实施“实有人口、实有房屋”管理全覆盖；依托农村警务室，充分利用网络信息工作平台，按照“谁录入、谁负责”的原则不断强化流动人口的信息采集、录入和管理；充分整合乡镇村，以及辖区企事业单位等基层组织的综治维稳力量，不断发挥治保主任、中心户长、流动人口协管员等主体的作用，按照“属地管理”原则，加强流动人口重点人员的服务管理。

（2）完善特殊人群服务管理。县域应当建立健全动态治理机制，将特殊人群服务管理工作由登记、造册、入档等静态的、被动的模式，向跟踪、监督、服务等动态的、主动的模式转变；健全肇事肇祸精神障碍患者服务管理长效机制，全面落实有奖监护机制；加强刑满释放人员安置帮教工作，落实刑满释放人员监所与社会无缝对接机制；强化对吸毒人员的关爱帮扶，加强禁毒专业队伍建设，全面推进青少年禁毒教育基地建设，推进社区戒毒、社区康复工作，不断提高对吸毒人员的关爱帮扶水平，努力保障戒毒康复人员的合法权益，全面推进无毒社区（村、居）创建活动；加强社区矫正中心规范化建设，完善“六统一”机制、GPS 定位管控措施，建立社区矫正综合管理执法队伍，探索社会工作师、心理咨询师等专业人员介入社区矫正试点工作，提升矫正效果；加强对一般邪教人员的教育转化和管控，依法严肃处置顽固分子；依法加强闲散青少年服务管理、流浪未成年人救助保护、服刑人员未成年子女和农村留守儿童关爱帮扶，以及对有不良行为的青少年的教育、帮扶、矫治、管理；积极整合资源，逐步建立政府“属地管理、分级负责、分层落实”的农村留守儿童管理服务工作机制，建立流浪乞讨未成年人保护救助中心，救助管理流浪乞讨未成年人，有效预防和减少青少年违法犯罪。

3. 健全社会公共安全体系

县域应当健全以社会治安防控、安全生产、食品药品安全、环境安全、防灾减灾救灾、校园及周边安全和应急管理等为基本内容的公共安全体系。

（1）创新立体化社会治安防控体系。县域应当织密“天网”“地网”“信息网”，构建“三维”立体布防格局；加强社会面、社区（村、居）、单位内部、重点要害部位和特殊行业、公共复杂场所治安防控网建设；健全社会治安防控区域协作机制，按照“常态、共享、联动、共赢”的原则，积极搭建社会治安防控跨区域协作平台；完善社会治安重点地区排查整治机制，经常性地组织开展治安乱点和突出治安问题的排查，增强排查的针对性和时效性；健全“打防管控”一体化运行机制，把专项打击与整体防控传统方法与科技手段结合起来；严防公共场所暴恐袭击，重点加强对火车站、汽车站、广场、商场、学校周边等人员密集的公共场所的巡逻防范，强化对重点目标的安全保卫，强化人防、物防、技防建设和日常管理，完善和落实安检制度，严防公共场所的暴力恐怖袭击和个人极端案（事）件；加强社会治安辅助力量建设，按照“社会化、市场化、专业化”的思路，健全辅警制度，壮大群防群治队伍，组织开展群防群治活动，依靠群众维护社会治安。

（2）健全食品药品安全监管机制。县域应当不断完善覆盖全过程的食品药品安全监管制度，建立食品药品检验检测机构，为食品药品安全监管提供技术支撑，做到依法监管、科学监管；加快食品药品安全信用体系和信息化建设，建立全县食品药品安全信息互联网平台，实现部门之间监管资源的共享，逐步形成统一科学的食品药品安全信息评估和预警指标体系；不断推进食品药品安全责任体系建设，积极将食品药品安全纳入当地政府和相关部门的目标考核体系。

（3）完善安全生产监管制度。县域应当强化党委、政府和行业主管部门的安全生产职责，强化安全生产综合监管部门的监管责任；规范安全生产秩序，坚决落实停产整顿、关闭取缔、依法处罚和严肃追责的“四个一律”措施；深化安全生产隐患排查治理，建立安全生产隐患排查治理信息平台；推进重点领域专项整治，加强安全生产应急救援体系建设。

（4）完善环境安全监管体制。县域应当加快辖区内监测站标准化建设，加大监测设备和人员的配备力度，提高监测人员的素质，严格执法行为，规范执法程序；制定区域环境空气质量预测预报工作实施方案，完善空气自动监测站建设，提升环境空气质量监测能力；加强污染减排项目的整改和污水管网的建设改造，加强减排监测体系建设；完成环境灾害应急监测系统建设，建立动态的污染源管理系统、重点污染源在线监控体系及机动车排污监管平台。

（5）健全防灾减灾救灾机制。县域应当健全自然灾害应急指挥体系，完善救灾准备、应急救助、灾后救助、恢复重建相衔接的自然灾害救助制度，建立方便快捷的储备、调运、接收、发放、回收相衔接的救灾物资应急调度体系；加强救灾物资储备仓库建设，建造标准化的救灾物资储备库以适应重特大自然灾害救灾工作的实际需要；健全以抢险、搜救、救护、救助、捐赠为基本内容的救灾应急社会动员机制。

（6）强化公共安全应急管理。公共安全应急管理上，政府要充分发挥自身的宏观统筹能力，建立公共安全应急处理平台，由政府统一指挥，全面调控，实现各种资源的有效整合和联合共享。面对重大的社会风险和自然风险，政府便可以启动应急管理平台，进行科学化的调度和指挥，将安全风险降低到最低水平，减少突发事件对社会正常生活的破坏。

4. 加强网络虚拟社会治理

（1）不断创新虚拟社会治理模式。虚拟社会作为一种多中心、多节点、虚拟化的新型社会形态，治理对象和运作方式都更趋复杂和多样，需要不断创新治理模式，丰富治理手段。一是要加强和完善网络平台建设。县域应当积极探索社会治理的"互联网+"新模式，搭建政府与大众快速沟通的各类网络平台，如政府网站、政务微博、政务微信等，及时准确地向广大网民公布政府相关事宜，让民众享有知情权；强化网站和网络服务场所管理，建立健全网络安全管理制度；完善网上公共文化服务，推进公益性上网向社区和农村延伸；加强网络文化建设，培养网络建设性力量，扶持建设有社会公信力和责任感的网站。二是要积极推进网络信息公开。县域应当健全新闻发布制度，推动网络信息公平，努力消弭"数字鸿沟"。三是要注重开展网络问政。县域应当通过虚拟社会这个基层开展网络问政，通过微信、微博、博客、论坛等网络平台，倾听网民呼声意见，加强互动交流，注重沟通引导，安抚消极情绪，最直接、最有效、最广泛地联系群众、联系社会。四是要构建虚拟社会治理多主体协同机制。县域应当整合虚拟社会中各个参与主体的力量，构建起权责明确、主体联动、资源共享的虚拟社会治理机制，最大限度地增进社会共识，实现虚拟社会治理多元主体间的良性互动。五是要努力提升网络舆情监测处理能力。县域应当完善网络巡查机制，积极实施多维度舆情监测，形成舆情收集、处理、研判落实和反馈机制；利用现有网络舆情采集分析系统，实施突发事件舆情监测、负面信息舆情监测、政府新闻监测，做到第一时间掌握收集网络舆情；建立舆情研判联席会议制度，定期开展舆情热点“会诊”，科学分析监测数据，密切关注地方突发公共事件，总结网络舆论应对得失，以《网络舆情快报》的形式研判、评估网络舆情，及时上报，为领导决策提供科学参考。

（2）依法加强互联网新媒体管理。县域应当坚持积极利用、科学发展、依法管理、确保安全的方针，促进互联网行业依法管理，形成正面引导和依法管理相结合的网络舆论工作格局。

（三）激发活力，形成社会共治体系

随着经济社会的不断发展，社会结构的急剧变迁，人民群众对社会治理的需要与政府治理滞后的矛盾逐渐突出，为缓解这一矛盾，县域需要通过大力发展并引导社会力量有序地参与社会治理，逐步改善当前社会治理结构单一的问题。为了培育和引导社会力量参与社会治理，形成主体多元的共同治理体系，县域社会治理规划应重点做好以下几项。

1. 激发社会组织活力

（1）推进社会组织管理改革。社会组织管理是一系列的综合过程，只有加强管理才能从根本上激活社会组织的活力。一是要加强社会组织登记制度改革。社会组织成立要减少各种程序化的审批，降低准入门槛。尤其是行业协会和慈善类的社会组织要实行直接登记的措施，促进“草根”组织的登记成立。二是促进行业协会和行政机关脱钩，县域政府要承认社会组织的法人地位，着重提升其自治水平，也要引进相应的竞争机制，确保社会组织之间进行良性竞争，推动经济社会发展。三是加强社会组织监管体系的建设。社会组织登记准入门槛的降低，势必会吸引大量良莠不齐的社会组织。政府

要成立相关部门来对社会组织的后续行为进行监管，对于社会组织工作的效果，要建立第三方的评价制度，确保评价活动的公开公正。

（2）发挥社会组织积极作用。县域社会组织要积极发挥自身的作用，确保社会公共服务活动的开展。一是要在基层社会稳定的维护工作中积极发挥社会组织的作用。社会组织在化解社会矛盾上具有独特的“草根”优势，他们熟悉情况、细致入微、以理服人、以情感人，所以能收到事半功倍的效果。为此，可以鼓励乡镇政府培育并支持一批有积极影响的“居民自组织”发展，争取在每个社区（村、居）成立一个能发挥实质性作用的自组织。二是要鼓励社会组织提供更多优质的公共服务。发挥社会组织在社会治理创新的协同作用，实际上就是通过提供大量的社会化、多样性的公共服务，为人民群众提供优质服务。因此，县域应当推动行业协会、商会改革和发展，坚持社会主义市场化方向，强化行业自律，发挥沟通企业与政府的作用；重点支持和引导公益慈善组织在社区建设、安老扶弱、助残养孤、扶危济困、救助赈灾等领域实施项目，提供服务；重点做好教育科技、文化体育、医疗卫生福利事业、生态环保、服务社区和服务“三农”的民办非企业单位的规划、发展和培育，逐步建立起布局合理、层次不同、自律规范的民办非企业单位体系，形成民办社会事业和公办社会事业相互促进、共同发展的格局。同时，县域应当制定并落实本县《政府向社会力量购买服务办法》和《政府向社会力量购买服务指导目录》，对社会治理和公共服务职能全面梳理，逐步将事务性、辅助性、公益性职能转移，通过奖励、补贴和委托管理等方式，按照“权随责走、费随事转”的原则，积极向社会组织购买服务；编制社会组织名录及考核办法，给予资质优良、社会信誉好的社会组织承接公共服务的优先权。

2. 推动企业参与社会治理

（1）推动企业履行社会责任。县域应当更新观念，加强引导，突出重点，逐步推进，增强广大企业的社会责任意识和履行社会责任的自觉性，以“政府引导、企业主体，分类指导、循序渐进，突出重点、示范带动，社会参与、协同推进”为原则，不断推进企业社会责任建设，促进企业与社会共同发展，努力实现经济繁荣和社会全面进步。

具体而言，县域应当探索出台《关于推进企业履行社会责任的意见》，积极探索建立企业社会责任标准体系；建立企业社会责任激励机制，探索建立企业守法信用记录和承担社会责任情况记录制度，选择一批不同规模的企业作为开展企业社会责任建设试点单位，并及时总结试点经验，不断规范完善，逐步加以推广。

（2）努力营造企业发展的良好氛围。县域应当建立有效的沟通协调机制，营造宽松有利的政策环境、开放包容的人文环境、公平有序的市场环境。主管企业发展的政府部门要不断拓宽服务领域，创新服务手段，丰富服务内容，有效维护企业和企业家的合法权益，切实提高服务质量和水平。

3. 推进社会工作事业发展

（1）推动社会工作者队伍建设。社会工作专业人才是社会建设的重要力量，在社会服务、社会治理工作中发挥着主力军作用。县域应当加快社会工作人才队伍建设和社会工作岗位开发，发挥社工的专业优势，引领志愿者提供公共服务，提升专业力量在社会治理中的参与度。

（2）完善社会工作运行机制。县域应当探索建立专业培训、知识普及有机结合的社会工作专业人才培养体系，将社会工作理论知识学习纳入各级党政领导干部培训规划，列入各级党校学习课程，对下派基层锻炼的党政部门、人民团体、相关事业单位的干部和选聘到社区（村、居）任职的高校毕业生，进行社会工作有关知识的岗前培训。

4. 健全志愿者服务体系

县域应当构建"社工＋志愿者"联动机制，完善志愿服务平台建设，完善志愿服务注册制度，完善志愿者培训体系；探索以社会（企业）为抓手、以社工为核心、以社团为平台的"三社联动"的社会治理新路径；发挥社工的职业化、专业化优势，由社工发展、指导和联系志愿者，倡导志愿者爱心奉献精神和社会责任意识，努力克服志愿服务随意性大、缺乏专业训练、资源不足等缺陷，使志愿者更广泛、更深入地推进社会服务，营造人人参与、和谐相处的良好社会氛围。

（四）促进参与，健全基层自治体系创新

社会治理，必须着眼于维护最广大人民的根本利益。因此，积极探索基层社会治理的有效路径，激发公众的责任感和参与活力，提高基层自治水平，实现政府治理和社会自我调节、居民自治的良性互动，便是新形势下健全基层自治体系的应有之义。健全基层自治体系与当前推进农村基层治理活动的理念不谋而合，亦与依法治理的内在要求相契合。为激发公众对社会治理的基础性作用，县域社会治理规划应重点做好以下几个方面的工作。

1. 全面实行居民自治

县域应当积极贯彻落实党的十八届三中全会关于“发扬基层民主，促进群众在城乡社区治理、基层公共事务和公益事业中依法自我管理、自我服务、自我教育、自我监督”的战略部署和相关要求，充分发挥社区党组织、社区居委会、社区居民“三驾马车”的功能，积极推进社会治理创新，在努力搭建居民自治网络的同时，充分调动居民参与社会治理的积极性，实现社区党建、社区自治和社区居民参与“三位一体”、全方位发展的社区建设新格局。

（1）健全居民自治的党委领导机制。社区党委应坚持以民主化建设为取向，以制度化建设为保障，以维护群众的根本利益为重点，发挥党建工作对社区工作的引领作用，以党建工作科学化激活居民自治的活力。县域应当建构社区工作者的激励机制，加强基层自治队伍的组织化建设。

（2）完善居民自治的运转机制。社区居民自治的表现形式具有多层次性的特点，体现在居委会自治、楼组自治、居民小组自治、家庭自治、社区自治等各种形式。具体而言，一是要完善居委会职能定位，协商社区公共事务；二是要着力推动楼栋自治，共商社区具体事务；三是要建立社区自助互助体系，创新居民自治模式。

（3）加强居民自治的服务体系建设。县域应当要努力协调社区居民利益关系，形成富有本地特色的居民自治制度；健全社区服务体系运行机制，理顺社区内外权责关系，形成规范有序的居民自治机制；着力培养社区意识，

引导社区自治组织、社会组织、志愿者等参与社区建设，形成多方参与的互动机制。

2. 有序推进村民自治

农村社会治理创新，旨在构建公众参与的农村和谐社会，培养公民的理性精神和公共精神，最大限度保障农民的权利，让农民成为村庄治理的真正主体。在村民自治的大趋势下，农民不仅是社会治理的主体，也是社会治理创新工作的主要承担者。县域政府要建立正确的农村社会治理创新机制，从制度层面推进基层农村协商民主和公共事务民主决策的改革，确保村民自治组织和政府治理之间密切配合、良性互动。

（1）增强村民主体意识。村民主体意识的核心是权利意识，其关键在于参与意识，其基本标志是公民意识的养成。总之，独立的人格意识、自由的权利意识、公共事务的参与意识等构成了村民主体意识的重要方面。优化村民自治，增强村民主体意识，可以从以下几个方面入手：一是落实和保障村民主体的自治权。既要明确界定乡镇政府指导村民自治的具体方式，提升广大村民对于村民自治的自觉性，又要强化责任机制，严格规范乡村法治关系，明确乡镇非法干预村民自治的责任形式和责任方式。二是创新村民自治制度，为主体意识培育提供制度保障。县域社会治理要明确界定村民自治主体；要创新组织架构，为村民自治奠定组织基础；完善村务公开制度，为村民自治提供程序保障。三是加强村社互动，为村民自治创建社区平台。农村社区是在借鉴城市社区发展经验的基础上，将分散居住的农民相对集中于一定区域内生活，不仅为村民相互交流与沟通提供机会，也为现代民主、权利、法治意识等主体意识的培育提供了一个有力的平台。县域社会治理要充分利用农村社区这一平台和载体，积极推进村民自治向纵深发展。例如：科学规划，创建农村社区平台；培育乡村民间社会组织；培育具有主体精神的现代村民。要通过农村社区平台，让广大村民置身现代公民的民主、法治、自由、平等主体意识和主体精神的氛围中。

（2）加强村务民主监督。村务的民主监督能够防止村干部腐败，促进农村政治文明的发展。我们可以从以下几点入手来进行村务的民主监督。一是加强村民的民主意识，村民是最好的监督者。这就需要将广大村民从传统的“臣民思想”中解放出来，培养他们广泛的政治参与意识，使他们积极融入民主制度建构的潮流。村民政治责任感的增强有利于日常村务的监督。村干部也要树立自觉接受监督的意识，增强自身的政治素质，明确民主监督的重要性。二是充分完善村务监督委员会的制度。大力提升村务监督委员会委员的专业素养，必须从委员的入选制度入手，严格控制委员当选的流程，确保入选委员能够切实代表最广大人民的根本利益。村务监督委员会委员要拥有足够的专业能力才能胜任，因此可以从大学生村官中选择村务监督委员会成员，以夯实村务监督委员会的队伍基础。三是要确保村务公开透明和监督工作的正常开展。公开是民主制度的基本特征，只有村务公开透明，民主监督权才能够真正实行。村务公开的内容必须是关系到村民生活的、村民感兴趣的、关系到村民切身利益的信息，如财务收支信息。

（3）整合村民自治资源。在村民自治问题上，县乡两级政府要通力合作，深入挖掘基层农村的自治资源，调动农民参与自治的积极性，全方位提升自治水平，确保农村社会和谐稳定发展。可以从几方面入手。一是整合农村自治的文化资源，重点是村规民约的制定和建设，将法律法规制度融入农村的风俗乡约，形成新的符合时代的新乡约和新村规。二是加强农村治理工作的契约化。契约精神应该成为村务管理的基本精神，尤其是在处理各种乡村社会纠纷时，要遵守契约原则。三是充分整合村民自治的各种力量，将各方力量聚集起来，才能激发乡村社会的活力，维护农村社会稳定，将各种非政府组织登记在案，对它们做好日常管理，使其成为政府沟通人民的桥梁。

3. 健全基层服务管理体系

（1）全面推进城乡社区网格化管理。社区网格化管理，作为城乡社区治理的重要手段和方向，对于进一步创新社会治理体制机制，提升社会治理水平，具有重大的理论和实践意义。为把网格化管理做好、做实、做精、做细，社区应当合理划分网格，组建和优化网格管理队伍，强化服务功能，改善社区管理，提高工作效能，完善工作机制，细化工作流程，严格考核问责，以实现社区服务管理的全覆盖、全天候、零距离。

（2）建设城乡社区综合治理平台。社区应当以信息化保障为手段，创新服务群众路径；鼓励每个社区、村逐步建立起综合性、开放式、互动式的社区信息服务平台，拓展社情民意沟通渠道，解决群众急需急办事项，服务社区群众；通过开发专门的app、热线及专门网站，集合多方面的服务项目于一体，完善“智慧社区”的服务基础设施建设。社区应当以社会化服务为支撑，创新全民参与平台。县域加强统筹规划，推进信息资源整合，避免重复建设，建立健全动态更新、联通共享、功能齐全的县域城市社区和农村基层综合信息服务体系。

（五）化解矛盾，促进社会安定有序

在当前形势下，基层农村社会治理的主要任务就是要化解矛盾，将农村地区的各种社会纠纷化解于无形之中。县域政府必须将群众利益放在第一位，做好群众工作，将各方面的利益统筹均衡，从源头上控制社会矛盾的产生，确保人民内部矛盾得到及时处理，降低影响社会稳定的不和谐因素。法律应该成为群众的保护神，要强化法律在基层群众心中的神圣性和权威性，支持和引导群众通过合理合法的渠道来表达利益诉求，健全多种渠道的表达机制和利益协调机制，确保基层社会的安定有序发展。

1. 健全重大决策社会稳定风险评估机制

对于关涉国事民生的重大决策，政府要进行全方位的社会稳定风险评估。风险评估机制也是促进社会和谐发展，实现社会治理创新的重大举措之一，充分体现出科学决策和民主决策的精神，对于预防社会矛盾的发生意义重大。为更好地实现变事后被动处置为事前主动防范，必须明确，健全重大决策社会稳定风险评估机制的关键在于搞好调查研究，完善风险评估，并做到依法、科学、民主决策。具体而言，县域应当建立重大决策社会稳定风险多元主体协同评估模式，特别是要积极探索建立“第三方”评估制度，建立统一、科学的评估程序，健全公共决策社会公示制度、公众听证制度、专家咨询论证制度，建立重大决策终身责任追究制度和责任倒查机制。

（1）深入开展社情民意调研。县域政府在展开基层社会治理之前，必

须进行社会信息的调查和收集，可以采用现代网络技术手段来加强对民情和民意的了解，根据调查结果制定政策，才会制定出令人拍手称快的好政策。对于舆情的收集和研判要科学、慎重，每逢重大决策出台和重大事件发生，政府都要及时跟踪舆论的走势，研究社会舆论的变化状况，进而采取积极的应对措施。

（2）加强社会稳定风险评估。农村基层社会稳定风险评估是一项复杂的工作，必须从头至尾明确评估主体、评估范围、评估程序，评估责任的分配和评估活动可操作性都要考虑在内。基层社会稳定评估工作的规范化可以从以下几个方面展开。一是确立多元评估主体。多元主体协同评估才能确保评估结果的准确有效，政府要严格遵守“谁决策、谁负责”的原则，明确各方评估主体的责任清单。二是划定评估范围。评估对象并不是任意选择的，只有那些涉及群众利益、关系重大的决策才会被列入评估范围。重大决策要设立基本的衡量标准，何谓重大值得深入研判。从当前的情况来看，重大决策事项主要包括企业改制、基础建设、房屋拆迁、社会保障等。这些事项的决策应该尽可能纳入重大决策评估的范围，一方面切实保护群众利益，另一方面消除不稳定因素。三是要进一步优化评估的基本程序。一般来说，每一项重大决策必须经过以下步骤或程序：第一，组建评价机构，明确评价对象和责任主体；第二，对事项进行全方位的调查研究，全面收集信息和资料；第三，采用科学的测量工具，初步对收集的资料进行整理、分析和研究，进行预判；第四，组织专业评估人员，进行正式评估，并完善评估报告；第五，呈送评估报告，确认评估结论。

（3）实施依法、科学、民主决策。一是要健全决策程序。县域应当充分考虑可能出现的社会风险、环境影响、矛盾纠纷及其他各类不稳定因素，及时发现各种苗头性、倾向性、潜在性问题，把公众参与、专家论证、风险评估、合法性审查和集体讨论决定作为各级政府重大决策的必经程序，确保决策科学、程序正当、过程公开、责任明确。二是要落实决策标准。经过社会稳定风险评估，同时具备下列条件的，方可做出同意实施的评估结论：符合法律法规和政策的规定，符合经济和社会发展总体规划，符合国家利益、公共利益和人民群众的根本利益；经过公示和民意测评，获得绝大多数群众认同；参与社会稳定风险评估的部门单位和专业机构的意见一致或基本同意；排查发现的矛盾和分析预测的风险，已经或能够有效化解和控制。经过社会稳定风险评估，具有下列情形之一的，应做出暂缓实施的评估结论：应当公示的内容尚未公示，或者公示范围未达到全覆盖，对社会稳定存在重大隐患；经过公示和民意测评，未得到绝大多数群众认同；参与社会稳定风险评估的部门、单位和专业机构对核心问题的处理意见存在重大分歧；被媒体、网络持续负面报道形成热点；存在的重大矛盾和问题暂时无法化解消除，实施条件尚未成熟；其他应当暂缓实施的情形。经过社会稳定风险评估，具有下列情形之一的，应做出不予实施的评估结论：违反法律法规、政策和经济社会发展总体规划；侵犯群众利益、与民争利；存在大量矛盾和问题不可能解决；容易引发相关地区、部门和利益群体连锁反应、攀比，严重影响社会稳定；其他应当不予实施的情形。

（4）强化决策失误责任追究。县域应当建立重大决策终身责任追究制度及责任倒查机制，对决策严重失误或者依法应该及时做出决策但久拖不决造成重大损失、恶劣影响的，严格追究行政首长、负有责任的其他领导人员和相关责任人员的法律责任。

2. 形成畅通有序的群众诉求表达机制

随着时代的发展，群众诉求正在日趋多元化。我们必须深入研究群众诉求的变化规律，开通多种群众诉求的表达渠道，加强各种专项问题的表达机制建设，创造有利于群众诉求表达的、良好的、宽松的环境。

（1）健全信息获取机制。县域政府要充分遵守信息公开的原则，主动发布与群众关系密切的政府工作信息，保障群众的基本知情权。公民有基本的参与听证和阅读政府卷宗的权利。信息公开，才能保证群众充分了解公共决策和公共事务。群众也才能够第一时间根据决策变化来维护权益。如果信息不透明，全都是暗箱操作，群众没有信息的获取渠道，久而久之就会积累矛盾，产生社会纠纷。

（2）畅通诉求表达渠道。一是要健全公开透明的表达方式。县域政府要建立县长邮箱、民生热线，专门受理群众的诉求，确保民意畅通，完善邮政和网络信息传递平台，方便群众网上表达意见。县域应当构建征集、遴选、报送、反馈、查询等功能为一体的人民建议征集官方网络信息平台，拓展建议征集内容和范围，及时把重要的人民建议办理情况通过网络向社会公开，让人民群众更加便捷地参与人民建议征集工作。二是要确保诉求表达机制的多样化。民意的表达会受到官僚体制的层层审查，单一的民意传达渠道不足以确保民意的完全表达，县域政府要健全多种民意的表达渠道，充分发挥人大、政协的作用，体察民意和民情，还要鼓励社会团体组织、大众媒体行使自身职能，向公众提供利益表达的渠道。政府要深入开展联系群众的活动，每周设立群众接待日，为群众排忧解难，倾听他们的诉求。三是建立理性的表达机制。县域政府要引导群众采取理性的表达方式，对群众进行思想疏导，全面开展群众工作，确保群众的每一个合理诉求都能得到完美解决和回应。

（3）加强改进信访工作。一是要整合服务资源，完善联合接访机制。县域应当对群众反映的诉求和困难，按照“属地管理、条款结合、分清责任、抓紧办理”的原则，实行乡镇（街道）、村（居）、部门、单位联动解决。二是要建立信访新闻发言人制度。在“人人都有麦克风，个个都是通讯社”的新媒体时代，信访部门应主动发声，及时回应公众诉求。县域信访部门应当建立新闻发言人制度，发言人由信访部门主要负责人担任，信访部门应定期、不定期召开新闻发布会，实现新闻发布工作常态化。三是要引导群众依法逐级反映诉求。县域应当严格落实《信访条例》关于“属地管理、分级负责，谁主管、谁负责，依法、及时、就地解决问题与疏导教育相结合”的原则，健全依法、及时、就地解决群众合理诉求机制，进一步强化属地责任，引导信访群众依法、逐级、理性表达诉求，通过正常渠道和法律途径解决问题。四是要建立涉法涉诉信访依法终结制度。县域应当改革信访工作制度，健全、及时、就地解决群众合理诉求机制，落实诉讼与信访分离制度，健全信访工作协作配合衔接机制，确保符合条件的涉法涉诉信访依法导入司法程序处理，完善涉法涉诉信访依法终结制度，引导涉法涉诉信访问题按法定程序妥善解决。

（4）改进行政复议体制。县域应当建立统一的行政复议受理中心，行政复议受理窗口可以设在行政服务中心内，负责接收所辖部门及辖区内的行政复议申请，实行统一受理、统一管理、归口办理。行政复议受理中心的具体设置及工作方案由县政府法制办根据当地具体情况制定。县域应当鼓励有条件的地方在乡镇、街道设置行政复议受理中心，配备行政复议联络员，接受行政复议申请、对简易案件先行调解，并提供行政复议咨询。

3. 推行广泛覆盖的社会矛盾调处机制

县域应当积极创造条件，完善调解、仲裁、行政裁决、行政复议、诉讼等有机衔接、相互协调的多元化纠纷解决机制，引入人大代表、政协委员、社会组织等第三方化解矛盾纠纷，继续推进集人民调解、行政调解、专业仲裁和司法诉讼功能于一体的涵盖各类矛盾纠纷调处的“一站式”服务模式，形成“集成一体”“衔接联动”的调解聚合体系，使社会各方力量在矛盾纠纷调处过程中各尽所能，进一步提高矛盾纠纷的调处效果。

（1）健全社会矛盾多元调解体系。社会矛盾的调解机制必不可少，要充分结合人民内部调解、行政调解、司法调解等多种调解方式，形成基层社会矛盾多元调解系统，凝聚合理，将社会矛盾解决在最小状态。健全调解体系可以从几个方面着手。一是要加强领导，县乡两级政府要重视社会矛盾排查和调解的重要性，落实岗位领导的责任制。通过政府部门的统一领导，落实行政、司法等多种调解机制。二是要重视人民调解。人民内部矛盾就应该充分发挥人民调解的作用，将社会矛盾消灭在萌芽状态。县域政府要着重建立覆盖乡镇、村居和各个行业部门的调解组织部门，加强流动人口集中地区的矛盾纠纷调解组织建设。政府可以斥资建立专业的纠纷调解队伍，为他们提供足够的经费保障，促进矛盾纠纷化解。三是要加强行政调解的力度。行政调解中心应该设在县政府，专门负责调解县域内的重大纠纷和行业纠纷。行政调解要建立工作的问责和考核制度，确保调解工作的公平公正。四是要完善司法调解。诉前调解应以劝导为主，引导当事人优先使用调解方式来解决纠纷，集合人民的力量，力争将纠纷化解在诉讼之前；诉中调解要切实落实工作责任，健全调解的工作程序和机制，司法确认程序要尽量简化，尽量促进撤诉与和解；诉后调解重点是健全判后答疑的制度、信访听证的制度，确保纠纷的合理解决。五是要加强人民调解、行政调解、司法调解的融合，建立工作的对接机制，合力推进基层社会矛盾纠纷的化解。

（2）强化源头治理社会矛盾纠纷。县域应当充分发挥基层社会矛盾排查调处中心作用，加强社会舆情汇集分析和矛盾纠纷预警。县域应当建立健全村（居）矛盾调解委员会及信息员队伍，充分发挥基层党员干部、社区工作者、志愿者的作用，着力构建覆盖全面的矛盾纠纷排查网络，坚持定期排查、不定期排查和专项排查相结合，把绝大多数矛盾纠纷化解在基层。

（3）依靠社会力量化解矛盾纠纷。县级政府部门应鼓励和支持社会组织参与矛盾纠纷化解，引导人民团体、行业协会成立调解组织或咨询机构，妥善处理矛盾纠纷。县级工会、共青团、妇联、残疾人联合会等人民团体应在本系统内部成立调解组织，积极开展涉及职工、青少年、妇女、残疾人士等的矛盾纠纷调解工作，将各类矛盾纠纷化解在系统内部。县级政府部门应积极引导各类行业协会和其他社会团体积极参与调解工作，倡导在各类行业协会内部成立调解组织或咨询机构，培育一批具备专业能力和调解经验，具有良好社会信誉，能够为群众提供优质调解服务，满足社会需求的专业化调解人才。

（4）发挥网络科技优势化解矛盾纠纷。面对矛盾纠纷多样性、关联性、组织性和易变性的新特点，只有与时俱进地运用信息化思维，发挥网络科技优势，才能更好地提升化解矛盾纠纷、维护社会稳定的整体效能。县域应当立足大数据思维，利用省级矛盾纠纷排查调处云平台，网上办理矛盾的受理、交办、承办、督办与销账，对可能引发、影响稳定问题的矛盾纠纷，实行三级预警。

（六）推行法治，提升依法治理能力

在社会治理领域，只有充分发挥法治的引导、规范、保障、惩戒作用，实现社会治理法治化，才能实现权力与权利的有机统一、社会依法治理与民众参与治理的有机统一、利益诉求渠道与各种社会矛盾化解的有机统一、社

会维稳和公民维权的有机统一。因此，县域要推进社会治理法治化，就必须以法治精神来引领社会治理，以法治思维来谋划社会治理，以法治方式来实施社会治理，以法治标准来评价社会治理，以法治秩序的实现作为社会治理的目标。这些要求与农村基层治理法治化的内在要求是一致的，对推进农村基层依法治理是必要的。为提升依法治理能力，县域社会治理规划应重点做好以下几项工作。

1. 促进依法行政

创新社会治理的主要目标之一是在有效规范行政机关行使权力的同时，为社会治理和群众自治的良性互动留下足够的空间，实现社会领域权力与权利的均衡。如前所述，农村地区作为依法行政的最前沿阵地，切实加强农村基层政府的依法行政，是维护农村社会稳定，构建和谐农村的迫切需要。

（1）依法规范行政职权与职责。从县域社会治理规划角度看，就是要按照“法定职责必须为、法无授权不可为”的要求，全面梳理政府各部门行政权力和责任，编制权力清单、责任清单和负面清单，及时通过网络等新媒体平台向社会公布，促进行政机关依法履职，实现机构、职能、权限、程序、责任规范化、法定化、程序化，纠正社会治理领域行政不作为、乱作为，坚决克服懒政、怠政，坚决惩处失职、渎职。县域应当加快推进政府机构改革，优化政府组织结构，推进扩权强县、扩权强镇改革，创新政府履行职能的方式方法，改革基本公共服务提供方式，大力推行政府购买服务。

（2）完善行政权力的运行机制。行政权力要在相关机制的约束之下，才不会出现重大问题。一是依法决策机制要完善。重大行政决策的法定程序是在党的十八届四中全会上提出来的，具体内容是公众参与、专家论证、风险评估、合法审查、集体讨论决定。这对于行政决策的程序进行了系统的规定。县级政府应该据此为县域每一项重大行政决策制定明确的决策程序，明确五项程序的具体规范和要求，确保重大决策法治化，做出符合民意的科学决策。二是要严格规范，文明执法。县级政府要采取执法审核制度，执法人员要持证上岗，执法过程要可追溯，全记录。执法程序上，县级政府要细化各种操作流程，对于行政收费、行政检查等行为进行严格规范。三是推进县级政务公开制度建设。政府办公应该是完全开放给公众的，不能关起门来办公。政务公开可以确保人民群众的知情权，也可以将政府权力的运作置于人民群众的监督之下。公开办公应该成为常态，特殊情况下可以秘密办公，但不能总是让政府办公处于秘密状态。

（3）切实提高依法行政水平。法治思维水平如何直接关系到行政人员依法行政的水平。县级行政部门应加强对行政人员的法治教育和培训，切实提高行政人员特别是“一把手”的法治思维能力，提高其依法行政的意识和能力，同时完善行政人员学法守法用法考评机制，把依法决策、依法管理、依法办事能力和个人遵守党纪国法的情况纳入年终综合考评的重要内容。

2. 推进公正司法

司法机关处理各类案件、化解矛盾纠纷的过程，本身就是发现社会问题、参与社会治理和理顺社会关系的过程。司法是实现社会治理机制科学有效运行的重要保障。司法通过确认、保护、监督、制约等功能，为社会治理任务的完成和有关社会治理主体依法履行职责提供公正、有效的法律保障。

（1）维护司法权威。为确保司法独立，维护司法权威，县级政府要建立领导干部插手司法案件的记录和追责制度，将相关事项写入档案。对于那些干预司法独立，造成司法腐败的干部要坚决予以惩处，轻者可以开除党职，造成冤假错案者要追究刑事责任。司法机关人员同样不能干预司法，凡是干预办案的行为，都要记录在案，以备万一。对于公职人员和行政人员拒绝出庭的行为，县政府要制定相应的问责机制。

（2）完善司法权运行机制。一是要完善庭审工作机制。基层法院应当充分发挥审判特别是庭审的作用，这是确保案件处理质量和司法公正的重要环节；通过优化资源配置，明晰审判责任，形成以主审法官为核心，其他成员各负其责、协调配合、运转高效的审判权运行机制。二是要完善法院调解机制。基层法院应当通过提升审判人员的调解能力，完善调解考核激励机制，不断激发与提高审判人员的调解工作热情与调解工作能力。基层法院应当通过完善法院调解运行机制与监督机制，提升法院调解在解决纠纷中的积极作用。基层法院应当积极推行巡回集中调解，对一些案件量较大的乡镇和重点行业，积极实施集中诉前调解，最大限度地减少诉讼成本。在基层法院设立诉调对接中心，在基层派出所建立调解工作室，与各类调解组织双向互动，及时有效地把矛盾化解在基层。三是要健全诉后执行和监督机制。基层法院应当加大诉后的执行力度，对单位的执行要纳入联动机制建设；加快与网络信息平台对接，利用互联网信息通报形成对被执行人的执行压力，加速与旅馆酒店信息系统、高速车辆管理信息系统、民航（铁路）售票系统等信息系统共享协调对接，加强征信系统建设；坚持诉后执行机制常态化，加大执行惩戒力度。四是要完善司法责任追究机制。基层法院应当完善错案纠正机制，坚决纠正冤假错案，实行错案责任追究机制，对错案启动责任倒查程序，依法从严追究责任。

（3）健全人民群众参与司法活动机制。一是要健全司法公开制度。基层法院应当依法及时公开执法、司法的依据、程序、流程、结果和生效法律文书，杜绝暗箱操作；加强法律文书释法说理，健全生效法律文书统一上网和公开查询制度；完善普通公民旁听庭审机制，以审判流程公开、裁判文书公开、执行信息公开三大平台建设为抓手，积极推进审判公开，拓宽公众参与司法的渠道。二是要完善人民陪审员制度。基层法院应当提高在涉及群体利益、公共利益、相邻纠纷，人民群众广泛关注的案件中人民陪审员的参审比例，充分发挥人民陪审员富有社会阅历、了解乡规民约、熟知社情民意的优势。三是要完善人民监督员制度。人民监督员制度是为实现对检察机关办理直接受理立案侦查案件的监督制约所构建的一种规范的外部监督制度。基层检察院应当完善人民监督员制度，重点监督检察机关查办职务犯罪的立案羁押、查封扣押冻结财物、起诉等环节的执法活动。

3. 引导全民自觉守法

自觉守法对于实现县域社会治理法治化至关重要，它是推进依法治理实践活动成果的检验标准之一，特别是在农村地区，更是应该将引导全民自觉守法作为农村基层依法治理成效的重要检验标准。

（1）健全全民法治宣传教育机制。县域应当建立党政主导、党委宣传部门和司法行政部门牵头、相关部门协同、社会参与的普法工作体制。县级主流媒体要开办常态化普法节目或专栏，制作法治公益广告，推行媒体公益普法。县级政府要将公共法律服务纳入公共服务发展规划和政府购买服务范围，建立集律师、公证、司法鉴定、人民调解、法律援助于一体的综合性公共法律服务平台，逐步推进乡镇法律服务所（站）建设，把公共法律服务纳入乡镇便民服务中心服务内容。县域应当全面推行基层社会法律顾问制度，推动律师和法律工作者担任村等基层组织法律顾问，鼓励企业设立公司律师，加快实现法律顾问制度全覆盖。

（2）深入开展法治实践活动。县域应当深入开展法治示范乡村、依法行政示范单位、诚信守法企业等创建活动。县域应当实施法治惠民工程，从解决环境保护、食品药品安全、司法救助、治安环境优化、平安校园建设、基层无邪教创建、民生案件侦办等社会关注的热点、难点问题入手，每年为群众办理一批法治惠民实事，使抽象的法治建设具体化，让法治建设成果惠及群众。

（七）完善措施，强化社会治理保障

与前文所述的“农村基层治理的法治化路径”理应需要程序法治的保障一样，县域社会治理也需要构建一张由社会治理规划、社会治理资金支持、政府采购社会服务、社会治理考核评价体系和督查监督等措施组成的保障网。为此，县域社会治理规划应重点做好以下几项工作。

1. 强化组织保障

（1）加强党委领导。为贯彻落实好党中央对社会治理创新的重大部署，要求县乡两级党委加强对社会治理的领导，把社会治理工作放在党委工作更加突出的位置，结合各地实际，科学制定社会治理的大政方针，建立党委统一领导、政府负责落实的领导体制和各部门协作的配合机制，把加强和创新社会治理纳入领导班子和领导干部绩效考核范围，充分发挥好各级党委政府在社会治理中的重要作用。一是要始终坚持党在社会治理中的领导核心地位。应当充分发挥党委在加强和创新社会治理中总揽全局、协调各方的领导核心

作用，完善党委领导、政府主导、综治协调、部门负责、社会协同、公众参与的社会治理工作新格局。二是要不断提高党治理社会、服务社会的能力。社会治理需要党的建设保驾护航，党的建设需要社会治理扩大影响。应当努力把党的领导作用渗透到社会治理的各方面、各环节，把党的政治、组织优势转化为治理、服务优势，不断提高引领社会、组织社会、治理社会、服务社会的实践能力，统筹好各种社会治理资源和力量，真正形成社会治理合力，实现党领导作用的全覆盖。三是要不断加强基层党组织建设。加强党的基层组织建设，最好的载体和抓手就是加强基层服务型党组织建设，把工作重心转移到服务上来，实现民心在基层聚集、资源在基层整合、问题在基层解决、服务在基层拓展。把基层作为党的建设的切入点和重点，发挥好基层党组织的作用，把基层党建的好做法、好经验制度化，使基层治理进一步科学化、规范化。四是要探索加强社会组织的党建工作。随着政府职能转变和社会治理创新的不断加强，各类社会组织发展迅速，这个新领域对传统党建工作运行机制提出了新的挑战。加强社会组织的党建工作，要按照“抓点扩面建组织，凝聚民心谋发展”的要求，立足于建，着力于管，不断创新党建活动载体。五是要发挥党员干部队伍的先锋模范力量。榜样的力量是无穷的，县乡两级党委（党组）要注重选拔、任用法治意识强、善于运用法治思维和方式解决问题的优秀干部，在领导班子中配备具有法律专业背景或者相关工作经验的成员。

（2）健全社会治理组织机构。一是要充分发挥社会管理综合治理委员会（以下简称“综治委”）在社会治理中的组织领导和协调作用。要加强领导、统筹协调，落实责任、健全机构，创新社会治理工作协调机制，大力发挥综治委在社会治理中的组织领导和参谋协调作用。综治委要继续充分发挥协调管理的纽带桥梁作用，当好党委的参谋，加强协调，积极组织沟通，协调各部门、单位努力解决社会治理中存在的突出问题，尤其要重点关注综治委成员单位、涉及多部门职能交叉需要多部门配合完成的社会治理问题，在协调中促进相关政府部门充分履行职责。二是要探索成立社会工作委员会。社会治理是一个庞大而复杂的系统工程，涉及社会建设的方方面面，建议县级探索成立与社会治安综合治理委员会地位平级、职能互补的社会工作委员会，作为一个新成立的机构，社会工作委员会实行委员制。县综治委和社会工作委员会的日常工作都由政法委员会具体承办。县级社会工作委员会要建立完善的社会工作运行机制，确保决策和执行之间的分离，专门负责处理社会工作中的重要问题。

（3）强化干部队伍建设。基层干部是基层社会治理现代化的关键，也是党的政策的具体执行者，肩负着将中央的方针政策落实到基层农村社会治理实践中的重任。因此，县级党委必须注重基层干部队伍的建设，不断提升他们的思想素质水平，尤其要培养他们面临重大社会问题时的决断力和执行力，确保基层社会的敏感、复杂和紧急问题得到及时解决。

2. 加强制度保障

县域社会治理应当要完善政策保障，优化资金管理和使用，将社会治理工作纳入经济社会发展总体规划，完善配套措施，对社会治理创新给予制度保障。

（1）将县域社会治理规划纳入县域经济社会发展总体规划之中。在总体规划制定中，要解决好以下几方面的关键问题：第一，切实提高规划部门的规划能力，加强对重大问题、重大政策和关键问题的研究能力和分析能力；第二，解决好规划编制中的各方参与问题，要重视公众参与，充分听取和体现公众需求；第三，充分考虑规划与财力的结合，努力避免治理规划与财力规划脱节，避免出现“先规划，有钱就干，没钱就放着”的做法；第四，努力实现治理规划与部门战略的一致性，通过制定专项规划来体现部门战略；第五，切实保证治理规划得到执行，避免治理规划制定后无人过问，实际工作并不按规划来开展，避免规划成为“鬼话”、空话。

（2）推进与社会治理有关的财政性资金纳入政府购买服务保障范围。县域要依法将社会治理有关的政府购买活动（包括商品和服务）纳入招标与采购管理，推动利用信息网络进行电子化政府采购活动；全力保障综治责任单位采购符合法律法规，以及政府采购政策规定的技术和服务。县域可探索成立社会治理规划与资金整合领导小组，加强与其他部门的协调配合，把各级“碎片化”支付的财政资金整合到社会治理创新的“蓝图”上来。

（3）建立社会治理评价指标体系。一是要加强对社会治理效果的治前、治中、治后考核评价。治前评价主要体现在治理规划的可行性研究报告上，要在社会治理规划的立项阶段介入整合、协调；治中评价主要体现在治理规划的实施过程中，要将社会治理规划的资金保障状况、政府采购执行状况纳入考核范围；治后评价主要体现在对治理结果所展开的深入、细致的绩效评价上。二是要加强对社会治理责任单位的考核评价。要对社会治理责任单位实施较为严格的考核制度，采取综治“一票否决”“黄牌警告”“限期整改”等措施强化社会治理责任；要实施定量与定性相结合的综治责任单位考核办法，加强部门协查，实施综治责任单位差异化考核，同时要强化综治考核结果的运用，作为组织考察、人事晋级、评先奖励的重要依据。三是要加强对公务人员的考核评价。对政府公务人员要采取激励措施，激发其工作活力，同时要将考核结果与其职务晋升挂钩。四是要加强机关对下属单位的评价。社会治理责任单位机关要根据政府或者上级业务主管部门的考核指标，强化对下属单位的考核。例如，采取查资料、走访、听汇报等多种方式，实施长期的、跟踪式的考核。

（4）健全监督检查制度。一是要建立健全严格的过错问责机制。对因社会治理工作不落实，导致发生影响稳定问题的地区、部门和单位，应当按照责任主体严格实行责任倒查。二是要强化督查指导。县域应当突出督查重点，采用合理的督查方式，按照科学管理原则，有针对性地提出治理创新办法，善于发现、解决问题，加强日常指导，善于总结推广经验。县域应当加大明察暗访力度，对存在的问题及时予以抄告督办，限期整改，并把明察暗访情况作为年度目标管理考核的重要依据。县域应当落实挂点联系和委员巡查制度，帮助解决社会治理工作中的困难，督促解决突出问题，及时开展专项综治整治活动，开展矛盾纠纷集中排查和综合治理专项活动，重点解决一批社会突出矛盾和苗头性、倾向性问题。三是全过程体现社会治理的县域经验，制定复杂性、综合性极强的社会治理规划，既要在理论上详尽论证，也要体现县域特色和县域元素。例如，在一些县（市），社会稳定风险评估、行业矛盾化解、肇事肇祸精神障碍患者救治救助监护、重点青少年服务管理、社区网格化管理、社区戒毒与社区康复、维稳“三支队伍”建设等工作取得了一定成效。那么，社会治理的这些县域经验如何在规划中体现并不断创新呢？我们认为，应坚持“三个创新”（理念创新、方法创新和机制创新），紧扣“基层”和“社会”来编制县域社会治理规划。在推广有益经验做法的同时，县域社会治理应当在以“三个创新”为中心的新理念指导下，不断创新，不断推进基层治理法治化。需要注意的是，县域社会治理应当充分借助社会力量来处理社会问题，特别是要引入多方力量参与到社会治理中来。既要发挥好党政机关的引领作用，同时也要注重提高民间组织的服务能力，扭转以往重管理带来的不良趋势。另外，在社会治理方式上，还可以考虑以经济手段助推基层依法治理问题。如此种种，主要是要体现社会治理手段的多样化和社会治理效果的显著性。

综上而言，县域社会治理的规划编制应当在主要内容上始终紧扣基层治理和社会力量的参与，将指导思想、原则、目标侧重于基层社会治理中党的领导，同时考虑政府托底保障、社会的公共安全、公共秩序等，坚持源头治理、综合施策。特别要强调的是，县域社会治理应当以关注民生为基点，强调以人为本、服务为先和多方参与，实行系统治理、依法治理、综合治理和源头治理，提高社会治理法治化水平。

第七章　公共管理视角下城市基层治理实践创新研究

第一节　基层治理中社区构建依法自治机制

物业小区是指在城市一定区域内具有相对独立居住环境的大片居民住宅，既包含配有相应公用设施及非住宅房屋的居住区、花园住宅，也包含在城市老旧社区由独立住宅楼组成的住宅组团。物业小区自治，是指小区业主在党的领导和政府的支持下，依据国家法律法规和业主大会通过的管理规约类文件，共同管理小区各项事务的治理模式。物业小区作为当前城市社区的主要组成单元，在法治的框架下，激发小区业主的自治意识，引导规范自治行为，完善自治体制机制，将是新时期推进依法治国的基础性、先行性重要环节，也是创新城市治理体制机制的重要内容。

一、城市物业小区自治的现状与问题

小区自治事务牵涉的对象主要包括业主、物业服务企业、居委会、政府职能部门。业主是小区自治的主体，在国家法律中有界定的业主自治形式有业主大会、业主委员会（以下简称“业委会”）和业主监事会。业主可以成立业主大会，选举业委会，设立业主监事会。业主大会是决策小区自治事务的权力主体，业委会是代表物业所有权人对物业实施自治建设的组织。业主监事会代表全体业主监督业委会的工作。区、县人民政府房地产行政主管部门、镇人民政府、街道办、居委会负责指导业主成立业主大会，选举产生业委会，并和其他相关职能部门一起协助解决小区治理中出现的问题和纠纷。物业服务企业依法配合业主进行小区管理。目前，城市物业小区自治主要存在以下问题。

（一）意识、途径双缺失，业主参与自治难依法登记

取得或合法占有物业专有部分的人，认定为业主。现代社会单元楼“阻隔”人情联络，公民有被动接受政治领导的惯性，导致很多公民对于公益组织和活动漠然麻木，行使权利的意识和愿望淡薄。例如，法律规定，业主选聘物业服务企业，需由全体业主半数以上的人投票通过。实际情况是每次参与的业主数都未能达标，最终只能由居委会挨家挨户敲门征集选票。此外，业主组建自治组织，发起人往往只能通过邻里的缓慢扩散来集合小区业主，而难有更快捷有效的方式来联络沟通。其他业主也缺乏平台来互相认识、获取小区公告、法律知识等信息，以及参与自治活动，所以难以提升法制意识、权利意识。当业主自身权益受到侵害时，容易反应迟缓、错过最佳维权时机，或反应过激、采取极端方式维权。

（二）理论与实践相距较远，业主大会运行难

法律规定，成立业主大会需要占已交付使用物业业主总人数 20 % 以上业主联名，或已交付使用的物业建筑面积达到物业管理区域或者先期开发部分建筑面积 50 % 以上（以下简称“单占”）。如果业主发起人得不到小区业主名单和联络方式，抑或小区入住率低，都难以成立业主大会。而成立后的业主大会在决策时，重要事项需要占建筑物总面积 2/3 以上且占总人数 2/3 以上的业主同意，其他事项这两个比例则要超过 1/2（以下简称“双占”），在现实中也不易操作，导致业主大会形同虚设、权力空置。

（三）业委会区域发展不平衡，兼职成员条件达标难

在业主大会、业委会、业主监事会中，业委会是更为常见的自治形态。“时间、公心、专业”是业委会成员缺一不可的条件。业主成立业委会，多是认为自身权益受到了建设单位或物业服务企业的侵害，希望通过自治来维权。目前社区业委会的自治问题主要有：小区矛盾解决后，业委会便不再作为，形同虚设；成员在长期管理公共资金过程中滋生腐败、私自挪用、管理松散的问题，而监管机制和处罚措施缺乏；成员治理能力不强、法律知识欠

缺，在小区事务中反倒给政府和物业服务企业的正常工作造成困扰；朝九晚五的全日制工作状态，让大多数成员难以发现小区白天存在的问题；等等。所以在体制机制和治理条件不完善的情况下，以现实中兼职的工作状态，很难有满足上述三个条件的业委会人选。

（四）责重权轻不专业，社区居委会引导协助难

部分业主将居委会当作有义务解决小区纠纷的政府机构；物业服务企业交给区房管局的年审材料中，“诚信意见表”必须居委会签署合格意见。因此，业主和物业服务企业双方解决纠纷的突破口经常都聚焦在居委会身上。小区业主发起自治的实践，客观上增加了居委会需要处理的纠纷案件，但居委会没有政府职能部门的身份和行政权，对业主自治的权力认知模糊，对小区自治的发展持观望怀疑态度，对相关的法律法规不熟悉，对于协助、指导小区依法自治也缺乏实战经验。因此，权责不对等、业务能力不足造成了居委会在这方面的工作量大、效果有限，它们自身也苦不堪言。

二、城市物业小区自治能力薄弱的原因分析

（一）自治法规滞后

对于社区自治，我们现在还没有专门的法律来规范。物业管理类的法规之中存在一些涉及小区自治的内容，但也只是对小范围的自治活动的规定。《物业管理条例》并没有明确规定政府部门和居委会在小区自治活动中的权力、责任和角色。上下级文件的传达也出现责任不明的问题，致使自治组织和居委会之间产生纠纷和矛盾。法律如果没有明确规定一些刚性要求，就可能导致实践中的弄虚作假，活动计划失败。当前法律法规在业主委员会收费问题上没有做出明确规定，致使税务登记和发票开具上出现盲区，业主的财产权无法得到保证，从而引发业主和物业之间的矛盾。普法也存在滞后性，区和镇（街）普法的重点面向物业服务企业和居委会，以基本的政策法规宣讲、印发小册为主。对于零星分布的广大业主，普法活动很难有效进行。小

区自治概念新、实践少，群众对政策的知晓率低，导致在小区自治中，矛盾各方难以用法律来解决冲突、维护权益，居委会作为指导协调方，对政策也是一知半解。

（二）自治制度不完善

当前的业主自治在制度和规范层面还有待完善。一是制度条文多是大而化之的原则性规定，并没有对具体的操作程序做出规定，规定不明确就无法确保业主的参与权和决策权。二是小区自治参与的渠道不通畅，参与的平台不够完善。信息沟通和诉求传达机制的不够完善主要表现在两个方面，从纵向诉求表达来看，广泛表达的行政渠道缺乏，从横向业主之间的联系来看，业主之间无法进行及时有效的沟通，形成集体决议。三是业主自治组织的监督不够。一旦业委会进行违规操作，是否处罚、如何处罚等具体问题没有规定，进而出现资金流动无据可查、业委会不作为的现象。

（三）自治功能软弱

社区自治应该是一项强有力的组织工作，功能上软弱就无法确保自治工作的顺利集中进行。一是业主委员会定位错乱引发功能不足。业委会有责任配合政府进行社区建设和维护社会治安，这是法律所规定的。但是具体的工作职责和分工情况却相当模糊，没有细化，导致政府行政权力的边界无法确定。从本质上来说，居委会的首要工作是组织居民开展自治活动，接着才是配合政府工作。但是，抽象的职责规定导致居委会在实际工作中无法认真履行本职工作，而是将大多数精力都放在配合政府进行行政管理上。长此以往，必然会使居委会对自治活动的组织能力减弱，甚至名存实亡。二是业委会的自组织能力还需要提升。要成为业委会成员，必须具备一定的条件，不仅在时间上要满足，还要拥有一颗公益心，甚至要有某一方面的专长。现实情况是，业委会委员多为大龄退休人员，拥有大量时间，却没有专业的法律和财务技能。保障业委会成员公正无私的监督机制也不够健全，致使腐败出现。三是自治资源缺乏。业主自治组织在筹建初期难以得到政府、居委会，特别是物业服务企业的有效协助。成立后，也多是孤军奋战，政府的支持力度不够，也没有一个高效的治理平台和管理手段来帮助克服法律和体制机制不健全带来的障碍。

三、提升城市物业小区自治能力的对策建议

（一）完善基层制度条例，“三种渠道”推动健全自治法规

小区依法治理，就是要科学合理地调整和规范相关利益关系，习惯在法治框架内、法治轨道上解决各种治理问题。因此，要积极建立法治的权利义务机制和权力责任机制，来保障自治主体既依法享有权利、行使权力、维护权利，又依法切实履行义务、承担责任。国家法律法规的出台和修订具有一定的滞后性和长周期性，而小区自治的实践已超前于现有法律，在这种情况下，要善于发挥基层制度条例灵活度高和针对性强的特点，通过先行先试、不断完善的方式，为高层法规的修订奠定基础，也让现有的自治实践有章可循。

渠道一，地方政府出台实施办法。在小区自治上，国家和省的法律法规较为宏观、笼统，在市一级对法律法规进行了细化，在区一级具体操作时，应对这些细则出台实施办法。对于法律条文中的模糊字眼，在实施办法中要进一步说明，特别是权责问题，要界定小区自治牵涉各方的权利和责任，要规范和明确权力运行的程序、环节、过程、责任，并且这些规定要可执行、可考核，也可问责。也就是明确从政府职能部门、居委会、物业服务企业到业主自治主体的权责清单。

渠道二，业主自治组织制定管理公约。党的十八届四中全会提出，要推动全社会树立法治意识，发挥市民公约、乡规民约等社会规范在社会治理中的积极作用。在法律法规的盲区，应鼓励业主大会在遵守社会公约和道德约束的情况下，通过小区议事规则、管理规约、物业合同进行探索和补充，如深圳南天花园小区业主在与物业服务企业的合同中增设“业主大会收物业费”的条款，使得业主财产的所有权回归业主自身。除了物业费、物业维修资金这些长期引发争论的议题，业主自治组织工作人员的酬劳、未参与小区议事

的业主的选票处理办法等都是伴随着业主自治的发展出现的新问题，都应在小区业主和物业服务企业的共同协商下立约规定、共同遵守。唯有有据可依，小区自治才能有序操作。

渠道三，强化基层经验反馈通道。无论是基层政府细化的权责清单，还是民间智慧创新的小区规约，都要通过一定的技术手段开通一条实时反馈通道，如果这些规则和规定在实践中不合适或遇到操作困难等问题，政府可以第一时间掌握情况、疏通处理，并且将经验整合，作为条例办法的修订参考，省去了专门的调研成本。对于实践证明比较成熟的改革经验和行之有效的改革举措，国家亦可考虑尽快将其上升为法律。

（二）强化法制意识，“三类途径”优化普法方式

物业服务企业是小区自治最重要的配合者，培养其法制意识，应从加强企业对业主是“小区自治中的主体”的身份和权利的认知，以及物业服务企业配合业主开展自治的具体义务两方面展开，帮助物业服务企业尽快完成从“管理者”到“受雇服务者”的角色转变。居委会是小区自治最重要的指导者和协助者，应着力增强其在“依法组建小区自治队伍”的程序和“小区自治涉及方”的权责两方面的法制意识和知识，让居委会既可以依法指导业主组织成立和发挥作用，又能依法调解小区纠纷。业主是小区自治的主体，应培养他们增强自治意识，规范自治行为，配合职能部门工作，灵活运用自治工具等。

普法方式的选择，常常决定了普法活动是事半功倍还是事倍功半。业主“分散、不固定、淡漠、个性化”的特点使他们成为普法的难点，建议用“三类途径”优化普法方式。

途径一，创新普法形式。一是借他山之石，将普法放到社区已有一定知名度的活动中，如市民学堂、文化讲坛等，事半功倍地提升普法效果；二是由相关职能部门牵头举办法律知识竞赛、文艺汇演、法制展览，制作法制宣传动画短片，传播法制歌曲等，通过轻松愉悦的形式开展普法。

途径二，定位普法重点。一是把握重要人群，党政机关、企事业单位的员工是稳定的户籍人口，是业主人群的主要构成，通过单位组织普法培训、

制定学法要求，强化了这部分人群的参与率和学习效果；二是把握关键环节，在办理交房手续、缴物业费和水电燃气费等业主必然会参与的环节进行普法宣传；三是锁定必经地点，在缴费点、小区门口和文体活动室等业主经常出入的地点进行普法宣传。

途径三，提升普法效率。借助信息技术，通过传媒和网络的宣传优势，使用智能手机、电子触摸屏、水幕电影等现代化工具进行宣传，使法制教育及时、高效、便捷。

（三）运用“互联网＋”思维，“三个平台”创新小区自治模式

以信息化为支撑，通过智能管理平台的建设和共享，有助于落实法律条文中实操性不强的刚性规定，有助于提升小区自治的能力，有助于实现政府治理和社会调节、居民自治的良性互动。

平台一，开发小区智能治理平台。该平台包含业主手机端应用、物业服务人员手机端应用（以下简称“app”）和远程设备监控与运营系统。业主手机端应用要实现小区公告（含事项和活动通知、物业财务报表、普法小贴士等）、投诉报修、物业服务人员点评、杂费缴付、议事表决、邻里社交、小区商铺点评等功能。通过各种形式，尽可能多地吸引业主安装使用该app，以房产证号、身份证号实名注册登录，确保业主身份的真实性。通过app解决业主横向联络、法律素养提升、投票参与率、物业监管、公共财产账目监督等小区自治中的老大难问题。

平台二，对接业主决策电子投票系统。该系统由广州市统一开发，目前系统《暂行规则》正在征求意见阶段。该系统将实现“业主通过互联网、移动通信等技术手段，对物业管理活动中的业主共同决定事项进行投票表决”。建议将该投票系统对接到业主app的议事表决功能区。将app投票和“业主决策电子投票系统”的短信投票、网络投票，以及小区投票箱收集的纸质选票整合，多管齐下（通过身份证号码验证避免重复投票），提升小区决策的参与率。

平台三，对接网格化管理平台。网格化管理平台从市、区、镇（街），再到居委会，层层智能链接，在最广大也最重要的居民这一层面由智能转为人力，以户为单位，由网格员报送住户基本情况和社区突发事件。在实施中，反馈的主要问题之一就是网格员工作量大、业务能力要求高，导致网格员压力大，人难招。若与小区智能治理平台链接，可以整合业委会和物业服务企业方的业主信息和一线情报，大大减轻网格员的工作量，节省政府派驻网格员的成本，并且职能部门拥有的信息资源更加集中，服务基层一线更加便捷。两个平台对接能有效解决“最后一公里”问题，也将是健全服务基层的情报综合研判和信息推送机制，以及提升现代化治理水平的重要举措。

第二节　基层治理中的社会组织和公民参与共建

社会组织在基层社会治理过程中发挥着重要作用。除那些固定的公益组织外，志愿服务组织是灵活性强、服务效率高的社会公益服务组织。从维持交通秩序到社区活动服务，志愿服务组织在中国广大基层社区服务中发挥了极大的作用。志愿服务是公民参与基层治理的重要形式之一。志愿服务是公民基于个人的道德、良知和责任，利用自身技能和时间，为社会和他人提供的一种公益服务。随着城市利益主体日益多元化，公民对城市公共事务的参与度日益提升，其中所昭示的公民个体权利的张扬与城市治理思维的转变，无不丰富了我国民主政治发展的内涵。

一、公民参与城市治理的内涵

从本质上来看，善治是指公民和政府在公共事务上的合作过程。善治体现出公民和国家的新型关系，也是一直以来社会治理所追求的最佳状态。就我国的社会发展状况来看，政府和社会之间的关系正在不断调整，公民也开始参与城市社会的治理。从社区自治到城市基建，公民参与的影响随处可见。这些现象的出现说明当前我国的社会治理格局已经出现了巨大变化。这种变化一方面让社会治理方式日趋多元化，另一方面也为政府带来一定困扰。公民该以什么身份来参与城市治理，政府又应该如何对待公民诉求，并引导公民理性参与，这些问题都是急需解决的，也是城市社会治理研究者不得不思考的。如果忽视这些问题，将会导致公民参与社会治理的实践走向偏颇，甚至陷入盲目的无秩序之中，最终影响社会稳定。将公民有序参与纳入政府管理的范围中，具有了极其重要的现实意义。

公民有序参与是一个符合概念。其关键之处在“有序”二字，这是公民参与社会治理必须有的硬性条件和原则。如果没有秩序，公民参与只会让社会治理越来越糟。有序的概念最先出现于生物学和系统论中，有序是指系统的结构和运动是具有确定性的，是有某种规律可循的。从广义上来看，有序是指次序明确、条理清晰的秩序化状态。因此，公民有序参与社会治理就是指公民依照法律法规，在有效可控的状态下参与社会公共事务的过程。现实活动中，要保证公民的有序参与并不太容易，必须具备一定的条件：一是公民可以准确表达意见并为自己的行为负责；二是参与行为必须在法律法规的约束之下进行；三是公民参与要遵守一定的程序和规则；四是公民参与的结果必须是正向的，有利于高效治理效果达成的；五是政府必须是开放的，公正的，民主的。只有以上五个条件都能保障，才能确保公民参与城市社会治理是良性的、有效的，才可以实现公民和政府的合作共治。

二、社会组织志愿服务现状及问题

志愿服务的本质是公民自觉自愿奉献，其价值核心也在于公民主动承担社会责任的公共精神。在长期的志愿服务实践中，我国志愿服务呈现出行政化的倾向，志愿的自主精神消失殆尽。一般情况下的志愿服务所需资金和项目运作过程，都依赖政府完成，从而导致很多人并非出于自愿而参加志愿服务。政府权力主导之下的志愿服务活动，违背了志愿服务的内在精神和逻辑。行政主导的社会志愿服务，也很难收到良好效果，从而走向志愿失灵。

（一）志愿服务难以持续化和常态化

政府组织下的志愿服务活动往往声势浩大，能够在短期内将公共社会问题解决，并且收到不错的效果。但是，从长远来看就不是如此了。志愿者缺乏自组织的连接，持续性不足、稳定性缺乏是这种志愿服务活动的弊病之一。被动参加志愿服务的公民之间没有相应的互动和交流，也就无法从根本上形成连接性强的志愿组织，从而为志愿服务持续化带来障碍。长此以往，志愿行动会走向衰退。一般来说，我国的志愿服务活动多为大型体育赛事和一些特定活动，如奥运会、学雷锋活动日等。这也对志愿服务的长期效果和质量提升造成了阻碍。活动完结之后，志愿组织就地解散。对于志愿者来说，短期服务使他们无法形成长远眼光，仅仅满足于完成眼前的任务。志愿活动本来应该是一种能够长期使志愿者活动心理满足和内心成长的活动，这样一来就会使志愿活动变为单纯的政府组织和安排的活动。

（二）志愿失灵现象的出现

莱斯特 •M. 萨拉蒙（Lester M. Salamon）是约翰 • 霍普金斯大学公民社会研究中心主任，也是国际著名的非营利组织研究专家。他针对非营利志愿组织的机制局限，提出了志愿失灵理论。志愿失灵是指慈善组织的慈善不足、家长作风、业余性压倒专业性等现象。这种情况在中国尤其常见，中国的志愿服务组织活动一般都是政府出面主导的，会经常出现志愿服务组织的官僚化倾向，导致志愿失灵。政府经常会以家长的身份来发号施令，以顾全大局的思想来统一指导志愿活动，这恰恰违背了志愿活动的自组织属性，使志愿活动走向行政化，导致决策和管理机制的僵化，也严重限制了志愿者的创造性和自主性。最终的结果就是志愿组织成为政府的附庸和工具，丧失作为独立的第三部门的资格。政府组织的志愿服务，会更加注重政治象征意义，而不是解决社会问题和服务公众，从而成为一场违背志愿活动初衷的政治秀。

（三）造成社会公共资源的浪费

志愿服务的基本要求就是公民要使用自己组织起来的资源。志愿组织有权使用一部分公共性的社会资源。但是，目前的政府并没有从社会公共资源使用中抽身出来，而是根据机构自身的要求来分配社会资源，由于不了解真正的社会需求，政府社会公共资源的调配很难做到无缝对接，最终造成社会资源的浪费。要坚决根除志愿服务的行政化倾向，才能保证志愿者和服务对象之间的充分沟通，使志愿组织在处理社会问题时收到切实的效果。

（四）志愿服务中的政府责任

在志愿服务活动中，政府并不是无事可做。政府具有独特的资源优势，可以在志愿组织合法性发展和价值导向上尽一份力。政府不需要参与具体的志愿服务活动的组织和管理工作，但可以扮演政策和资源的支持者、信息沟通者的角色，倡导和培育全社会的志愿精神，推动志愿服务活动的持续开展。政府可以为志愿活动提供资金支持，将具体的工作委托给志愿组织来完成。社区老年人照顾的公益项目，政府可以和志愿组织签订合作协议，为志愿组织提供物质和资金上的支持，确保志愿组织按时提供服务，履行社会责任。志愿组织和服务项目之间的信息沟通和连接，也需要政府从中协调，从而实现社会服务资源的共享。最后是志愿精神的培育。针对社会上志愿服务文化低落，志愿者参与度不高等情况，政府可以在舆论上积极引导，通过表彰或者树立榜样的方式，来促进公民参与志愿服务。

三、公民有序参与城市治理的基础要素

城市基层社会治理过程中，公民以个人身份做到有序参与并不容易，关系到很多方面的协调。因此，必须建立一套完整的公民参与城市基层治理的全程机制。这种机制的建成，离不开多种基础要素的支持。

（一）要有一定的参与空间

目前来看，公民参与城市社会治理正在成为一种时代趋势。其根本原因是全球各级政府正在推行治理改革。公民有序参与的基本条件是政府要重视公民个人的权利，并对其提供一定的参与空间，让渡一部分治理空间。一个政府如果不倾听公众意见，对公民的个人诉求置若罔闻，就会致使体制外出

现无序的个人沟通，从而影响政府的治理行为，甚至关系到社会的稳定。所以说，适度将权力分享给公民，保证一定的自由空间存在，是公民有序参与治理的首要原则。

（二）要有完备的参与规则

公民参与社会治理是一项复杂的活动，涉及各方面的权利主体，必须确定参与规则，否则会陷入无序参与。参与规则主要是指社会治理参与过程中的权利主体的角色、地位、权力实施、实施程序和结果，可以为公民参与提供保障。当前政府制定的公众参与政策较多，却没有专门确保参与有序性的条款，从而导致公共政策无法契合民意，公民参与也只是走马观花的形式主义。所以说，具体公民参与过程中，政府有责任向社会公众说明治理目标，严格制定公众的参与规则和权力边界，参与资格限定和参与准入是首先要考虑的问题。此外，在具体参与过程中，政府要秉着平等协商的对话原则，确保各个参与主体能够有效合作。

（三）要有合适的参与平台

公民参与对于政府的公共决策具有重要影响。1969 年，美国著名社会管理学家雪莉•阿恩斯坦（Sherry Arnstein）根据公共决策时公民发挥的影响力，将公民参与方式分为八个层次。它们从最少参与到完全主导，依次为操纵、引导、告知、咨询、劝解、合作、授权与公众控制。由此可见，公众参与是分层次的。政府可以根据不同的事务状况，选择适当的参与形式，确保公民有序参与。例如，城市规划建设和治理，公民积极参与并始终发表看法，与政府共同决策，才是更好的选择。

（四）要有无障碍的信息流动

通畅的信息流动是公民有序参与的关键要素。一般来说，公众总是处于社会参与的弱势位置，根本原因在于信息不平衡。政府和社会的良性互动，才能确保公民有序参与的展开。只有建构起毫无障碍的信息流动渠道，才能使信息不会单方面被政府掌握，只是从政府向公众的单方面流动。公民必须掌握一定的信息资源，才能在与政府合作的过程中进行对等谈判，提出的诉求也才会得到政府的回应。

（五）要有共同的利益目标

政府和公民社会达成共识，是公民有序参与社会治理活动的重要条件。社会治理活动的战略目标和利益目标必须取得政府、个人和社会组织的一致同意。从根本上说，社会参与就是各个利益主体资源约束并在合作中交换利益的过程。因此，公共的利益目标必不可少，也只有各方利益主体为共同目标达成一定的妥协，才能实现治理活动的最大成效，公民社会参与的目标才算真正实现。

四、推进公民有序参与城市治理的对策建议

（一）培育成熟的参与主体，营造良好的参与氛围

公民参与是一个政府和公民之间的双向互动过程，有序参与应该成为政府和公民双方共同追求的目标。高效的参与有利于参与者和引导者的成熟。一方面，政府要时刻树立民主参与的意识，将具体微观的事务让渡给公民和社会组织，而不是事无巨细全都运用行政手段来完成。各级政府在与社会组织、公民打交道的过程中，要时刻遵守平等协商和对话的原则，注重技巧，确保公民对社会事务的多元、有序参与。另一方面，公民要建立自身的主体意识，不断接受公民教育，在不断的工作和活动的磨砺中，提升参与社会公共治理事务的水平和技能，确保理性参与和深度参与。

（二）构建多层次、立体化、无梗阻的民意表达渠道

戴维•伊斯顿（David Easton）是美国著名的政治学教授，提出了政治系统理论。他认为，公众参与是一个由利益输入、利益协调、政策输出和公众评价构成的完整过程。公众参与的起点是公众利益诉求的表达，体制外大量无序表达的出现，就在于利益诉求的渠道不够通畅，难以满足信息流通。政府要积极建构公众利益的正常输入方式，确保公众诉求的制度化

和组织化。一般可以从以下几点入手。一是加强智囊决策机构建设，将各个领域的专家和学者吸引进来，提升他们在重大决策中的地位。二是及时进行专业的民意调查，从更加广泛的视角来收集社会情况和民意。三是尽快建立层次分明、形式多样的听证制度，大力提升公共利益输入的水平和效率。四是开设社区公民论坛，建立基层民众参与公共决策的实践互动平台。五是发挥大众媒体的议政功能，通过媒体扩大民意的影响力。六是鼓励利益主体和公民个人自由表达意见，确保意见的高质量和高水平。

（三）适度变革与调整决策程序，建立互信互守的参与规则

传统政府决策是一个精英单向提供策略的过程。这样一来就无法确保政策能够真正契合民众的需求。政府可以采取多种方式，吸收公众参与，确保公共决策的规范化和民主化。第一，要充分重视公共政策的议程设置，对于那些影响广泛的民生项目，要在议程设置上给予公民更多的表达权和话语权，确保公众可以对涉及自己利益的问题进行决策。第二，要确保公众对于政策的积极评价。政策推出之后，必须接受公众的批评，才能不断修正政策条款，确保公众满意，也能进一步提升公共决策的影响力。第三，政府应该制定一套确保利益主体之间有效沟通的规则，通过法律法规的方式来完善各个参与主体的利益平衡机制，对各个主体的利益和责任做出规定。总的来说，政府要从权威的家长身份向裁判员转变，注重程序的公正和不同利益群体的平等参与。公民充分发表意见之后做出的决策才是有效的，高效的。

第三节　城市商业与文化街区治理实践创新

商圈是城市发展的重要载体。城市特色商业贸易街区是城市商贸活动的重要代表性的区域，其治理水平如何直接影响到城市整体的发展环境。历史文化街区则是城市文化传承、社会历史变迁的重要见证，也是一座城市向外展示形象的文化名片。现代商业街区的治理需要引入新技术、新理念，展现城市的发展活力；历史文化街区治理则要以复兴、活化传统城市历史文化为重心，确保城市发展的根脉永续不断。

一、现代商圈的相关理论

（一）城市商圈的内涵

在现代商业社会，商圈成为城市的重要地标，决定着一个城市居民的衣食住行的质量。1933 年，德国经济地理学家克里斯 • 特勒（Chris Taylor）提出著名的“中心地理论”，并着重描述了商圈理论。按照中心地理论，商圈是指以某一城市中心地为圆心，以商品服务和餐饮服务辐射能力为半径，经过长期经营和整合形成的稳定的商品交易和餐饮服务辐射区。中心地就是圆形区域的核心，广大区域就是通过中心地对消费者的持续吸引，进而形成稳定的商圈。当前，学术界关于商圈的定义较多，但都基本延续了克里斯 • 特勒的理论，大多都是中心地理论商圈理论的扩充版或补充版。中心地理论中，还有一个商圈“开设点”的概念，也是克里斯 • 特勒提出的。开设点是指一个商贸网点开设的最低顾客数量，只有消费者购买力达到一定数量标准，才能确保商贸点持续下去，并确保盈利。开设点的理论为此后商圈模型理论的发展提供了基础。中心地理商圈理论成立是有条件的，基本假设有四条：一是区域内的人口密度分布均匀；二是中心点向区域内所有方向的交通可达性等同；三是区域内的消费者和生产者之间遵守相同的原则——费用最省和利润最大；四是消费者必须是就近购物。这四个条件严格限制了中心地理论的分析框架。该理论的不足之处在于其静态性，对于动态的现实商圈运作提供了理论上的分析模型，却无法进行具体的实践指导。这些不足也是后来商圈理论不断完善的动力。此后，奥古斯特 • 廖什（August Losch）、W. L. 加里森（W. L. Garrison）、B. J. L. 贝里（B. J. L. Berry）等学者对克里斯 • 特勒的商圈理论进一步完善，形成了目前被广泛认同的现代商圈理论。现代商圈是指以零售店所在地为中心，沿着一定距离和方向，可以持续吸引顾客的范围和区域。

（二）城市商圈的影响因素

城市商圈的形成和发展受多重因素影响，主要包括规模体量、区位、目标客群、业态、基础配套设施、品牌、政府管理等。

第一，城市商圈的规模体量。根据经济学原理，如果随着城市商圈经营面积的增加，商贸企业数量的攀升，城市商圈产出随之上升，城市商圈的平均成本随之下降，则这种城市商圈的发展是规模经济的，反之则是规模不经济的。只有规模体量与区域经济发展状况、消费需求、人口数量，环境资源等多方面因素相匹配的城市商圈才能够得到长足有效的可持续发展。

第二，城市商圈的区位。在城市商圈的发展中，其主体功能的定位、体量规模的控制，以及业种业态的配置等方面，都要结合区位因素进行考虑，使城市商圈的发展做到“因地制宜”，使区域资源得到最大化利用，有效地将区位优势转变为城市商圈的特色优势，增强城市商圈对消费者的吸引力，扩大城市商圈的影响力，提升城市商圈的竞争力。

第三，城市商圈的目标客群。作为城市商圈的客体，消费者是城市商圈主要服务的对象。城市人口分布状态和密度，消费者的爱好和需求，顾客的年龄和收入水平都会影响到城市商圈的发展规模、业态配置和经营状况。商圈规划建立之前，必须对区域内的消费者群体进行市场调查。

第四，城市商圈的业态结构。一个城市商圈经营范围是广泛的，不同类型的业态共同组成商圈的业态结构。业态结构有多种配置方式，一般是指区域内传统业态和现代业态的比例、不同规模业态的组合方式、不同业态之间的布局与配合等。此外，城市商圈还要考虑统一业态在商圈内的竞争状况，寻找协调和应对策略。

第五，城市商圈的基础配套设施。一个城市的基础配套设施对于商圈长远持续发展具有重要作用。完善的城市基础建设，可以吸引更多的人流和物流，客流量和物流量的快速增加，也可以在客观上带动企业运营效率的提升，进一步推动商圈范围的不断扩展。但是，基础设施建设落后，则会对大型城市商圈的发展造成根本性的阻碍。

第六，城市商圈品牌。品牌美誉度是城市商圈发展的无形资产，包括多方面内容，主要有商圈在消费者心中的信誉形象和口碑等。打造商圈品牌是城市商圈长远发展的必由之路，优良的商圈品牌能够吸引更多消费者和商家，形成稳定的商品流动渠道和餐饮服务模式，可以从根本上提升商圈的竞争力，提高商圈的经济效益。

第七，政府的政策与管理。城市商圈在扩张和发展过程中，离不开政府从中协调，出台政策，进行宏观引导。城市商圈发展遵循的基本原则自然是市场规律，但是政府的存在可以让市场机制发挥出更大的效益。政府可以解决商圈发展中的政策问题，协调处理企业之间的纠纷和摩擦，使它们秉承大局为重的意识，增强商圈的商业凝聚力，共同促进城市商圈的整体发展。

二、国内外若干商圈发展案例

（一）国外商圈发展案例

1. 伦敦码头区

伦敦码头区是目前英国最重要的现代城市商圈之一。伦敦码头区的前身是 19 世纪英国全盛时期连接海外经济的重要港口码头。20 世纪之后，英国的海外殖民地纷纷独立，伦敦也面临着新一轮的现代化，该码头便风华不再。加上伦敦城市商业结构的调整，传统工业退出历史舞台，原来的厂房和货栈就被闲置下来，居民纷纷外迁，经济衰退，这里甚至一度成为社会问题严重的区域。1978 年，英国政府出台《内城地区法》，不仅为解决老城区的众多社会问题、振兴区域经济，也为老城区经济社会发展提供法律支撑。为扭转内城发展困难的状况，英国政府制订了 10 年计划，并且在政策上给予内城发展一定的优先权。1980 年，政府出台《地方政府、规划和土地法》，依据此法，商家可以成立专门的城市开发公司，来对英国旧城进行改造和振兴。第二年，伦敦码头区开发公司成立，专门负责世界上最大的旧城改造项目——伦敦码头区开发。伦敦码头区工程项目前后持续 10 年（1981 年至 1991 年），成效卓著。从此，伦敦码头区作为新的商务区和现代化居民区开始出现在世人面前。现在的伦敦码头区是世界级的旅游景点，每年都接待大量游客来观光和消费，已经成为著名的现代城市商圈。伦敦码头区实际改造过程中，政府最大限度引入市场机制，将土地规划和投资等行政职能完全让渡给开发公司，从而吸纳了大量社会资金，用最短的时间完成了艰巨的旧城改造项目，堪称老城区现代化发展的典范。

2. 大阪难波城

大阪是日本的第二大城市，发展规模仅次于东京。大阪的地理位置十分优越，位于本州岛的中部位置，是日本的交通枢纽，铁路交通网纵横八达，能够贯通全国，同时也与京都和奈良连接。难波公园地处大阪市的中心区，前身是一处棒球场，距离最近的地铁站只有五分钟的步行路程，到大阪机场和关西机场都只有三十分钟的车程。可以说，大阪难波是日本地理位置的中心。难波公园项目设计的最大特点是商贸和交通完美融合，呈现出一个以时间为主导的商贸空间。该项目以一幢商务办公楼和商贸楼为主体，盘踞在阪神高速和南海铁路之间，呈现南北走向。从整体看来，它是一座市中心花园，一条狭长的商贸街从中穿过，人流量极大。可以发现，该项目将商务、酒店、娱乐天衣无缝地结合在了一起，南海铁路的终点站设在瑞士酒店三楼，乘客可以在此自由换乘地铁或者直接进入商务休闲空间。每一幢功能楼都有空中走廊和内部通道，在将公园、商务、酒店融为一体的同时，也将不同地区的人流疏导至不同的地方。空间功能的复合性成为难波公园的一大特色，在商贸开发模式上进行了创新。这样一来，就可以将平时的散客在难波公园的停留时间拉长，提高消费的概率，也为白领群体提供了商务办公场地。城市商圈的地理位置一般都比较好，寸土寸金，扩大空间和土地利用率，是商圈设计者必须要考虑的问题。

（二）国内商圈发展案例

1. 北京王府井商圈

北京王府井商圈是国内著名的商圈之一。王府井商贸街的地理位置非常优越，地处北京市的核心地段，位于京城中轴线东侧，毗邻人民大会堂、天安门广场和故宫，再加上京城深厚的历史文化底蕴，让王府井商贸街成为北京商贸的标志性商圈，被誉为“金街”。中华人民共和国成立前，王府井就和西单、大栅栏一起被称为北京的三大商贸区。中华人民共和国成立后，北京市政府在王府井建立了中国第一座百货大楼，王府井也成为全国闻名的商贸街。改革开放之后，新一轮现代化在中华大地上开启，一大批新型的商贸设施出现在王府井周围，传统的王府井商贸楼、老字号店铺受到严重冲击。进入21世纪，市政府决定斥巨资对王府井商贸街进行整治，此后的王府井商贸街迅速成为北京市的四大商贸区之一，兼具购物、餐饮、商务、休闲等多种功能。现代名店、百年老店交相辉映，更加为王府井商圈增添魅力。可以说，王府井商圈的最大特色就是现代商贸和传统经营的完美结合。这种古今融合的风格，迅速让其成为国内最有人气、最著名的商圈。

2. 上海南京西路商圈

上海南京西路商圈是上海市最重要的商圈之一，也是我国现代化、商业化和国际化程度最高的商圈。环境设计高档，高端办公楼林立，外资商贸项目多在此聚集。作为海派商圈的代表，南京西路吸纳了许多国内外的知名品牌，顶级的国际奢侈品品牌都在此开设有专卖店。人们将其称为“中华商贸第一街”。南京西路早在20世纪30年代就很有名气，被称为十里洋场，也成为很多富商的高档生活区。1949年以后，十里洋场被取缔，南京西路成为上海市的行政办公区和对外接待中心。改革开放之后，南京西路再次成为国际化的门户，引领国际风潮，成为上海的世界之窗。在上海市政府的推动下，南京西路的静安片区被规划为上海四大商贸中心之一。现在的南京西路融商务、购物、酒店、公共活动为一体，成为名副其实的城中城。总体来看，上海南京西路商圈的特点是现代化和国际化程度高，充分连接了国内外的商贸活动，人流量也大，但也有不足之处，即商圈内的店铺、广场相对独立，连接性差，消费者在此停留的时间短。

（三）经验总结

我们检视伦敦码头区、大阪难波城、北京王府井、上海南京西路等国内外著名的商圈发展案例，可以发现它们有一个共同点，即都是传统工业区或商业区的现代化改造的结果。时代和经济社会的发展，让这些地理位置优越的早期商贸区开始衰落，后来在政府和开发商的规划、推动之下，它们才迅速转型，呈现出二次辉煌，成为现代化的著名商圈。对这些成功的城市商贸街区发展进行研究和总结，能为今后的城市现代化改造提供经验和启发。

第一，城市更新在商圈发展中起着重要作用。以上案例都是旧城改造项目，不论是北京王府井、伦敦码头区，还是大阪难波公园，都是通过城市更新建设来实现现代化改造的。伦敦充分运用了当时的码头区，王府井原来就是商贸街，难波公园则原是棒球场。这些地区都曾经是历史上的著名地标，随着经济发展和城市产业结构的转型升级，才逐渐衰落。政府从宏观上出台政策，将它们归入城市更新的范围，使它们重新焕发生机。可见，新一轮城市现代化建设是商圈成功转型的基础。

第二，政府支持在商圈重塑中起着关键作用。商圈的现代化重塑和改造是重大项目，没有政府的支持是无法开展的。为支持伦敦码头区的改造，英国政府出台《内城地区法》《土地法》等一系列专门的法律，并据此确立负责机构。英国政府综合运用经济手段和法律手段，确保伦敦码头区改造工程顺利完成。日本大阪的难波公园则是政府全面、精心规划的结果，将铁路交通等城市基建和商贸融为一体，建构起独特的商圈品牌。北京王府井商圈的改造则是在北京市政府下设管理机构的统领下展开的，很好地确保了统一规划、统一建设、统一管理。上海市政府明确提出南京路是上海市改造的核心，并出台相关政策文件，为南京西路商圈重塑提供了有力支持。

第三，专门机构在商圈改造中起着领导作用。这些商圈的改造项目都是由专业的第三方机构在执行建设。它们接受政府授权之后，能在城市规划建设中行使公共管理的权力。伦敦码头区开发公司有征用和处置建设区域内土地和房屋的权利，全权负责该区的建设规划。王府井地区建设管理办公室则专门负责王府井商贸街的规划和管理，其间全权负责商贸区的开发、治安等综合管理。难波公园改造也是企业负责，政府给予企业较大的自由规划空间，使建筑设计的创新理念得到了充分展现。

三、城市商业街区商圈治理创新建议

城市商业街区的治理创新，可以从以下几个方面展开：一是完善商圈环境治理机制；二是提升商圈景观服务体系；三是改善商圈智能服务功能；四是优化商圈商贸业态结构。商业街区治理必须从环境、景观、服务和商贸等方面入手，才能打造便捷、完善的商业街区商圈生态。

（一）完善商圈环境治理机制

商圈环境治理的重中之重是处理好各方面的关系。构建多方利益主体之间的共同维护机制；以政府为主导，以企业为主体不断优化城市商圈合作共建机制；着重处理好各主体之间的关系，实现城市商圈的和谐、健康、稳定发展。

一是巩固、优化商圈共建机制。充分调动、发挥商圈内各政府部门、企业单位的组织优势、资源优势、人才优势与技术优势，建立商圈共建行动联盟，推动商圈经济发展与城市环境优化协同共进。搭建楼宇经济资源信息交流平台，探索楼宇数据共享、服务文化共建、经济发展共商机制，增强重点商务楼宇的吸收力、竞争力。开展街区社会治安情报信息联络网络建设，共同维护社会治安稳定，联手深化创建平安商圈，提升地区社会治安安全感。组织开展争先创优评比活动和社区文明教育宣传活动，精心组织开展文体联谊活动和社区文化活动，提升企业、管理层（白领）的认同感与归属感。

二是处理好商圈各主体关系。正确处理好政府与商会、政府与企业、商会与企业的关系，更好地发挥政府在商圈规划布局、功能定位、政策引导和行业规范中的作用，提高公共服务效能和质量，优化商圈交通和市容市貌，营造良好的营商环境。发挥城市商会在政府与企业之间的桥梁中介作用，做好双方的信息传递和沟通工作，以商会平台为基地，落实城市商圈共建协议，引导旗下会员单位共同参与商业整体品牌的打造，加强商圈的整体宣传和活动的组织，发挥组合拳的综合效应。加强商圈内各企业的合作与交流，推动商务与总部经济相结合，购物与住宿、娱乐相结合，鼓励同类企业错位发展、良性竞争。

三是突出商圈整体形象推介。政府牵头对商圈进行统一包装与策划，制定推广计划和主题宣传活动总方案，对商圈整体形象、特色与功能进行强势宣传。制作商圈手绘地图，挖掘商圈的特色美食、购物住宿、旅游、休闲场所，打造商圈“好看、好玩、好吃”一册通，免费在地铁口、公交车站、报刊亭、酒店、餐馆、商场等人员密集场所派发。精心设计商圈标志，配合夜光灯将其展示在空中广场；制作商圈贸易旅游购物的宣传片，并在商场、空中广场等户外显示屏上播出；定期举办购物节、美食节，进行商业演出活动；加强公益文化宣传，以提高其影响力和知名度，实现集聚人气、商气和财气。

（二）提升商圈景观服务体系

城市商圈共建过程中，景观服务建设是非常重要的一部分。大力推进城市商业街区商圈的灯光、标识、回廊等景观设施的改造；积极改善商圈周围的城市环境，增强商圈的人流吸引力。

一是重新规划光亮工程。对于商圈灯光较暗的街区，要及时更换照明设施，加强特色型照明工程规划。充分利用太阳能、发光二极管（LED）等先进节能技术，结合民俗文化、休闲购物、高档商旅等特征，对城市商圈的光亮工程进行重新规划布置。通过统一的设计，提升改造每幢建筑物的天际线、外立面景观灯等，更新灯具，统一色调，统一管理，让光亮工程亮得艺术、亮得科学、亮得美丽，提升城市夜景照明水平，提升商圈人气。以商圈周围地铁站地面为中心，设置3D灯光秀，以周边建筑为屏幕，营造三维动态灯光效果，提升商圈夜景的档次。

二是启动空中连廊建设。城市商圈高楼林立，空中连廊设计，能够增强城市景观的立体水平。在立交桥路面上，建设透明的空中景观、休闲广场，将高级写字楼和酒店空中通道联为一体，塑造核心区整体的商务形象，以带动解决周边地面交通、写字楼之间的楼际交通和人群疏散等问题，为商圈提供更加完善的商业、交通、空间载体配套，使其成为带动该区域产业功能提升的一个亮点。

三是提升商圈城市景观。开展城市商圈城市美化运动，建设精致景观街区、打造品位商圈。在挖掘历史民俗文化、尊重现有建筑形态的基础上，兼顾商圈生态环境，通过对街道自然和人文要素的整合，以体现城区的整体形象。还要引入公众咨询委员会机制，建立城市景观设计和建设的公众参与机制，确保市民在街区景观的构思、设计、决策和建设过程中全程参与，吸纳市民的意见，注重人的活动和城市环境之间的融合，设计出适合居民和游客的开放式城市公共活动空间，确保城市景观建设的便民、宜居。

（三）改善商圈智能服务功能

现代城市商圈的交通服务很重要，直接关系到人流量。便捷的交通服务能够增加人流量。随着网络智能技术的发展，建设商业街区的智能交通服务系统成为可能。要大力完善智能交通系统、公共场所无线网、商场手机支付等功能体系，提升城市商圈服务的智能水平。

一是加快智能停车场建设。建设商圈室外停车管理系统、停车诱导系统、智能交通行车和停车手机导航系统，实现商圈畅通。充分利用原来小区的路面停车场进行规划，加快立体只能停车硬件设施建设。同时，要加快推进城市商圈智能停车指挥协调系统建设，整合商圈内各停车场资源，在道路沿线设置停车指引电子显示屏，引导进入商圈的社会车辆的停放，解决商圈“停车难”的发展瓶颈。

二是完善商圈公共 Wi-Fi。充分整合城市商圈中各大型商业体的 Wi-Fi 资源，通过光纤专线接入、商圈级 app 热点建设，实现区域 Wi-Fi 全覆盖，一次认证、多点接入、全区域通行，让用户更好地体验免费 Wi-Fi。切实打通零售实体店的线上和线下入口，为商圈购物中心、百货、超市、品牌店、餐饮、休闲、娱乐等商家提供线上线下一体化运营平台服务。同时，要积极引导市民和消费者使用移动智慧商圈 app 移动客户端，借助公共 Wi-Fi 实现基于位置的服务（location-based service, LBS）的信息互动和线上线下一体化交易。

三是促进购物支付便利化。加强移动支付价值链整合，联合移动运营商、支付服务商（银行、银联等）、系统集成商、商家和终端用户，推广移动支付在商圈范围内的应用，提高购物便利化水平。引导用户通过多种硬件结合方式或者通过微信、支付宝、银联钱包等第三方软件结合方式，完善移动支付方式，简化购物支付流程，提高用户支付体验。

（四）优化商圈商贸业态结构

城市街区的商业贸易活动决定着商圈的活跃程度。要对商圈贸易业态进行宏观整体规划，加强体验式业态的引入和创新，提升金融服务的便捷水平，打造城市商圈贸易业态的独特竞争力。

一是突出高端商圈定位。立足于高端商贸要素集聚需要和高端消费需求特点，依托现有的高端商业集聚，完善周边商务功能，营造高端消费环境，引导高端品牌集聚，形成环市路特色高端商务带。支持商务环境较好的商务楼宇、酒店及周边的商业企业提档升级，依托高端人才集聚、商务服务集聚，吸引高端品牌。围绕国际知名品牌、知名企业，开展专项营销，增强区域商业辐射，聚集高端品牌市场主体。瞄准国际一线品牌，吸引其直营店进驻，支持外资、外贸背景的商业品牌、零售总部进驻。

二是提升商圈体验式业态比例。倡导“时尚、动感、潮流、欢乐”的情景文化，针对家庭消费，为不同年龄、不同需求、不同爱好的家庭提供全新购物模式。调整业态，引进文化旅游、“轻娱乐”等项目建设，增加休闲、餐饮、娱乐、儿童游乐设施、小型专题博物馆、体验式运动城等业态的比重，整合融汇中西方时尚品牌、特色美食、潮流精品、休闲娱乐等多种业态，以实现对客流的重新集聚。

三是提升商圈金融服务水平。发挥金融街金融资源集聚优势，激发金融创新，服务商圈高端商贸发展，推动商圈建设高端化、多功能、生态化，金融商务区成为城市现代金融服务体系的重要载体。加快建构民间金融街服务体系，打造民间资本与高端商务融合的试验田。重点集聚小额贷款、融资性担保、互联网金融、第三方支付、融资租赁等机构，大力发展创业投资企业、股权投资企业，规范发展消费金融公司、企业集团财务公司、典当行等非金融机构和网络借贷、网络证券、网络保险、网络支付、众筹等新型业态。

四、城市历史文化街区的创新治理

城市化进程加快带来一个急需解决的问题，即城市历史文化街区如何开发保护和活化利用。城市相关部门必须直面各种历史街区变迁发展过程中的各种问题和矛盾，确保利用和保护之间达成平衡。加强城市历史文化街区的创新治理，不能以破坏原有历史文化遗迹为代价。

（一）正确处理旧城改造规划和文物保护的矛盾

经济社会不断发展不可避免要加快城市发展的现代化进程，加强基础设施的更新换代。城市新移民和老居民都希望尽快改善居住环境，提升城市生活的品质，于是长期以来，新城区建设和老城区改造就成为城市发展的当务之急，但是在这一过程中，不可避免会遇到新城规划和历史建筑保护的矛盾。开发商片面追求当前的经济效益，不顾历史文化效益，对于历史文化古迹大肆改造和拆建，导致传承了几百年乃至上千年的历史文物遭到破坏。历史文化古城的风貌消失殆尽。依照这样的城建模式，不仅不利于城市生活品质的提升，而且还是对城市生活的破坏。因此，在城市历史文化街区的保护中，尤其是大型城市的古街区，在历史上声名远播，更要遵守为历史负责的原则，修旧如旧，建新如故，始终将旧街区改造与周围环境结合起来，实现历史文物的开发式保护，确保传统建筑风貌不受损害。

（二）正确处理历史文化街区保护点、线、面的矛盾

在城市历史文化街区改造过程中，往往会出现街区保护方式不当，甚至“保护式破坏”的现象，让本来文化底蕴深厚的原貌街区成为不伦不类的古今杂合式街道，游人置身其中也感到大煞风景。很多开发商尽管也按照文物保护法的规定，对开发区的各级文物进行登记保护，但是一些历史街区在整体上千疮百孔，遭到破坏。主要原因在于，没有注重整体性保护，而是对单个的文物建筑进行单点保护。需要明白的是，城市的历史文化街区保护中特别要注重整体性，处理好点、线、面的关系。很多历史建筑离开整体的街区环境，就失掉了韵味，历史文化内涵也会丧失殆尽。具体保护实践中，不仅

要注重大型历史建筑物的保护，还要对石板街、骑楼街等整体环境进行保护，它们才真正决定着老街区的文化风情。

（三）正确处理群众对文物建筑保护不知情和项目推进的矛盾

城市老城区改造过程中，政府要着重处理好与当地居民之间的关系，安抚好他们的情绪，给予合理的补偿和保障。老街区毕竟是很多居民生活了一辈子的家园，一街一巷，甚至是一个门店，都镌刻着居民的记忆，开发商在动工改造之前，一定要取得各种手续，不仅要合法，还要合情，注重老居民的情感安抚。老居民担心自己居住一辈子的家园就此被破坏，难免心中有所不舍，不能接受对历史文化街区的无端破坏。新闻媒体要积极反映原居民的心声，确保政府对他们的意见有所了解，及时从宏观上调整工作部署，确保旧城改造的如期进行，确保不会出现拆迁纠纷。

参考文献

[1] 桂华．社会组织参与农村基层治理研究 [M]．武汉：华中科技大学出版社，2019.

[2] 曹贤信，何远健，左群．农村基层治理法治化的理论与实践 [M]．南昌：江西高校出版社，2018.

[3] 郑长忠，杨景明，等．社会转型与城市基层治理形态演进：以上海市静安区临汾路街道的实践为例 [M]．上海：复旦大学出版社，2018.

[4] 王浦劬．治理理论与实践：经典议题研究新解 [M]．臧雷振，译．北京：中央编译出版社，2017.

[5] 饶旭鹏．农户经济行为与农村社会治理研究 [M]．北京：光明日报出版社，2016.

[6] 胡兵．中国农村基层治理研究 [M]．上海：华东理工大学出版社，2016.

[7] 柴彦威．中国城市的单位透视 [M]．南京：东南大学出版社，2016.

[8] 阳娟，李树生．农地流转下的乡村治理研究 [M]．北京：北京理工大学出版社，2016.

[9] 乔运鸿．乡村治理：从二元格局到农村社会组织的参与 —— 以山西永济蒲韩乡村民间组织为例 [M]．北京：中国社会出版社，2016.

[10] 邓曼丽，李绍华．基层社会治理创新的四川实践 [M]．成都：四川人民出版社，2016.

[11] 章志远，张伟，黄雪元．基层社会治理法治化的杨舍实践 [M]．苏州：苏州大学出版社，2016.

[12] 李璐．社会转型期城市社区组织管理创新研究 [M]．天津：天津人民出版社，2015.

[13] 史云贵．中国基层社会治理机制创新研究 [M]．天津：天津人民出版社，2015.

[14] 俞可平．论国家治理现代化 [M]．北京：社会科学文献出版社，2015.

[15] 包心鉴．社会治理创新与当代中国社会发展 [M]．北京：人民出版社，2014.

[16] 胡映兰，等．改革开放以来中国共产党社会建设的理论与实践 [M]．北京：人民出版社，2014.

[17] 王绍光．国家治理 [M]．北京：中国人民大学出版社，2014.

[18] 李培林．社会改革与社会治理 [M]．北京：社会科学文献出版社，2014.

[19] 龚维斌．中国社会治理研究 [M]．北京：社会科学文献出版社，2014.

[20] 田毅鹏，等．"单位共同体"的变迁与城市社区重建 [M]．北京：中央编译出版社，2014.

[21] 李汉林．中国单位社会 [M]．上海：上海人民出版社，2004.

[22] 李路路，李汉林．中国的单位组织：资源、权力与交换 [M]．杭州：浙江人民出版社，2000.

[23] 林尚立，等. 社区党建与群众工作：上海杨浦区殷行街道研究报告 [M]. 上海：上海大学出版社，2000.

[24] 黄晓春，嵇欣．非协同治理与策略性应对：社会组织自主性研究的一个理论框架 [J]．社会学研究，2014，29（06）：98-123，244.

[25] 孙柏瑛，蔡磊．十年来基层社会治理中党组织的行动路线；基于多案例的分析 [J]．中国行政管理，2014（08）：57-61，80.

[26] 康晓强．社区社会组织与社区治理结构转型 [J]．北京工业大学学报（社会科学版），2012（03）：22-25，34.

[27] 徐建宇．城市社区治理中社区组织化的连接、选择与策略研究 [J]．中国行政管理，2019（09）：67-72.

[28] 陈东辉．基层党建引领社会治理创新的探索与路径 [J]．理论与改革，2019（03）：181-188.

[29] 付高生．新时代党建引领社会治理的新路径 [J]．福建农林大学学报（哲学社会科学版），2019（03）：33-39.

[30] 杨妍，王江伟．基层党建引领城市社区治理：现实困境实践创新与可行路

径 [J]．理论视野，2019（04）：78-85.

[31] 朱青．基层党建与社会治理如何深度融合 [J]．人民论坛，2019（07）：108-109.

[32] 葛天任．建国以来社区治理的三种逻辑及理论综合 [J]．社会政策研究，2019（01）：49-59.

[33] 戴芬园，高啸．基层党建创新行动的实践逻辑与路径指向：基于苏北“一委三会”的个案调查 [J]．理论导刊，2019（11）：56-62.

[34] 宋辰熙．以基层党建夯实城市社区治理之基 [J]．人民论坛，2019（21）：84-85

[35] 李友梅．当代中国社会治理转型的经验逻辑 [J]．中国社会科学，2018（11）：58-73.

[36] 陈柏峰，吕健俊．城市基层的网格化管理及其制度逻辑 [J]．山东大学学报（哲学社会科学版），2018（04）：44-54.